青少年
播音主持训练
系列丛书

新编主持人
话题宝典

Xinbian Zhuchiren Huati Baodian

王文丽 张雪 王清 杨婧 编著

中国传媒大学出版社
·北京·

前 言

近年来，随着影视传媒业快速发展，影视专业的火热程度逐年提高。众多的高考考生希望能够投身自己喜欢的艺术专业，完成自己儿时的一个梦想，最终走进艺术殿堂。

有的考生认为选择艺术之路，是自己步入大学校门的一个“捷径”。殊不知艺术高考的竞争也是非常激烈的，如果没有真才实学，没有勤能补拙的决心和充分的感悟能力，这条路也是条艰辛之路。据悉，每年参加艺考的人数众多，但是录取人数甚微，因此，除了自己的勤奋努力外，年轻的朋友们还需要“过来人”给予一些不至于走太多弯路的忠告。我们所编著的《新编主持人话题宝典》就为考生们解决了这一难题。大多数考生在准备即兴评述这一环节时非常盲目，可能与没有一本适合自己的专业书有关。

本书的目标读者，不仅仅局限于播音与主持艺术专业的考生，像报考影视编导类、戏剧表演类、公共事业管理类等，需要提高即兴口语表达能力的考生，都可以选择本书作为参考资料。

在竞争如此激烈的考试中，广大考生必须全面提高自己的专业水平，尤其做到对各专业考试科目应试技巧的准确把握，才能在艺术高考中脱颖而出。虽然考生也可以通过网络方便地查阅各种资料，但很难有如本书一样具有系统性、实用性和针对性，涵盖即兴评述话题的方方面面，阐述深刻细致，而且本书增加了附录三章，更是从不同角度讲述了评述技巧。可以说，本书是一本系统、清晰、详尽、新颖的艺术高考专业辅导书籍，对于参加艺术高考的学生有很大的帮助。

本书虽然涉及众多应试方法，但关键还是要考生自己理解、掌握，并且灵活地将其运用到实战中。因此，考生除认真研读本书外，还需用心感受、独立思考、变为己用。

为了能使本书的内容更加丰富，本书在编写过程中，收集了大量的文献资料，参考了十几本即兴评述方面的书籍，还从互联网上下载了一部分参考资料，并分析了其优缺点，力争使本书做到话题选择的典型性与前瞻性并重、话题内容的逻辑性与口语化相结合，使之具有科学性、知识性与可读性。其中有许多知识的借鉴与应用，因为是长期积累，现在已不能注明其准确出处，应用旁人观点尚未注明的，敬请谅解。如有作者在本书中发现自己的作品，请与我们联系，我们会按著作权法有关规定支付稿酬。

为了保证本书的质量，从形式到内容，我们做了最大的努力，希望既能博采众长，又能自成一家之言。但由于一些主客观条件的限制，必定存在着诸多不足之处，恳请读者批评、指正。

王文丽

2012年6月6日

目 录
Contents

第一部分 经典话题

第二部分 校园生活

第三部分　人生感悟

第四部分 格言警句

第五部分　社会生活热点

第六部分 时政话题热点

第七部分 影视栏目热点

第八部分 文化娱乐热点

第九部分 播音主持专业

第一部分　经典话题

1 谈友情

友情是什么？友情是朋友之间一种最纯洁、最高尚、最朴素、最平凡的感情，也是人世间一种最浪漫、最动人、最坚实、最永恒的情感。那么朋友是什么？不同的人会有不同的答案。我认为，朋友是我们欣赏冬日漫天飞雪时手捧的一盏热茶；朋友是我们遮挡夏日滂沱大雨时撑着的一把雨伞；朋友是乍暖还寒时吹开我们心中郁闷的一缕春风；朋友是收获季节里分享我们欢欣喜悦的一杯美酒。

人在尘世间行走，生命的历程犹如一场艰难的长途跋涉，有这样那样的责任需要承担，有这样那样的义务需要履行，疲惫的精神需要鼓励，孤独的心灵需要温暖，落寞的感情需要抚慰，我们需要陪我们走过风霜雨雪的人，需要陪我们感受爱恨癫狂的人。多亏了有朋友的相知、相助与相伴，才能让干涸的心田不时受到浇灌，让疲惫的精神经常得以休憩，让孤独的灵魂时时感到温暖，我们才能生活得独而不孤、劳而不苦。人需要朋友，这是灵魂深处最质朴最热切的渴求，即使它不与任何现实利益、功利色彩相连，即使它只是一种纯粹的精神需求。古人云“人生得一知己足矣”、“人生得一知己，可以不恨”，可见知音难觅，是可遇而不可求的。

林语堂先生说过一句话：“来一次世间容易吗？有一次相遇容易吗？叫一声朋友容易吗？”小心翼翼地珍惜友情吧，让朋友陪我们续写关于人间挚爱的传奇。

2 不要等待机会，而要创造机会

居里夫人曾言：“强者制造时机，弱者等待时机。”

人的一生是短暂的，时光总是在我们不经意间悄悄地流走，同时带走我们无数的感慨与遗憾，感慨岁月“朝如青丝暮成雪”的无情，遗憾“我生待明日，万事成蹉跎”的消极态度。人们在有限的生命里总是在为一些目标而奋斗，总是希望自己在某些方面取得成功，这样生命之花才能绽放出多姿多彩，人生才可以少一些遗憾。然而，成功绝不是一件轻而易举的事情，它需要我们积极主动地努力争取，纵然有天上掉馅饼这回事，也需要自己伸手捡回来。我们都熟知“守株待兔”这一经典的寓言故事。它告诉人们，兔子自己撞死在树桩子上，这是生活中的偶然现象，而宋国那位农夫却把它误认为是经常发生的必然现象，最后落得田园荒芜，一无所获。因此，我们要想有所成就，必须努力去争取，不应消极地等待。

机遇对一个人的成功而言太重要了。有的人花费了一生的时间默默无闻地等待它的到来，但最终也没能等到，结果就像这位宋国农夫一样不仅一无所获，还荒废了人生，并且失去了本该拥有的东西。因为机遇只惠顾那些敢于大胆争取的人，它永远不会垂青于那些袖手坐等的人。一寸光阴一寸金，与其等待机会来敲门，不如主动打开门走出去，为自己寻找、创造机会。因为行动才是成功的阶梯，行动越多，登得越高。

3 完美与残缺

完美与残缺向来都是一对矛盾体，只是不同的人对其有不同的理解。不必说“人有悲欢离合，月有阴晴圆缺”，人的健全与残缺，也没有决然清晰的分界。或许残缺唤醒了人类更多的潜能，于是，残疾人运动员不再遮掩残躯，也就成了一种“骄傲的裸露”。

残缺往往创造奇迹。史蒂芬·霍金，这位只能通过眨眼与外界交流的重度残疾物理学大师，靠语音合成器一分钟只能说五六个单词，但凭一本薄薄的《时间简史》却征服了全世界 3000 万读者。人们都知道，霍金在思考，但是谁能说清，霍金在想什么？轻量级的身躯，不影响支撑一颗重量级的头颅。于是，有个西方记者这样说：“因为有了霍金，世界上就不可能有思想者的残奥会。”

人皆爱完美，没有人愿意残缺。关键是，一旦各种各样的“残缺”不幸降临，比如病痛缠身、家庭不幸、事业受挫……我们该如何来对待它。人类永远不可能像壁虎，残缺之后又长出一条新的尾巴。那么，就看看橡胶树吧——它，是不拒绝刀割的，它珍贵的汁液，就是从深深的刀口流出的。伤痕愈多，奉献愈丰，那遍体鳞伤，正是它光荣的标记。

4 你认为人生的意义是什么

生命对于每个人来说只有一次，怎样走完这一生，不同的人有着不同的选择。蜡烛选择了燃烧自己而照亮别人走完了自己的一生；春蚕选择了丝方尽走完了自己的一生。

对于一个人而言，在满足了衣食住行之后，人生的意义就在于个人价值的实现。要想实现个人价值，我赞同古人的“立德、立功、立言”之说。

我认为人生在世首先应该“立德”。常言道“先做人，后做事”。作为一个人，首先要树立自己高尚的品格情操，才能立功、立言、行天下。可见人品修养对于一个人来说是极其重要的。“立德”是基础，建立健全的人格才能完成对人类、对社会有益的伟大事业。

其次是“立业”。或许很多人都熟悉这样一段话：“人最宝贵的是生命，生命每个人只有一次，人的一生应当这样度过：当他回忆往事的时候，他不会因为虚度年华而悔恨；也不会因为过去的碌碌无为而羞愧，当他临死的时候，他能够说：我的整个生命和全部精力，都献给了世界上最壮丽的事业——为人类的解放而斗争。”这是保尔·柯察金的人生追求。现如今时代变了，我们生活在和平年代，国家日益繁荣强大，百姓生活日渐富裕，革命离我们越来越远，但保尔的精神始终让我们每个人感动和尊敬。因为他珍惜生命和光阴，用有限的人生从事着给人类带来光明的伟大事业。

并不是每个人都能完成这样宏伟的事业。作为一个普通人，还要“立言”。当一个人年过花甲的时候，对于经历过的酸甜苦辣必定有一番自己的感悟。功名利禄、世事百态在每个人的观念里都有不同的认识，可以把它写下来以供后人参考评说。假如能够成为经典之说，便可为子孙后代留下更多的人生格言。

若立德、立功、立言这“三立”都能够完成的话，这个人便达到了人生的最高境界，应该说此生无憾了。

5 苦难对于天才是一块垫脚石，对能干的人是一笔财富，对弱者是万丈深渊

没有一帆风顺的人生，更没有人能随随便便地成功。苦难对于成功犹如海水对于鱼儿一样，成功离不开苦难，然而有了苦难也不见得就能成功。苦难始终伴随着我们的人生，但重要的是我们如何来对待苦难。

苦难对于天才是一块垫脚石，对能干的人是一笔财富，对弱者是万丈深渊。在天才和能干的人眼里，苦难与成功一样不可或缺。古人道：“天将降大任于是人也，必先苦其心志，劳其筋骨，饿其体肤，空乏其身，行拂乱其所为，所以动心忍性，曾益其所不能。”我们几乎都熟悉这句古训，然而有几人能真正地消化这句话呢？人生总是要经历坎坷，只有把苦难当作通向成功大道的垫脚石，才能像蝴蝶一样由幼虫历经残酷的蜕变，成为美丽的蝴蝶。

有些人，并不能正确地看待苦难这笔财富。在顺利的时候得意洋洋，在遇到苦难的时候便一蹶不振，仿佛世界末日。试问古今中外哪一位成功人士不是经历了重重苦难才取得了赫赫成就的？达·芬奇画了无数张鸡蛋才创作出蒙娜丽莎；司马迁在监牢里受尽

了酷刑最终写出了名著《史记》。人生多有不如意之处，正确面对和处理艰难困苦，总有克服的一天。普希金有一首诗："假如生活欺骗了你，不要忧郁，也不要愤慨！不顺心时暂且克制自己，相信吧，快乐之日就会到来。我们的心儿憧憬着未来，现实总是令人悲哀，一切都是暂时的，转瞬即逝，而那逝去的将变为可爱。"因此，以乐观正确的态度面对苦难，人生终将丰富多彩，充满意义。

6 唯一不变的，只有变

辩证唯物主义哲学告诉我们：世界是物质的，运动是物质的一种存在状态，而运动是绝对的，静止是相对的，物质永远处于一种运动状态，所以一切都是变化着的，包括我们肉眼能够看到和看不到的。"生于忧患，死于安乐"这句古训不断地提醒我们应该深知变化的重要性。

如今科学信息技术的发展，使得时代的变化日新月异，人们的生活节奏明显加快，然而个人的生存压力也随之加大。要想在瞬息万变的社会中拥有自己的一片天空，我们应该做的就是要明白变化的原理，不断学习进取，提高自身的素质，增强社会竞争力。阿里巴巴创始人马云曾经说过，"唯一不变的是我们的变化，变化总是痛苦的，但也是必要的！如果我们不改变自己，那么，我们的对手、投资者、客户和市场就会残酷地改变我们。"企业是这样，对于我们个人同样如此。

爱迪生用他的发明改变了全人类的照明方式；雷锋用爱心温暖了全体中国人；白求恩用他的医术挽救了无数革命军人。这不都是改变吗？芸芸众生里的我们虽然没有丰功伟绩，但至少可以改变自己的生活。光阴似箭，岁月如梭，无法重复，父母一天天老去，这些变化是无法掌控的，我们所能做的就是面对不断的变化，孝顺父母，取得成就，让他们为养育了一个优秀的孩子而骄傲。

7 亲情

"亲情就是有血缘关系的人之间存在的那种感情。"书上是这样定义亲情的，然而作为有着丰富感情的人，亲情的含义远远要超出这个概念。一个人自呱呱坠地之时起，就被浓浓的亲情包围着。

当我们开口喊出"妈妈"这个词的时候，妈妈双颊洋溢的幸福，以及在一旁的其他亲人的惊喜，昭示着这个小生命在成长中又跨过了一个阶段。我想这就是亲情。

当我们在严寒的冬季，饥肠辘辘地回到家，姥姥一边帮我们搓着冻得红红的冰冷的双手，一边心疼地喃喃自语，不一会儿又端上来热腾腾的饭菜，让我们所有的饥寒交迫瞬间化为乌有。我认为这是亲情。

当我们通过艰辛的努力取得辉煌成就，别人都在感叹照在我们头顶的光环有多么耀眼，赞美之词不绝于耳的时候，我们的父母却热泪盈眶，因为只有他们知道在这光环的背后，我们经历了怎样的艰辛与不易。我想这应该是亲情。

当我们在公园散步，享受夕阳余晖多么美妙的时候，这时一对满头银发的老夫妻相互搀扶着回忆他们的浪漫过去，我们不禁感叹爱情升华后的那种美好，这应该是一种没有血缘关系的亲情了。

在人的一生中亲情远远不止这些。亲情犹如一盏灯，指引着我们永远向前进；亲情犹如港湾，当我们累了的时候随时可以靠岸停泊。正因为有了亲情，我们便有了前进的动力；也正因为有了亲情，我们的努力便有了意义。

8 令你感动的一件事

谈及最令我感动的一件事，我想起了发生在“5·12”汶川大地震时，一个关于母亲与孩子的故事。这是一个关于亲情的故事，这更是一个关于母爱的故事。

在汶川地震发生后，搜救工作便紧锣密鼓地展开了。5月13日中午，救援队员发现了一位妇女，她已经停止了呼吸。透过一堆废墟的间隙，可以看到她双膝跪地，整个人向前匍匐着，双手扶地支撑着身体。救援队员从空隙伸手进去，确认她已经死亡，又冲着废墟大声呼喊，没有任何回应。当救援队走向下一片废墟时，队长好像意识到什么，忽然转身跑回来，他费力地把手伸进她的身下摸索，高声喊：“还有孩子活着。”在一番艰难努力后，人们终于把孩子救了出来。他躺在一条红底黄花的小被子里，大概有三四个月大，因为有母亲的庇护，孩子毫发未损。当随行的医生过来给孩子做检查时，发现有一部手机塞在被子里，医生看了一下屏幕，发现屏幕上面有一条已经写好了的短信：“亲爱的宝贝，如果你能活着，一定要记住我爱你。”看惯了生离死别的医生，在这一刻落泪了。手机传递着，每一个看到短信的人都落泪了。当我看完这个故事时，我也落泪了，因为我体会到了母爱的伟大。母亲是世界上最关心我们的人，母亲不仅给予我们生命，母亲还用那无私的爱抚慰着我们。

母亲，人间第一亲；母爱，人间第一情。母亲的爱像一把伞，为我们遮风挡雨；母亲的爱像一本书，需要我们用心品读；母亲的爱像水一样，不含任何杂质。感恩母爱，感谢伟大的母亲！

9 选择

当眼睛穿越树林，它选择了绿色；当风儿抚过海面，它选择了翱翔；当夜晚悄然而至，心灵选择了驰骋。也许，在命运的初始，我们就面临选择。

选择有很多种，学业、爱情、事业以至于人生，无一不与选择相关。也许，有人会说，选择的对错，决定了人生的成败。那到底什么样的选择是对，什么样的选择又是错呢？当陶渊明选择“采菊东篱下，悠然见南山”时，我明白平淡自然是他心之所归；当孟子决定“舍生而取义”时，我知道了“道义”与“生命”之间的最终抉择，懂得了什么才是人生的价值。

当屈原长叹，荆轲一去不复返时；当岳飞含恨九泉，林则徐虎门销烟时，我知道这是他们忠诚的选择。为了这样的选择，他们甘愿抛头颅洒热血，为了这样的选择，他们甘愿蒙冤屈舍性命。仰天长啸！从古至今，有多少英雄豪杰为国家做出了这样的选择，正是这至死不悔的选择绵延至今，激励着我们一代代成长中的青年；正是这种心灵深处的选择，让我们明白他们的大义所在；也正是这心灵的选择，成就了他们最终的美。

智者信仰真理选择了桀骜不驯；勇者渴望超越选择了奋斗不息；仁者祈祷和平选择了舍生取义。不同的人有不同的选择，但无论是什么选择，我都认为，选择没有对错。遵从自己心灵的选择并为之坚持、为之奋斗、为之骄傲，这就是我的选择。

10 幸福

我们每个人都渴望幸福，都追求幸福。儿童的幸福来源于色彩缤纷的糖果，少年时的幸福来源于学业上的满足，青年时向往丘比特的神箭，中年时憧憬事业上的巅峰，花甲之年总盼望有含饴弄孙的满足。每个人对幸福的盼望都是美好的。也许，“幸福”一词本身，就有着太多的甜蜜。

可很多时候，我们认为，欢笑总围绕在别人身边，烦恼总纠缠在自己心里。差学生以为考了高分就可以没有烦恼，贫穷的人以为有了钱就可以得到幸福。可结果，成绩好的学生、有钱人的烦恼依旧难以消除，忧心忡忡得仍旧愁眉不展。

有人说过：“真正的幸福是不能描写的，它不仅仅来源于甜蜜的爱情，优越的生活，成功的体验，更重要的是要有一颗懂得体验幸福的心。幸福是对生命的一种体验，对生活的一种感悟。生命的体验形形色色，纷纷扰扰，你体会越深便越难以描述。因为真正的幸福不仅仅是部分事实的汇集，更是一种状态的持续。幸福是自己心中的阳光，是微笑看世界的源泉。”

幸福掌握在自己手中，“行到水穷处，坐看云起时”的淡然高远是幸福；“云淡风轻近午天，傍花随柳过前川”的天真率性是幸福；“春秋多佳日，登高赋新诗。过门更相呼，有酒斟酌之”的高情雅致是幸福；努力工作，认真生活的平凡岁月同样也是幸福。只要我们有一双善于捕捉幸福的眼睛，幸福就不再是一个谜。幸福的青鸟，它就在你我的身旁。

11 希望

人的一生不可能总是一帆风顺。历数古今中外，无数成功人士的成功道路，都会遇到各种各样的挫折。但是，他们无不对生活充满热爱，对工作注入热情，对成功的渴望给予他们无限的动力。鲁迅曾言：“希望是附丽于存在的，有存在，便有希望，有希望，便是光明。”人活着不能没有希望，否则会像失去控制的小船，随波沉浮。若有了希望，便有了前进的动力，有了战胜困难的勇气，有了奋勇拼搏的力量。希望是热情之母，它孕育着荣誉，孕育着力量，孕育着生命。它使濒临死亡的人看到了生存；使屡遭挫折的人看到了成功；使身处绝境的人看到了力挽狂澜的可能。

如果说失望是背负的行囊，那希望就是坚韧的拐杖。当失望阻隔我们的眼睛时，只有拥抱希望才能走出困境拥抱成功。非洲大蛹浑身是毛，口吐黏液，看一眼都让人毛骨悚然，然而就是这些丑陋、令人作呕的大虫蜕壳后，却变成了世界上最美丽的蓝蝴蝶。试想，在蜕变过程中，如果非洲大蛹过早地对自己丑陋的外表失望，那么，还有美丽迷人的蓝蝴蝶之梦吗？是希望，成就了它永生的美丽。卡通片《机器猫》中的女天才配音演员，享誉世界、家喻户晓，可谁能想到，她却自幼嗓音沙哑，同龄人都因她“丑陋的声音”不愿意与她交友。然而她并没有郁郁寡欢，没有对生活失去希望，而是努力寻找一切机会展示自己，最终获取了成功。

人在被玫瑰刺伤后，通常会有两种不同的反应，一种人会说：“多美的花”；另一种人会说：“这刺多糟啊！”前者看到的是希望，而后者看到的永远是失望。既然我们可以选择，那为什么不让希望带领我们走向成功的巅峰呢？

12 宽容

法国著名作家雨果说：“世界上最宽阔的是海洋，比海洋更宽阔的是天空，比天空更宽阔的是人的胸怀。”宽容是宰相肚里能行船，宽容是将军额头跑得马，楚庄王断缨护武将是宽容，蔺相如三让廉颇是宽容。东海广且深，由卑下百川；五岳虽高大，不逆垢与尘。宽容不仅是一种境界，是人性的闪光点，也是一种处世智慧。

清朝康熙年间，文华殿大学士、礼部尚书张英在老家桐城有一栋房子，他的府邸与一家姓吴的宅院为邻，中间有一小块空地，本来属于张家，一直以来用作过往通道。后来吴氏建房子的时候想要越界占用这小块空地，张家人不服，于是双方发生纠纷，告到了衙门。这两家都是名望贵族，县令也不知如何宣判，左右为难。张英家人见有理难争，于是就修书一封，寄到京都，向张英告状。张英看完信，认为事情简单，便提笔蘸墨，在家书上批诗四句，上面写道："千里修书为堵墙，让他三尺又何妨。长城万里今犹在，谁见当年秦始皇。"张家人得诗，深感愧疚，毫不迟疑地让出了三尺地基，吴家看到这种情形，觉得张家有权有势，却不仗势欺人，深为佩服，于是也效仿张家向后退让三尺。便形成了一条六尺宽的巷道，名曰"六尺巷"。在邻里和睦面前，三尺地基显得微不足道，张英的宽容胸怀，为这件事情画上了圆满的句号，也为古往今来的人们作出了"退一步海阔天空，忍一时风平浪静"的表率。

宽容的心要从小养成，要学会宽以待人，不去斤斤计较，善于接受异议，敢于面对伤害，以海纳百川的胸怀打败自己的偏执、狭隘，用一份潇洒、宽厚的心对人处事。这样无疑能避免很多争执与纠纷，因一点小事就大动干戈最后酿成悲剧的事件也不会发生了。让我们不为琐事而羁绊，放眼于更美好的未来，用宽容的心去拥抱这个世界。

13 创新

畅销书《追求卓越》的作者托马斯·彼得斯说过"要么创新，要么死亡"。这句看似很极端的话道出了创新对我们这个时代的重要意义。对于我来说，创新有三种含义。

首先，创新是更新。有句广告词是："没有最好，只有更好"。人类从来不缺乏追求美好生活的无限热情。体制的优化完善、产品的更新换代，甚至个人的学习进步，都离不开创新精神。我们人类从使用一台重达几公斤的台式计算机，到现在可以拿着一本杂志大小的掌上电脑遨游互联网；从以前国有企业遍地，到现在自主创业成风，我们在创新的路途中接受新事物、新观念、新思维，从而成为一个与时俱进的社会人。

其次，创新意味着创造新事物。从远古人以叶蔽体，以穴为屋，到现在都市人着装时尚，我们感受到了科学不断创新，技术不断升级给人类生活方式带来的变革。改革开放从无到有，一国两制成功实践，都是创新的巨大成功。

最后，创新就是改变。正所谓"流水不腐，户枢不蠹"，创新是让生命奏响永恒韵律的关键。故步自封的思维只会被飞速奔驰的时代抛在后面。大胆创新首先要有创新意识，其次要有创新能力，还要有面对创新失败的心理承受能力。愿意改变是对生活怀有热情，能够改变是具有生命的智慧，有永不言败的精神，最终才能成就焕然一新的面貌。

创新是时代跳动的脉搏，创新是事物前进发展的动力，创新带给我们活力及旺盛的生命力，就好像黑白画面当中一抹明艳的色彩。

14 人与自然

由于科学技术的发展，人类认识自然、改造自然的能力大大提高，人类实践的范围不断扩大，使得更多的天然自然转化为人化自然。然而人类在征服自然、利用自然取得巨大成果的同时，对自然均衡状态的破坏也达到了相当严重的程度。自然给了人类生存所需要的一切，但人类并不满足。人类加快了对自然的征服，对资源的掠夺。大自然能够满足我们的需要，却无法满足我们的贪婪，所以大自然给了人类无情的惩罚。从火山爆发到海啸来袭，从地震到飓风肆掠，在大自然面前，人类终于发现自己依然那么渺小，于是人与自然的关系又成了人们不得不重新审视的问题。建立人与自然和谐共处，大力发展环保事业，加强环保意识是人类生存与发展的必由之路。

作为一名学生，我们无法出现在哥本哈根气候大会的会场上，但我们可以从身边一点一滴做起，参与到具体的环保节能工作中，为环保尽一份力；我们可以组织活动，普及公民的环保节能观念。例如，随着私家车日益增加，给城市交通带来重大压力，造成交通拥堵，我们要尽量乘坐公共汽车出行。我们在外面用餐时，要尽量避免使用一次性饮料杯、泡沫饭盒、塑料袋和一次性筷子，用陶瓷杯、纸饭盒、布袋和普通竹筷子来替代，这样就可以大大减少垃圾的产生，防止污染环境。另外，对于日常生产的生活垃圾要进行分类回收，特别是不要乱丢弃废电池，因为一节废电池中所含的重金属很高，如果流到清洁的水中，造成的污染是非常大的。同时，我们还可以积极参与环保宣传，关注新闻媒体有关环保的报道和治理环境的先进技术，及时举报破坏环境和生态的行为，做一名合格的环保志愿者。

世界上只有一个地球，它是人类赖以生存和生活的环境。人类要更加兴旺，生活要更加美好，就必须自觉地保护环境，爱护地球，共创人与自然的和谐社会。让我们大家用实际行动一起保护环境。我们对大自然的思考越是深沉和持久，它们所唤起的那种越来越震撼的惊奇和敬畏就会充溢我们的心灵。

15 雷锋精神

毛泽东同志亲笔题词“向雷锋同志学习”；在我们进行改革开放、建设社会主义市场经济的时代条件下，邓小平同志为学习雷锋题了词；江泽民同志也号召我们向雷锋同志学习并题词。在我党三代领导人的倡导和号召下，全国学习雷锋的活动一直未曾停止。

每年 3 月 5 日雷锋纪念日时，都会出现一些激烈的争论：当今社会还要不要学雷锋？雷锋精神是否过时了？到底应该怎样学雷锋？其中有些人觉得有这个日子和没有这个日子不存在区别。雷锋精神在新社会真的成了多余的样品，成了赚取名利的装饰品了吗？其实不然，我们的社会还有太多需要我们帮助的人，贫困的孩子需要我们，病魔缠身的朋友需要我们，下岗失业的同志需要我们……只要我们伸出手去帮一把，尽一份心和力，那么世界会更美好！

雷锋精神的核心是“为人民服务！”雷锋精神并不是雷锋独创的，其实质是大公无私、乐于奉献。雷锋精神之所以薪火相传、生生不息，具有强大的生命力，从根本上说，就在于雷锋精神符合时代进步的潮流；就在于雷锋精神与我们党全心全意为人民服务的根本宗旨相一致。我们需要学习的不仅仅是雷锋这个典型，我们不需要走个过场，这个社会的“典型”太多、形式主义太多。我们不要制造潮流，社会需要我们像雷锋同志那样踏实地把自己奉献到朴实的生活中去，奉献到真正需要我们伸手帮助的朋友那儿去。赠人玫瑰手留余香，当我们把发自内心的芳香抛洒在这个五味俱全的社会，每个人的心中就可以感受到这份人与人之间的芬芳。

雷锋同志虽然离开我们已有许多年了，然而雷锋精神永不消亡。人们呼唤雷锋精神，社会需要雷锋精神，我们的发展更需要雷锋精神，让雷锋精神充满社会，让和谐充满社会。

16 节俭

节俭是中华民族的传统美德。无论什么时代，节俭是一个人不可缺少的内在品质。“奢靡败家，勤俭兴国。”中国人治国齐家最重要的经验之一就是尚俭去奢。尚俭不仅可以节约财产、节省资源、聚焦财富，更重要的是它能培育一种奋斗进取的精神。

随着国力的增强与人民生活水平的改善，一些人把艰苦奋斗、勤俭节约的优良传统丢了。君不见，当前一些地方和部门超越实际、盲目攀比的畸形消费；斗富摆阔、一掷千金的奢靡消费；过度包装，极度美化的蓄意浪费；“长明灯”、“长流水”的随意浪费比比皆是。而机关单位超额上马的豪华办公楼，数目惊人的公务用车消费、公款吃喝、公费出国，花钱大手大脚导致办公成本失控的现象更是层出不穷，“豪奢风”极大地败坏了党风、政风，损害了人民群众的根本利益，对构建和谐社会造成了极大的危害，造成了许多不可挽回的损失。

从我国的实际国情来看，我国仍然是一个发展中的人口大国，人均资源短缺，艰苦奋斗、勤俭节约将是一个永远倡导的主题。为此，我们要在全社会提倡勤俭节约、珍惜劳力、创造财富的意识，形成不畏艰难、锐意进取的精神和思想品格，使这种对工作、对事业、对生活积极有为的人生态度，锐意进取的世界观、人生观、价值观深入人心。

17 诚信

我们每个人都知道狼来了的故事，对故事里最终被狼吃掉的孩子连连叹息，这个故事告诉我们失去诚信的代价是惨痛的。实际生活中，我们不一定会遇到这样的事件，但狼来了的故事恰恰反映了很多人在生活中不讲诚信的陋习。我们明白不讲诚信的可怕后果，懂得诚信的可贵，但能把诚信落实到每件大大小小的事情中却不是件容易的事。

有个关于诚信的成语叫"一诺千金"。相传秦朝末年有个叫季布的人，说话算数，有着很高的信誉，很多人都跟他建立了深厚的友情。当时流传了一条这样的谚语："得黄金百斤，不如得季布一诺。"这就是成语"一诺千金"的由来。后来有一次，季布得罪了汉高祖刘邦，被悬赏捉拿。他的朋友们不被重金所惑，冒着极大的危险保护季布，使他免受灾祸。一个人能诚实有信，得到大家的尊重，自然得道多助。

有人感觉诚信这个词离我们很遥远，因为它的崇高，让这些人觉得只有做大事才涉及诚信的问题，而平淡的日常生活小事，实在跟诚信毫无关系。但在这里我想强调的是，其实诚信不是天大的事，它体现在生活中细小的方方面面，一分一秒、一丝一毫。诚信虽然不是天大的事，但失去诚信就会铸成天大的错。

18 人生观

每个人都有不同的人生观，人生观是对人生的目的、意义和道路的根本看法和态度，持不同人生观的人看待同样的事物会有不同的感受。举个例子，面前放着半杯酒，一个人无比惆怅地说："唉！只剩下半杯了！"另一个人充满欣喜地说："嗨！还有半杯呢！"前者的人生观是消极的，后者的人生观是积极的。

具有积极人生观的人，内心充满阳光，性情开朗而乐观，生活是丰富多彩的。具有消极人生观的人，内心低落黯淡，性情悲天悯人，生活味同嚼蜡，事业举步维艰。这正所谓，生活就像一面镜子，你对它笑它就笑，你对它哭它就哭，这一笑一哭之间，起决定作用的是我们对生活的认知条件评价，也就是一个人的人生观。

张海迪 5 岁时因患脊髓血管瘤高位截瘫，因此没有进过学校，但她童年时就开始以顽强的毅力自学知识，先后自学了小学、中学、大学的专业课程。张海迪 15 岁时随父母下放聊城莘县一个贫穷的小山村，但她没有惧怕艰苦的生活，而是以乐观向上的精神奉献自己的青春，在那里给村里的孩子们教书，并且克服种种困难学习医学知识，热心为乡亲们针灸治病。在莘县期间，她无偿为一万多人治病，受到人们的热情赞誉。

人生没有绝对的苦乐，只要有积极、奋斗的精神，有乐观向上的人生观，凡事自然能够转苦为乐、转难为易、转危为安。海伦凯勒说："面对阳光，你就会看不到阴影。"积极的人生观，就是心里的阳光，心中无闲事，处处好时节。

19 财富观

和很多人一样，一看到“财富”两个字，我首先想到的就是钱。但如果财富只意味着钱，那么人生就太单调乏味了，其实我们身边很多东西都是财富。

亲情是我们的财富。当母亲为孩子准备好早餐、当父亲扶着孩子学骑车、当子女用自己第一份工资为父母买来礼物，这些画面温馨而令人向往，是多少金钱都不能买来的财富。

友情是我们的财富。长辈年龄大了会离我们而去，爱情也不能永远保鲜，唯有友情不离不弃，是陪伴我们一生的珍贵财富。

健康是我们的财富。健康是幸福生活的基础，有人说健康排在首位，是 1，其他诸如金钱、事业、学历等各方面都排在后面，是 0，1 后面的 0 越多，这个人越富有，如果健康没了，前面的 1 便没了，后面的 0 再多，也只是 0。因此，拥有健康就是拥有了巨大的财富。

快乐是我们的财富。快乐决定了我们的幸福指数，也是我们生活的意义所在。当我们有了乐观的心态，就总是能看到美好的一面，也能使人生更加积极向上，创造出更多的快乐和价值。因此快乐能使我们的生活增值，是人生宝贵的财富。

希望我们都能拥有亲情、友情、健康和快乐，亲情、友情、健康、快乐这些用钱买不来的宝藏是人生最大的财富。

20 珍惜、知足

人们常说“知足常乐”。这句俗语蕴含着深刻的人生哲理：人生若要快乐，若要过得有意义，唯有珍惜已有，知足常乐。

有这么一个故事，古希腊哲学家苏格拉底曾经跟几个朋友挤在一间七八平方米的房子里，但他总是乐呵呵的。有人问他：“跟这么多人挤在一起住，转个身都困难，这么不方便，有什么可高兴的?”苏格拉底说：“朋友们在一起既不孤单又可以随时交流思想，不是很值得高兴的事情吗?”后来，朋友们相继成家搬出了宿舍，屋子里只剩苏格拉底一个人了，但他仍然很快乐，那人又问：“现在你一个人住了，孤孤单单的，还有什么好高兴的?”他回答：“我有很多书啊，每本书都是我的老师，我跟这么多老师住在一起，时刻向他们请教，不是很令人开心吗?”这个故事告诉我们，当面对同一件事情，能不能保持珍惜、知足的心态，决定一个人的人生幸福与否，是否感到幸福又会反过来影响心态。因此只有知足常乐才能形成幸福人生的良性循环。

人们经常在意自己没有得到的，却忽视了自己拥有的，这是造成不快乐的最主要的原因。现在年轻人群体中出现了一种“整容成瘾”的心理疾病，患者大多数本身面容较好，却不满意，不停地整容，但整过之后依然觉得自己容貌有缺陷，于是继续，没有尽头，并且患者为此深深困扰，感到痛苦。这是一个比较极端的例子，但也因此说明了“知足”的心态是多么重要，如果不知珍惜，就不会快乐。让我们知足，知足常乐。

21 最喜爱的一本书

我最喜爱的一本书是余华的《活着》。

《活着》是一个关于笑与哭、生与死、善与恶、幸福与不幸、家庭与社会、责任与勇气、绝望与希望的故事，我甚至觉得它涵盖了一个人要活在世上的所有因素，正是这种鲜明的对比，给予了生命强大的力量，给了我们十足的幸福。

作者余华这样解释“活着”：活着，在我们中国的语言里充满了力量，它的力量不是来自于叫喊，也不是来自于进攻，而是忍受，去忍受生命赋予我们的责任，去忍受现实给予我们的幸福和苦难、无聊和平庸。作为一部作品，《活着》讲述了一个人和他的命运之间的友情。这是最为感人的友情，因为他们互相感激，同时又互相仇恨；他们谁也无法抛弃对方，同时谁也没有理由抛弃对方。他们活着时一起走在尘土飞扬的道路上，死去时又一起化作雨水和泥土。

小说的后半部分，福贵的亲人相继离去，整个故事已经陷入深深的悲哀，悲惨成了这家人的宿命，让人心痛。福贵成了孤零零的一个人，与一头老牛为伴，那头牛也叫福贵。书的结尾，老人终日对那头牛说着：“今天有庆、二喜耕了一亩，家珍、凤霞耕了也有七八分田，苦根还小都耕了半亩。你嘛，耕了多少我就不说了，说出来你会觉得我是要羞你。话还得说回来，你年纪大了，能耕这么些田也是尽心尽力了”。读到这里，我哭的不能自已。最后的一个泪点，也是最深刻的点，读着让人扼腕，让人叹息千百年来农民的命运各不相同却又如出一辙：在大的灾祸面前，他们总是那样脆弱而悲惨。一本书翻过去了，但我却觉得似乎沉得都要拿不住。

活着，是一种力量，是幸福。

22 谈作秀

为什么作秀在眼下这么流行，原以为这是现在流行的一种通病，细细想来，却并非如此。

作秀的人其实并不都无趣，他们只是很爱表现自己罢了。毛遂自荐是他们的特点，也许将来的某一天，他们其中的一位会成为你心目中的偶像。NBA 大家都知道吧，尤其是在姚明参加了 NBA 之后，在中国更是家喻户晓。熟悉 NBA 的人都知道，NBA 每年都会进行一场盛大的全明星赛，尤其以扣篮大赛最为精彩。每一位明星都会拿出他们的看家本领为观众们表演，观众们则以一阵阵热烈的掌声和呐喊声来为他们助威。美国人的表现欲很强烈，他们不像中国人那么含蓄，这时的篮球场就像舞台，他们可以在上面尽情地表演。每一位球星都会尽自己最大的可能把每一个动作淋漓尽致地做出来，这样一个个精彩的动作就呈现在观众面前了。球场有时更像模特走的 T 台，它是为有勇气的人专门设置的，每个人站上去都会发光发亮，是人们实现梦想的舞台。当他们站在球场上打球时，每个人看上去都充满自信，好像篮球是专门为他们而设计的，篮球就是他们的生命。由此看来，喜欢作秀并不是什么坏事，只是人们实现自己梦想的方式。如果说作秀不好的话，那么 NBA 也不会有这么多的篮球明星，其他国家的篮球运动员也不会争着参加 NBA，也就更不会有你崇拜的偶像了。

经济在发展，社会在进步，国家的法律制度也在健全之中，在这样一种形势下，每个人都应该有公德心，讲廉耻、办实事，勿以恶小而为之、勿以善小而不为。不利于国家稳定、社会进步的事不要去做；利国利民的事则应该大力提倡。有时候，即便是作秀，只要是造福于民，功在千秋的，做一做也未尝不可。

23 善良教育是人生的起点

人之初，性本善。但随着社会的发展，劳动成果除满足自己的生活需要外还有剩余，便产生了贫富、强弱，如何对待贫富、强弱，便有了善恶，善与恶相对又相伴。对人对事要充满善意，心中就自然会更加美好快乐，而且生活中也会得到更多帮助，所以善良教育有百利而无一弊。

首先，善良教育可以更好地培养孩子的善良品质，有利于孩子的健康成长。作为家长，我们对孩子进行教育时，不仅要延续孩子在幼儿园、学校已经形成的善良意识，而且在生活的各个方面都应该加以善诱，使他们身心健康成长的同时，也使善良的品质茁壮成长。由于孩子具有极强的可塑性，加强对他们的善良教育，可谓是善莫大矣。

其次，善良教育有助于孩子形成优良的道德品质，培养他们友善的接人待物的习惯，对于孩子今后形成以善为本的人生观，有着举足轻重的作用。前不久，有报道称，某校两名大学生，以打捞手机为名，将两名民工骗入校内冰凉的水池中，结果招至许多在校学生围观、耻笑这两名民工是“傻帽”。这些大学生的做法，其实就是缺乏基本的善良品质。

第三，善良教育是我们推动社会主义精神文明建设的一个基本要求，有利于树立良好的社会风气。在加强对孩子善良教育的同时，我们每个人都应该用善良的行动，去影响和引导他们，教育他们以善良的品质开始善良的人生。

应当说，善良教育是我们这个社会不可或缺的重要一环，它希冀着人生美好的未来，以善良之心对待人生，这是一个人应当一生追求的道德规范。因此，善良教育值得倡导，我们的家长切不可倒行逆施，否则，善花结出恶果来，则悔之晚矣。

24 直行与转弯

生活中当你站在人生的十字路口时，经常会遇到选择“直行”还是“转弯”。或许你会以为转弯定会绕远，所以选择了直行，但没走多远塞车会让你后悔不已，后悔自己放弃了车辆很少的小路。漫漫人生路同样也是这样。一个又一个的岔口在你的眼前出现，同样你也面临着一次又一次的选择，是继续“直行”还是“转弯”呢？

历史是一位大师，他教育我们要直行，但有时也要学会机智。在人生之路上，学会转弯是非常重要的。司马迁虽受宫刑，但却能忍辱负重，以惊人的毅力完成了《史记》。他以生践志，生命的光辉同样照耀人间。同样，在抗日战争时期，正是因为中国共产党人学会了走“弯道”，坚持避敌锋芒，敌进我退，敌驻我扰，敌疲我打，敌退我追，不做无谓的牺牲，终于拖垮了敌人，取得了抗日战争的胜利，一场空前的民族危机得以解决。

不争的事实告诉我们：直行与转弯，是人生道路上不同的两种前进方式。人生的十字路口有很多，我们应当慎重对待，该直不弯，该转不直。只有这样，我们才能走出属于自己的人生道路。

25 位置

如果一直向上看，那么就会觉得一直在下面；如果一直向下看，那么就会觉得一直在上面；如果一直觉得在后面，那么肯定是一直在向前看；如果一直觉得在前面，那么肯定是一直在向后看。目光决定不了位置，但位置却永远因为目光而存在。即使我们处于一个确定的位置上，目光却可以投往任何一个方向。

在演员的位置上时，就要学会表演；在观众的位置上时，就要学会欣赏。社会是个大舞台，而我们却总分不清自己到底是在表演还是在欣赏。或许，生活本来就是要我们以观众的心态去表演，以演员的心态去欣赏。或许，这正好能够检验一个人随时调整与适应的能力。

站在父母的位置上，就能多一分爱心和耐心，多一分永不熄灭的希望；站在儿女的位置上，就能多一分真情和深情，多一分永不消减的愧疚。人生大概正是为了使每个人都体会一下这种希望与愧疚交织的心情，才安排我们在做了一段时间儿女后，又让我们去做父母。

只有处在对方的位置上时，也许才会理解对方，才会留恋自己的位置。一个既不理解别人，又对自己的位置毫不留恋的人，也很难在别人的心目中有什么位置。当然，这同时也意味着，任何时候都不要以自己的位置炫耀自己，任何时候都不要以别人的位置贬低别人。

处在什么位置上，就在什么位置上寻找意义，位置的意义要靠有意义的人去挖掘深化。

26 保持一颗谦卑的心

谦卑不同于自卑。它缘于对别人的尊重和礼貌，彰显了对自我的价值认同与尊严。谦卑是一种智慧，是一种进可攻、退可守的人生哲学；谦卑是一种力量，是一种亘古绵延、顽强拼搏的内驱力。正是保持有一颗谦卑的心，古老的中华民族才得以顶天立地，生生不息。

谦卑的人立志高远，脚踏实地，鄙视一切“嘴尖皮厚腹中空”、“头重脚轻根底浅”的伪世界观。然而，当经济大潮席卷了我们这个神奇的国度，当奢侈品与粉饰太平充斥着我们脆弱而焦虑的内心时，有些人迷茫了、张狂了，被利益冲晕了头脑，被表象蒙蔽了双眼。他们忘记了先辈韬光养晦的训诫，抛弃了谦虚、谨慎、不骄、不躁的作风，也折断了自己振翅高飞的羽翼。于是，社会中出现了一波更胜一波的炫富，一浪高过一浪的嚣张；出现了为官不作为却居功自傲，为师不自省却充当大师的种种丑态。在没有灵魂的躯壳内，华夏民族最可宝贵的谦卑品质却渐行渐远。

大美无言，大爱无声。无论国家、民族，还是个人，都要秉承一种谦卑的情怀。“好学若饥、谦卑若愚。求知若渴，大智若愚。”我们要清醒地意识到，虽然我们的物质生活极大丰富，但我们的精神世界却远未和谐，我们的社会发展水平还远未均衡，我们的祖国还尚待统一，我们的外部环境还不太平。这一切都需要我们继续保持一颗谦卑的心。只有谦卑才能通过有限而达无限；只有谦卑才能包容自信、凝聚力量；只有谦卑才能让我们永远立于不败之地。

27 科学与生活

科学是对自然、社会及人类自身规律性的认知活动。科学是使主观认识与客观实际相统一的桥梁，也是人们联结现实与理想的纽带。因此，科学与人类生活息息相关。人类在生活实践中探索着科学的真谛，而科学技术则大大促进了人类生活水平的提升。特别是在科技迅猛发展的今天，无论人们怎样麻木地享受着高科技带来的种种便利，也丝毫掩盖不了科学与生活相结合后产生的耀眼光芒。

我们的生活离不开科学。我们出门乘公交、坐地铁、搭飞机；进屋吹着空调看着大屏幕电视；泡在网络上浏览地球村信息；用手机与远在千里之外的朋友聊家常。可以说，我们的衣食住行无处不体现着科学的力量。科学技术已经成为第一生产力，科学技术使得我们的生活更加精致。

科学需要在生活中得到检验。科学不一定是真理，但科学追求的是真理。科学讲究的是科学态度、科学精神与科学方法。科学家也会因历史条件或个人局限性产生一些错误的判断。但这些科学结论都需要在人类生活实践中得到进一步检验。验证的过程也是人类生活大大改善的过程。科学是人类主观能动性的体现，是人类对美好生活的一种积极追求。

科学对于人类生活而言是一把双刃剑。科学带给人们生活翻天覆地变化的同时，也带给人类诸如污染、核武器、食品添加剂之类的恐惧。当科学充当了人类不择手段满足私欲的工具时，人类崇尚科学，追求幸福生活的初衷便支离破碎了。因此，正确地认识科学与生活的关系，科学地生活、生活得科学，让科学造福我们的生活，让我们的生活因为科学而变得更加美好，是每一个人需要理性思考的。

28 谋事与成事

“谋事在人，成事在天”。看似简单的话却把谋事与成事之间的关系表现得淋漓尽致，其中蕴藏了丰富而深刻的人生哲理。“谋事”强调了人们在实践过程中充分发挥主观能动性的重要作用；而“成事”则更多地倾向于客观规律的巨大影响力。谋事与成事是一对辩证关系，人们只有将主观能动性与客观规律性相统一，才能达到理想目标。

人若想成事，必先谋事。“凡事预则立，不预则废。”谋事，是思维的过程也是行动的过程。一旦确定了目标，人们就需要根据现有条件规划方案，经过思维的加工对资源进行整合，并付诸实践。人们采取何种思考角度、选择怎样的行为方式以及实际付出的努力程度，决定了谋事的方向、过程和结果。也许谋事后的进展并不如意，但是没有先期计划，没有主观能动性的参与，便不会有事情按意愿发展的可能。

谋事了也未必一定会成事。谋事是成事的基础，但并不是成事的全部。很多人在付出了辛勤的汗水之后，未必就能收获成功。这是因为人类的思维具有一定的历史局限性，而世界则在不断地变化和发展。另外，人们对事物的认识需要一个过程，不同人对同一事物也会因人而异。有时我们运筹帷幄，只等东风，结果却只能望洋兴叹；有时我们不经意的一次顿悟却能打开另一种境界。成事的过程便是我们通过谋事，从未知走向已知，再从已知走向未知的过程。人类正是在这个过程中创造着文明。

我们需要谋事，只有认真思考、脚踏实地、坚持不懈地谋事，才能为我们前行扫清阴霾，少走弯路；但我们也需要以乐观、积极的姿态看待努力谋事后事情的成与败。毕竟成事与谋事并不等同。因此，远离怨天尤人，保持一种豁达开朗的胸怀，享受谋事的过程，淡化成事的效能，应该是不错的选择。

29 你怎么看待成功

人需要成功。成功是对努力的一种肯定，也是征服困难的不竭动力。成功的人自信而无所畏惧，对未知充满着好奇，他们总是勇于挑战自我，在成功中体验着人生的乐趣。成功与成就感还是人生的重要组成部分。正是有了成功的存在，个体才会不断地争取胜利、创造奇迹。

不同的人对成功的理解不同。有些人认为成功就是惊天地、泣鬼神；有些人则认为成功来自生活琐事中的小收获、小惊喜；有些人把成功看作终极目标，为达目的不择手段；有些人却认为成功不在结果，而在于努力过程中的自我提升；有些人因为成功而沾沾自喜、裹足不前；有些人却将成功看作人生路上的一块里程碑、一个新起点。

唐宗宋祖，一代天骄成吉思汗不可谓不成功，但他们的成功却是伴随着一次次失败的痛楚。曹操与诸葛亮未圆夙愿、散手人寰，却是"老骥伏枥，志在千里"的成功典范。李白虽仕途失意、官运不佳，却成为旷世奇才。陶渊明"不为五斗米折腰"，饱受饥寒的困扰，却因"采菊东篱下"成为后世效仿的楷模。历史长河中无数小人物的小悲欢，虽然没有刻入青史，流传千古，却仍然有着属于他们的成功故事，这种成功大多波澜不惊，却对他们的人生产生了重要影响。

我们不能简单机械地看待成功。成功与失败也不是非此及彼的关系。成功不仅是社会的肯定，更是一种内心的体验，是立志有恒、百折不挠、勇往直前以后呈现出的一种积极趋势。无论怎样看待成功，主观努力都是必不可少的，并且也只有在艰难付出之后才会品尝到成功的喜悦。

30 改变自我与改变世界

改变世界需要有先改变自我的勇气，当改变了自我之后，你会发现世界已经因你的改变而改变。改变自我是改变世界的前提，是主观能动性的体现。而在改变世界的过程中，自我也会得到不断完善。两者是辩证统一的关系。

当人们改变了看待他人、看待周遭世界的思维角度、方式方法、心绪心态，以积极的姿态、果断的行动与外界进行互动交流的时候，你会发现这个世界不再冷漠，人与人之间不再无法沟通，很多事情也不像自己想象的那样复杂无序、高不可攀。由此，自我价值也获得进一步彰显，从而促进自我与世界不断发展。

现实中，有些人试图去改变这个世界，却不想改变自己，他们刚愎自用，把失败与挫折推向这个世界的不公，却从未想过从自己身上找原因。有些人想改变自己，却不知从何处下手，他们犹豫不决，茫然不知所措，认不清自己，也看不清前进的方向。甚至有些人了解自我，也知道改变自我就能改变世界，但是他们缺乏行动力，或者是，即便行动起来却难以持之以恒，一遇挫折便像霜打的秋叶，再也不能傲然枝头。

改变世界需要坐言起行，需要从你我做起，从身边的点点滴滴做起，从改变自我做起。面对他人的成功从不审视自己，而只是一味报怨世态炎凉，并不能让自己更加快乐。行为处事唯我独尊，没有团队意识，从不考虑别人的感受，只会让我们的生活圈越来越小，最终与这个世界形同陌路。但我们真的能离开这个世界吗？世界会因你的悲观、失望、愤世嫉俗而改变吗？显然不是。我们只有加强自身修炼，丰富自身内涵，热爱生活，尊重他人，知行统一，才能化外在要求为内心的自我需要。而当我们改变了自我，世界也正发生着改变。

31 舍与得

人因为舍得，所以拥有。舍得二字博大精深，既是一种生活的哲学，更是一种处世与做人的艺术。舍得，舍得，有舍有得，不舍不得，小舍小得，大舍大得，欲求有得，先学施舍。舍得是一种选择更是一种承担，舍得是忍辱负重更是一种大智大勇。一个不懂舍得的人，便也从不曾拥有。人们在舍与得之间体会着人生的真谛。舍得与老庄哲学相互融会，成为中国传统文化中的一朵奇葩。

舍与得是相对的，可以相互转化。暂时的舍也许会成就长远的得，而一时的得也未必就能长期拥有。然而在现实生活中，我们却忽视了舍与得的机理和尺度。我们有太多的私利，有太多的欲望。我们只求索取、贪图享乐，却从不想回报。我们被金钱与名利左右，一味追求利益最大化却漠视道德底线。我们破坏生态、浪费资源，得到的却是大自然的报复。我们丧失了对舍与得的体悟，模糊了舍与得的界线，也锁住了我们渴望自由的内心。

自古鱼与熊掌不能兼得。人们需要在舍与得之间做出一个权衡。有一个故事，是说一个人到森林里去砍树，出现了意外，树倒下压住了他的腿，他感到腿渐渐地变冷，他知道如果一直这样，他将死在这里。在这种情况下，他可以选择放弃生命，因为这样一切都可以解脱，他也不用承受太多的痛苦。可他并没有这么做，因为还有年幼的孩子在等着他回家。所以他选择了舍，他砍断了腿，爬到路边，被人救了。也许他一生都要活在失去腿的痛苦中，但他得到的是可以照顾自己的孩子，可以亲眼看着自己的孩子快乐地成长，这对于他来说要比腿重要得多。所以他舍的很对，通过舍他得到了他要的幸福。

人们需要知道自己在做些什么，需要正视这种选择是否对自己、对他人、对社会有益。舍与得体现出的是一个人的智慧和胸怀。我们需要在舍与得中丰富人生，寻找真正的快乐。

32 竞争与合作

竞争与合作是对亲兄弟。树有长短，人分高低，水有清浊，面分丑俊。人们生活在这个大千世界，处处面对着竞争与合作。竞争与合作是两种不同的人际互动关系，但却不是老死不相往来的冤家对头。竞争可以让我们的生活变得更有效率，合作可以使我们的生活变得更加美好。竞争与合作应该是一种"竞合"的关系。

日常生活中，我们经常听到"竞争"二字。考学是竞争，升职是竞争，应聘是竞争，发展经济是竞争。似乎整个世界都成了刀光剑影、杀声震天的全武行。但社会生活中的竞争毕竟不同于赛场输赢，即使是比赛，诸如篮球、田径接力之类的赛事，团队合作远比个体竞争要来的重要。

我们需要竞争。竞争让我们的工作变得有效率，让我们的生活变得丰富多彩。竞争让我们发愤图强、不断进取、体会成功的乐趣。竞争可以让我们发现自身不足，学会取长补短。竞争还能够促进社会进步、国力富强，让我们有足够的实力参与国际合作。

我们同样需要合作。个体的力量在强大的宇宙中是微不足道的。原始人正是靠着合作度过了人类最初艰难的懵懂岁月。合作是人类的本能。但凡大事业、大成就都是集体力量和智慧的结晶。合作可以降低成本，可以加强交流，还可以增强人类的凝聚力。只有优势互补、资源共享，人类才能有底气、有能力在更高层次上参与竞争。也只有懂得团体精神，了解合作的内涵，才能真正体会到竞争的意义。

竞争不忘合作，在合作中竞争。只有既竞争又合作，我们才能突破孤军奋战的局限，实现双赢或多赢。我们要正确认识和妥善处理竞争与合作的关系，树立起正确的竞争意识和合作观念。

33 时间的可贵

世界上有一种东西，它来无影去无踪，无论人们怎样挽留都会无情地逝去。这种东西就是时间。时间对生命长河来说是永恒的，春夏秋冬、日出日落；时间对生命个体来说却是有限的，"一寸光阴一寸金，寸金难买寸光阴"。因为时间的可贵，我们要珍惜时间，要尽量在有限的生命里多做一些有意义的事情。

为什么说时间可贵？首先，时间是一去不复返的。时间不以人的意志为转移，不管人们怎样强求，时间终究一分一秒地逝去。其次，时间是金钱所不能衡量的。金钱可以买到人们心仪的物品，可以让人们腰杆子变硬，但却买不到时间，时间是无价的。再次，人的生命是有限的。对于有限的生命来说，时间逝去一分，生命的横向坐标就缩短一分，当光阴慢慢老去，人的生命也就走向了终点。

古往今来，有多少人"明日复明日，明日何其多，我生待明日，万事成蹉跎"；又有多少人"白了少年头，空悲切"。不管人们的态度如何，对于芸芸众生来说，时间一旦失去，便不可能再回来。时间是如此的可贵，需要每一个人好好珍惜。我们要善待所有爱我们和我们爱的人，心怀感恩，珍惜今天的幸福生活；我们要正视一切挫折与失败，积极走出阴霾，吸取经验教训，改变现实状况；我们还要制定符合实际的人生规划，积跬步至千里，通过不懈努力，让自己的每一天都活得精彩。

有什么比珍惜时间更重要呢？时间是可贵的，时间对每个人来说也是公平的。是胸怀大志努力向上，还是靠幻想混日子，每个人有自己的选择，时间不会因个人的意愿而缩短或延长。但是毋庸置疑，那些鲜花和掌声属于和时间赛跑的人。因此，我们不能坐视时间悄然流逝，像一个流浪汉那样漫无目的，也不能无视时间的存在，消极面对人生。在有生之年，在我们有限的生命里，我们需要用可贵的时间证明自己存在的价值，我们需要获得尊严和肯定。

34 对现有教育制度的反思

教育是良心事业，是凝聚力量、塑造精神、解放思想的阵地。教师是人类灵魂的工程师，是传道授业解惑者。当前，经济大发展社会大进步，使人们的物质生活极大丰富，但人们并没有因为生活水平的提高而产生强烈的幸福感。事实上，人们的精神状况正面临一场前所未有的"滑铁卢"。这种精神世界的萎靡引起了国人的不安，促使人们开始对现有教育制度进行深刻反思。

"百年大计，教育为本"。不管是日本，还是美国，他们都把培育国民素质放在优先发展的地位。须知，在一个民族、国家的复兴与繁荣进程中，最关键的因素就是具有崇高信仰和过硬本领的人才。教育则是培养民族精神、塑造国家形象的大本营。反观我们当前的教育，在经济大潮的席卷下，在金钱与名利的冲击下已经千疮百孔。教育不公平，大笔择校费，畸形的竞争和攀比，越来越沉重的书包，越来越疲惫的家长，没有童年乐趣的祖国花朵，无数打着"不能输在起跑线上"的软广告，以及价格不菲的"谢师宴"，种种教育乱象无不挑拨着国人的神经。当我们的教育和教师被铜臭绑架，当我们的孩子不比理想和抱负却比谁的爸爸是高官的时候，我想我们的教育是失败的。它培育出来的是功利主义、拜金主义和享乐主义，导致的是"读书无用论"，丢掉的是中华民族内敛自强，勤劳勇敢的文化传统。

教育是事业，并不是产业，不能用经济的思维模式来衡量国民素质的优劣，也不能让量化的教育指标来蚕食教育价值，劫持教育理想。教育应该成就我们千千万万中国人的灵魂。教育应该回归本来的功能定位。

35 理想与志向

我写过一篇作文，主题是畅想一下长大后的理想和志向。然而现实中，随着时间的推移，能够真正实现当时理想和志向的人恐怕并不多。这是因为理想和志向是指引人们前进的思想准则和行动纲领，却不是最终结果。若想让理想与志向转变为现实，则需要人们不怕吃苦，充分发挥聪明才智，脚踏实地地付诸行动。

理想与志向是人们对未来寄予的美好希望，是指导人们行动的思想坐标。崇高理想与远大志向就如同心中那盏明灯，始终在我们奋斗的征程中照耀着前进的航程。但理想和志向有区别。理想不同于幻想也不同于空想。理想是一种正确而合理的想象。而志向除了指目标、方向之外，还包括为达到目标的决心和勇气。也就是说，志向较理想而言更具有可操作性和目的性。当一个人树立了远大志向，也就意味着他已经下定决心朝着这个目标走去，并愿意为实现这个目标而努力奋斗。

其实不管理想还是志向，不仅是一个思想问题，更是一个实践问题。比如“我们要为中华之崛起而努力奋斗”，为中华之崛起是我们的理想和志向，是指导思想，但仅仅上升到观念层面是远远不够的，必须通过努力奋斗这个实践层面，才能使理想和志向得以实现。也就是说，理想志向当存高远，却要始于足下。纵观古今，我们决不缺少雄韬伟略的战略家，缺少的恰恰是精益求精的执行者。因此，我们需要规划设计为之奋斗终生的理想和志向，更需要脚踏实地，持之以恒的实际行动。

理想与志向不仅是个人才智能力、兴趣爱好的体现，还应该符合社会的需要，应该与国家民族命运相联系。志向和理想是现实的升华，是社会价值和公众利益的体现，也是祖国富强、民族振兴的精神力量。我们每一个社会成员都应该树立远大理想与雄心壮志，并且始终与我们伟大的祖国和人民同呼吸共命运。

第二部分　校园生活

36 上网有利于学习吗

网络是我们人类文明的一大进步。丰富的网络资源，为我们提供了便捷的学习和信息获取渠道。我认为上网是否有利于我们学习，关键在于我们如何来使用网络。如果使用正确的话，上网无疑是我们获得知识的一个重要来源；而如果使用不当的话，就会影响我们的学习以及身心健康。

随着人们生活水平的提高，电脑再也不是新鲜事物，越来越多的年轻人开始网上冲浪。有的人把上网作为一种学习工具，在网络上可以接触到多元的世界文化，开阔眼界，增加信息量，体会到全球一体化意识，了解社会，了解世界。尤其对学生来说，网络是我们了解外界的一个最方便快捷的信息通道。

有些人却把上网作为一种娱乐方式，整天沉迷于网络。他们花费大量时间在网络上，并且接触一些诸如色情、暴力、游戏等不健康的信息，日久天长，对身心健康有百害而无一益。网络信息大多自由开放，良莠不齐，要学会“取其精华，去其糟粕”，选择性地接受，这就要求我们有足够的是非对错辨别能力和自控能力，对于网络信息要进行筛选后吸收。

就像所有工具对人类的作用一样，其好坏不在于工具本身，而在于我们如何来使用。对于网络来说亦如此，如何适度上网获得知识，如何筛选正确的网络信息，才是最关键的问题。

37 中学生做兼职好不好

事物没有绝对的好和绝对的坏，中学生做兼职这件事同样不能绝对肯定或者绝对否定。辩证唯物主义告诉我们，一切事物都有两面性，我们应该一分为二地看问题。

“实践是认识的来源”，这是一条普遍真理。中学生做兼职有一定的好处。社会实践能够锻炼他们处理、解决问题的能力，明白一切工作中都存在困难与不易，从而磨炼其面对逆境的意志。社会是一部百科全书，社会实践可以拓宽视野，同时可以接触到各种各样的人，提高为人处世、与人交往的能力。“三人行必有我师”，中学生可以从不同人身上学到不一样的优秀品质。从这个意义上来说兼职对中学生是有益的。

然而弊端也是存在的。首先，中学生做兼职会消耗大量的时间和精力，这样有可能会影响到他们的学习成绩。因为毕竟还是中学生，要以学业为重。其次，社会是大杂烩，其中不免会有一些道德品质较低的人，中学生还没有足够的是非分辨能力，与这样的人接触可能会对他们产生“近墨者黑”的负面作用，也可能会受骗上当，甚至出现生命危险，更严重的问题是，可能会对他们的心理造成不良影响。从这个意义上讲中学生做兼职是不妥当的。

因此，在不影响到学业的情况下，中学生可以参加一些适当的社会实践，并需要老师和家长的帮助、指导，为他们介绍安全可靠的实践地方。“适度”是关键，中学生做兼职要尽量做到既可以锻炼实践能力又能够促进学习。

38 分数能不能判断一个孩子将来有没有出息

任何事物都有两面性，看到这个题目后，我认真地思考了一番，决定从两个方面进行阐述。

一方面，考试分数可以检验一个人的知识储备。知识就是力量，通过考试能够检测出一部分能力，比如心理素质与毅力等等；另一部分能力是通过参加活动锻炼出来的，比如应变能力、口才表达能力。而事实上，这些活动几乎都被成绩好的学生包揽，因为他们深得老师宠爱，利用闲暇的时间可以应对这些活动。所以，考试成绩好的人几乎各项能力都要强于考试成绩差的人，这些成绩好的学生通常情商也很高。智商加情商，足以决定一个学生的未来。考试这项制度在我国流传了千百年，自古至今都作为测试能力、选拔人才的最佳方法，以前上朝做官要考科举，现在公司选拔人员要笔试、面试。考题不仅仅有数理化的内容，还有人格测试、技能考试、思想道德测试，这些题目在一定程度上能够检测出一个人的情商和智商。考试这种测验学生学习水平的方法经过人类千百年实践而流传下来，到目前为止，仍然是学校检验学生学习成果最理想的方法。因此，从这个角度讲，我认为考试分数能判断一个学生未来是否有出息。

另一方面，考试分数又不是全部。我们知道很多大的企业家和成功人士读书的时候并不聪明，甚至中途辍学，比如爱因斯坦、贝尔、比尔·盖茨，这些大人物在读书的时候被老师称为笨蛋。他们能够成功是因为他们不怕失败，不怕被拒绝，拥有自己的梦想和信念。这才是成功的关键。反而那些读书很好的人，因为从小生活在鲜花和掌声中，他们害怕失败，害怕挫折，所以他们往往会选择一条平淡安全的道路。

想要成功，不仅仅要努力读书，更在于面对挑战，接受失败的强大心智。就像盆景永远不能用行道木的标准去培养，人的才能也绝不能只用一个标准去衡量。因此，分数不一定能判断一个孩子将来有没有出息。

39 你的偶像是谁

或许每个人都会经历那段无知、好奇、追星、叛逆，伴随着胡思乱想、天真烂漫的岁月。我也一样，在那段青春年少的日子里，脑子里充满了闪亮的明星。崇拜歌星、影星，抽屉里装满了他们的唱片和杂志，平时和同学们津津乐道他们的绯闻与隐私，和朋友们传阅他们的照片和资料……而如今，岁月让我脱去了稚嫩与幻想的外衣，将我拉回到了真切的现实世界，我不知不觉地将身着黄色衣服，头戴钢盔的消防员作为了我的偶像。

每当火灾降临到我们身边时，消防员总是第一时间出现在火灾现场，犹如保护神，保护着人民的生命和财产安全。还记得不久前，我居住的城市发生了一起大面积森林火灾。由于北方风大，火势非常迅猛，火苗飞过河流，越过高速公路，向不同方向蔓延，当地部分高速公路、铁路和电力一度受到较大影响。幸好是森林消防、武警官兵和专业扑火队伍及时扑火抢救，他们发扬了英勇无畏、不怕牺牲的战斗精神，冒着随时存在的危险，成功地完成了这次抢险任务，避免了更大灾害事故发生，最大限度地保住了人民的生命财产安全，受到了周围群众的好评。当我听到这个消息后，心里就想：如果没有这些冒着生命危险的消防员，火灾后果不堪设想。

当生命受到威胁的时候，有些人需要得到别人的帮助脱离危险，而有些人明知道危险重重还要向前冲，救人于水深火热之中。消防员就是这样具有牺牲精神、受人敬仰的人。或许有人会说那是他们的职责所在，但是这一职责又是多么的神圣和忘我。消防员才是真正的明星，我的偶像。

40 你喜欢读的一本书

“一个人可以被毁灭，但不能被打败。”——《老人与海》

年少时，读《老人与海》是因为这是诸多厚厚的世界文学名著中我有信心读完的一本。书未及读完，主人公桑提亚哥的形象就镌刻在我的头脑里。《老人与海》讲述了古巴老渔夫的冒险历程。他驾着小船独自一人出海，历经磨难抓住了一条巨大的马林鱼，但却在返航的途中遭遇鲨鱼，经过两天两夜的苦斗后，精疲力竭的老人带回了他的战利品—— 一副巨大的鱼骨架。

这本书讲的不是青年人理想的幻灭，不是对社会有责任感或持肯定态度的青年在政治上的理想，不是在一个混乱的世界上青年人所特有的爱，不是青年人所受的挫折和极端痛苦，不是不太年轻的人怀念自己青春岁月的故事，而是一个上了年纪的“斗士”的故事。奇怪的是，这样一篇短小的故事，一个“糟老头”数次失败的故事，却能给我这样一个年轻人带来力量，教会我如何在现实世界中生存与奋斗。在成长的道路上，每一次翻阅《老人与海》，都会有不同的收获，但老人所说的那句“人生来不是为了被打败的，人能够被毁灭，但是不能够被打败”却告诉我：外在的肉体可以接受生活的折磨，但内在的信仰神圣不可动摇。

现实犹如那片广阔的大海，就算出航那天阳光明媚，你永远都不会知道接下来会遇到什么：风暴、不可战胜的大鱼、贪得无厌的鲨鱼……你完全可能也像桑提亚哥一样，在痛苦和磨难后终于有所收获，却又在一瞬间烟消云散。我们该如何面对这一切的起伏、快乐和悲伤呢？只要读一读《老人与海》，我们就能明白，他的意志力已经代替了肌体的力量，而他的谦逊和高傲所产生的智慧，也已经代替了厌世主义和自我牺牲所产生的傲慢。《老人与海》就是我的《圣经》，我可以在里面找到所有困惑的答案。

41 成都某中学的校规中对于男女生的交往距离做了详细规定，你怎样看待

成都某中学对于男女生的交往距离做了详细规定，其目的可能是想预防中学生早恋，但这些规定有些不妥，这样硬性的规定治标不治本，处理不好的话有可能产生反作用。

中国自古以来就是礼仪之邦，所谓“非礼勿视，非礼勿听，非礼勿言，非礼勿动。”由眼睛、耳朵、嘴巴、身体严格地管束自己，由外在规范熏陶自己，其中有些规范是不合理的。封建社会女人地位低下，“三从四德”、“内外有别”、“男尊女卑”都体现了那时女人不能在外面抛头露面，只能在家默默无闻地恪守妇道。然而今时不同往日，男女平等，女人也可以有理想追求，女人也需要在外面与男人交往，这才符合人的社会性这一属性。然而成都某中学的这一规定却把这种正常的交往变得不正常了。

鲁迅先生曾经对地方官僚禁止男女学生同泳嘲弄道：“同学同泳，皮肉偶尔相碰，有碍男女大防。不过禁止以后，男女还是一同生活在天地中间，一同呼吸着天地中间的空气。空气从这个男人的鼻孔呼出来，被那个女人的鼻孔吸进去，又从那个女人的鼻孔呼出来，被另一个男人的鼻孔吸进去，淆乱乾坤实在比皮肉相碰还要坏。要彻底划清界限，不如再下一道命令，规定男女老幼诸色人等，一律戴上防毒面具。”

另一方面，随着生理的发育成熟，青少年自然会对异性产生好感，并渴望与异性接近。实际上，男女学生进行正常的沟通，不仅有利于未成年人情感的流露、人格的完善，

而且对他们成人之后，如何正确对待男女交际也有好处。应该看到，中学生处于青春期，逆反心理较强，如果简单、粗暴地禁止异性间的近距离交往，非但无法有效遏制早恋现象，反而可能助长学生对异性的好奇心理，甚至有碍他们心智的健康发育。

所以我认为，应该通过家长和老师平时的教育，让孩子懂得两性交往的礼仪，对于早恋现象也应该通过思想疏导的方式让孩子明白其中的道理。唯有这样，对孩子的身心健康才有利。

42 学生该花时间重学繁体字吗？请阐述自己的看法

繁体字俗称深笔字，是在“中国大陆”颁布了简化字总表后，用以特指原有的一套书体（新的书体成为简体）。

学生该不该花时间学习繁体字，我个人认为应该具体情况具体对待。

一方面，语言是信息的载体，在简体字发明之前，洋洋中华五千年的灿烂文明都是由古汉语繁体字所记录。从它的功能上讲，如果想学习了解有关中国历史文化，学生有必要学习繁体字，这样在阅读繁体字书籍的时候更方便，可以更透彻地理解中国古代文明，提升国学素养。

另一方面，从某种意义上讲繁体字就像中国的书法一样，在诉诸人类理智的同时，也具有美感，体现着华夏民族对美的追求和感受。“熏陶后一代手眼胸怀”之谓的汉字书法浓缩着千姿百态的美，人们从中可以领略到无穷无尽的精神与乐趣。汉字书法所造成的影响，波及四海，经久未衰。世界上还没有哪一种文字可以与汉字一样承载着文化与艺术的双重功能。流传下来的历代书法大师各种风格的书帖是我们中华文明的瑰宝。

我个人认为不一定每个学生都必须学习繁体字，无论是对于繁体字的功能还是艺术而言，是否学习繁体字都应该以学生个人的兴趣爱好情况而定。建立一种轻松自愿学习的氛围，少一些规定和压力，我想这样可能对繁体字的学习和传承效果会更好一些。

43 如何看待中学生中兴起的“整容热”

医学技术的进步，人们生活水平的提高，使得人们对美有了更高的要求，整容术霎时兴起。整容术从韩国、美国逐渐传入中国，如今整容是人们的热门话题之一。整容也由明星大腕普及到平民大众，成为大众消费的一项内容。现在中学生中也流行了整容热。

中学生整容有很大的弊端。一方面，整容并不能一劳永逸，一旦整容，过几年又需要重新修整，这样反复进行很难保证其安全性，整容事故屡屡发生，轻则毁容，重则危及性命。为了一时的好看而付出如此大的代价实属不智之举。而且任何事物都有双重性，整容能换来漂亮的容貌,能暂时留住青春,但是整容的后遗症也是不可避免的。中学生们还处在生长发育期,这种违背自然规律的做法,会影响青少年的身心健康。

另一方面,青少年学生应该崇尚自然美。整容可以暂时换来美丽,但不能永远留住青春。比起容貌,一个人更加重要的是内在修养和品位,而内在修养和性格魅力却是技术和金钱所换不来的。并且内在美经得起时间的考验,时间越久越有味道。外表的漂亮需要内心的支撑,一个人内心丑陋的话,外表再好看也没有多大意义。与其花高价钱,冒着危险,忍受疼痛去整容,还不如从内部调理,多做运动。保持良好的心理状态,热爱生活,由内而外的美才是真正的美。

44 谈一谈"艺考热"

"艺考热"从侧面反映了我国经济的飞速发展和教育事业的进步。经济的腾飞使得人们总体生活水平大大提高,于是有了足够的经济能力支付艺术教育所需的费用。因为学习艺术不管是美术还是音乐,所需的工具、学费和考试费用都是不可小视的一笔开销。同时,"艺考热"也说明了我国大众审美水平正在不断地提高,人们对从事艺术行业有了更加开放的认识。对于大众来说,无论是物质水平还是精神追求,这都是一种可喜的进步。

然而,近些年来,艺考渐渐成了文化课成绩一般的学生通往大学的一条捷径,甚至出现了"艺考热" 现象。艺考确实对文化课的要求会低一些,于是家长为了能够让孩子上大学,便为子女选择了学习艺术的道路。这里需要指出的是,家长以及学生不应该盲目选择艺考。首先,要考虑学生本身是否有音乐或者美术等艺术方面的天赋,天赋是学习的一个重要条件。其次,艺考并不是对文化课没有要求,艺术创作需要有深厚的文化积累和修养,有文化的输入才能焕发艺术元素的形成。最后,艺考并不是明星梦的摇篮。或许我们看到电视上星光灿烂,但是没有亮起来的星星绝对比亮的要多,所以这条道路并不好走。家长和学生应该摆正心态,端正学习目的,根据实际情况选择人生道路。

45 山东省教育厅近日要求各地不可不加选择地全文推荐如《弟子规》等内容。对此现象你怎么看

我个人认为山东省教育厅的做法比较合理。

《弟子规》等是古人教育书籍的经典之作,自古以来被中国人所推崇。其中关于学习、德行、思想等方面的学说影响了我们中华民族的无数子孙。例如《三字经》"蚕吐丝,蜂酿蜜;人不学,不如物";"融四岁,能让梨。弟于长,宜先知"。《弟子规》"凡出言,信为先;诈与妄,奚可焉;话说多,不如少;惟其是,勿佞巧;奸巧语, 秽污词;市井气,切戒之。"

这些经典的话语时时教导我们做人做事的方式方法，确实值得我们学习。

对于其中的有些内容，不免留存一些封建思想的残余，放到现在并不一定是对的。这就需要我们教育工作者实事求是，根据时代发展情况，选择性地选取其中的篇章作为教学内容。例如《三字经》里关于一些“三纲五常”的思想就不能完全吸收，如今社会提倡人人平等，除了维护伦理之外，我们还提倡尊重个体的存在和价值，不再认同“夫为妻纲”这样的思想。《弟子规》中“凡是人，皆须爱”，我认为就不够客观，尤其对于小学生和中学生而言，没有足够的能力分辨善恶，长期受到这种思想的影响，会降低他们自我保护意识，在面对行恶之人时很可能会受到伤害。

山东省教育厅的做法，有一定可借鉴性。

46 某小学六年级班上63名学生中诞生了32个班干部，对于老师的这种培养方式，你认同吗

班干部是一个特殊的学生群体，当班干部不仅可以锻炼学生的管理能力、组织能力、协调能力，培养他们的责任感与集体意识，还可以帮助老师更准确地掌握学生的状况，更精细地管理班级事务。这位老师让半数的学生都体验当班干部的经历，我对她的这种培养方式投赞同一票。

首先，让孩子当班干部，是对他们综合能力的一种肯定，也是对他们继续进步的一种鼓舞。曾经有教育家指出：“鼓励和赞美是孩子成长过程当中的好伙伴”。班干部的身份让学生感受到自己的能力被大家认同，增强了自信心。同时，班干部的身份也是一种荣誉，让学生们为了捍卫它而更积极主动地投入到认真学习与自我约束中。

其次，班干部要起模范带头作用，帮助其他同学进步。根据综合素质选出的班干部都是品质优秀、能力出色的学生。他们所具备的许多优点，例如乐于助人、刻苦学习、创新精神、乐观向上等等，都会成为大家自我评价的标准。好的榜样可以激发人的斗志，是前进的动力。班上半数以上的同学都是班干部，好的学生占多数，必然会形成良好的班级风气，让同学们深受感染，形成共同进步的良好态势。

与此同时，也要警惕班干部选得太多太频繁造成的一些潜在问题。学生年纪小，心智欠成熟，正是处在价值观、道德观逐渐形成的关键时期。在竞选班干部的活动中，以及在班干部日常的表现中，要帮助他们树立起正确的“干部意识”，避免造成“小官迷”，更要防止出现不良的“官派作风”。我国古代伟大的教育家孔子曾言：“求也退，故进之；由也兼人，故退之。”意思就是“冉有做事缩手缩脚，所以我激励他勇进；仲由平时好勇过人，所以我让他谦退。”因此不是所有的孩子都适合当班干部，教育学生的方式方法也不是唯一的，应该注意因材施教。

47 我们该如何回报父母的爱

唐代李商隐的一首七律《无题》当中有这样两句："春蚕到死丝方尽，蜡炬成灰泪始干。"人们说这两句表达的是恋人之间的思念之情，我认为，用其来比喻父母对子女的爱再恰当不过了。父爱如山，让我们感受到爱的深沉与坚固；母爱似海，带给我们的是无限宽容。而年轻的我们，该如何回报父母的爱呢？

父母给予我们生命，尽其所能为我们创造舒适优越的生活条件，却很少向自己的孩子索取什么，他们总说："孩子们过得好就安心了"。而子女爱父母，最基本的并不是物质上的回报，而是让他们放心，让他们看到孩子健康积极的身心状态，看到孩子正在努力打造一片天地。当儿女取得成绩时，父母感到的无限荣耀就是他们收到的最好礼物。只有看到孩子的生活平安幸福时，父母的心才会轻松、祥和。所以认真努力把自己生活经营好的人，才有资格来回报父母的爱。

生命中最宝贵的是时间，真正用心去爱自己父母的人，一定不吝啬与父母共享生命的时光。与父母同处一室，就要多关心体谅父母，多照顾他们的生活，多为他们带来快乐；若是身处异乡，不能陪伴双亲，经常的电话问候当然必不可少，但一有空就回家看看吧，电波中的千言万语也抵不过与父母的一个拥抱，人生最痛的莫过于"子欲孝而亲不在"。

子女在长大，父母在逐渐走向衰老。对父母的爱最好的回报，就是理解他们，耐心地善待他们。

48 如果你是老师

园丁、蜡烛……无数温馨、美丽的词汇用来比喻可亲可敬、无私奉献的老师。人们说："太阳底下最光辉的职业就是老师。" 如果可以做一名人民教师是多么光荣呀！我常常想，假如我是老师，会是一名怎样的老师呢？会是名合格的人民教师么？

假如我是老师，我会更注意自身品格的塑造。因为为人师表，在"传道授业解惑"中，道义的传承与教诲是摆在首位的。教师不仅要言传，更要身教。在引导学生的世界观、人生观走向成熟的同时，老师要以身作则，以榜样的力量感染学生。

假如我是老师，就要做一名知识渊博的老师。因为要给学生们一杯水，自己必须要拥有一桶水。我每天都要想方设法挤出一些时间钻研学科前沿知识，阅读文学名著，了解世界各国的风俗人情、名胜古迹、历史常识。这样我的知识就会越来越厚重，上课的时候便会讲得生动有趣，可以领着学生们在知识的海洋中畅游。

假如我是老师，决不能对学生失去爱心与耐心。课堂上我必须和蔼可亲，不厌其烦地帮助每一个在学习上遇到困难的学生。课外我会主动与每一个学生交朋友，和他们一起分享成功的喜悦，赶跑失败带来的忧愁。

这样的一次换位思考，让我突然间理解了老师的艰辛和付出，也更加尊敬这个职业。

49　高考对高中生活意味着什么

当迈入高中的门槛，高考便像是一个终极目标，更像是一条无法违背的指令，萦绕在每个学生的心头。对于高中三年的生活来说，高考意味着太多。

对于刚刚开始高中生活的我们，高考不仅仅是夏天里的考试，更意味着莘莘学子一千多天里日日晨读、夜夜自习；意味着大测验接着小测验，数理化接着语文、英语；意味着为了到达远方而累积的跬步，为了接近梦想而搭建的天梯。

当高中生活接近尾声，高考结束后再回顾高考，我们会发现它是同学们相同的高中生活的结束，却是不同未来的开始。高考是鲤鱼跃龙门的艰难跋涉，是青蛙变王子的美丽神话，是凤凰浴火的涅槃。它让 18 岁的我们直面人生全新的选择，它昭示我们成长路上一次全新的体验。高考让我们站在人生的十字路口，去选择属于自己的风景；高考让我们告别课堂上没完没了的习题，奔向象牙塔里朗朗的读书声。高考是我们成长中重要的里程碑，它让我们成了握紧人生方向盘的舵手。

对于即将结束的高中生活，高考是一道门，当我们轻轻地推开它，看到了一片更广阔的天地；高考是一扇窗，透过它，我们便看到更多绚烂的风景。从此，我们在青春的岁月里有了自己的方向。经历了高考，我们都更成熟了，有的人体会到了成功的喜悦；有的人得到了向往已久的自由；有的人增强了实现梦想的信心。无论怎样，我们都会为自己的选择骄傲，为自己的选择努力。

50　很多成功的名人都有过相似的大学辍学经历，你对此有什么看法

微软总裁比尔·盖茨被称为“哈佛最成功的辍学生”，苹果品牌的创始人史蒂夫·乔布斯在入学六个月后就离开学校自己创业。还有许多的著名建筑师、体育名人、演艺明星，在自己事业取得成功前，都有过辍学的经历。这些名人的辍学经历让梦想步入名校殿堂的我认真思考了一下上大学与成功之间的联系。

首先，我认为上大学并非通往成功的唯一道路。正所谓条条大路通罗马，大学只是青年人成长的一个阶段。在大学校园的文化氛围中，学子们培养良好的学习习惯、增长知识、提升技能是自我完善的一个途径，而并非走向成功的捷径和唯一途径。很多人之所以辍学，是因为他们对自己的未来有明确的目标与坚定的决心，因此更容易接近成功

的彼岸。有人说成功是靠百分之九十九的汗水和百分之一的运气，无论你在象牙塔里，还是在校园外，环境都不是最重要的，勤奋才是唯一的通行证。

其次，我也在探寻这样一个问题的答案：在大学里学生该学什么，怎么学？死读书或不读书当然都不是大学生应有的状态。广泛汲取专业知识的同时关注社会现状，联系实际应用，多思多想，学以致用，这才是工作中所需要的人才。大学学的不是几页课本，而是多种思路；学的不是如何为试卷作答，而是如何解决实践中的问题；学的不是毕业就等于失业，而是毕业就开始创业。“是否能上大学”，“辍学是否正确”，这些都不应该是困扰我们的问题。满怀信心、积极上进、辛勤耕耘才应是莘莘学子的情怀。

51 勇气的源头是什么

勇气的源头是什么？鲜花与掌声抑或金钱与名利？我认为：勇气，来源于我们的内心。是内心的一分爱与责任，为年轻的我们输送源源不断的勇气。

幼年学走路摔倒时，妈妈的手是我重新站起来的勇气；考试失败后，朋友的鼓励是我重新燃起斗志的勇气；步入工作岗位，遇到困难挫折时，同事间的相互帮助、互相体谅，让我有勇气去迎接一个又一个的挑战。这些勇气，都是爱的力量。

相信大家一定不会忘记那位“最美的妈妈”。一位纤弱女子，徒手接住从 10 楼坠下的小女孩妞妞，小女孩毫发未伤，而她自己身体多处粉碎性骨折。这样的勇气从何而来？是什么力量让她不假思索地舍身救人？我想这种力量就是爱，是人性的大爱。正是这份爱，给了“最美的妈妈”巨大的勇气。作为一位母亲，面对陌生孩子的危险，母亲的责任感油然而生，而正是凭借这样的责任和勇气，她挽救了一个幼小的生命。

每个人都有自己所爱的人，也都被别人所爱，所以面临重大的抉择举棋不定时，在危急时刻畏惧退缩时，我们更害怕辜负这份爱，是这份爱让我们勇敢迈出坚定的一步。在人生的旅途中，我们都会遇见种种的不如意，而父母的一句“爸妈支持你”，朋友的一声“你行的”，爱人端上的一杯热茶，孩子一个期盼的眼神，都将成为你奋斗最大的勇气。因为，爱是勇气的源头。

52 个人主义和团队意识

个人主义与团队意识似乎是一对互相对抗的词语，但是我认为，在一个团队中，在宏观上要有团队意识，当具体到个人分配的工作当中，也不能缺乏个人主义。

如果可以用动物来比喻，那么个人主义像鹰，团队意识像狼。鹰总是独自觅食、独自战斗，它一旦锁定目标，有着顽强的精神与饱满的干劲。狼则过着群居生活，每一匹狼都要为群体的繁荣与发展承担一分责任。狼与狼之间的默契配合成为狼成功的决定性因素，不管做任何事情，它们总是依靠团体的力量去完成。

人类社会亦如此。首先，团队利益高于个人利益。一个完美的人并不能撑起整个团队，正如木桶能盛多少水并非靠最长的那块木板，而是取决于最短的那块。当个人融入集体中，就已经与其他成员联系在一起，成为一个整体。团队的成功，就是我们个人的成功；团队的失败，当然也就是我们个人的失败。在一个成功的团队中，即使我们不是万人瞩目的英雄，但也是个成功者。在失败的团队中，没有成功者，更没有英雄存在。因此，在一个团队中，我们要像狼一样群策群力、齐心合作、看准目标、同舟共济、合力制胜。

其次，当我们一个人独自工作时，要像雄鹰一样展翅翱翔、俯瞰全局、奋勇前进、永不放弃，坚守好我们每个人的岗位。团队的成功来源于每一个成员坚实地努力与付出。在团队精神的感召下，积极贡献成员的每一分力量，就会让整个团队像一艘巨大的航船。这艘充满斗志的航船会在茫茫的海洋中乘风破浪，壮大前行。

53 合作与分享

随着社会的进步，科技的发展，在生活的各个领域中越来越需要人们具备合作与分享的能力。善于与他人合作分享是时代的要求，是我们日后生存和发展所必需的品质。

所谓合作是指两个或两个以上的个体为了实现共同目标而自愿地结合在一起，通过相互之间的配合和协调而实现共同目标，最终个人利益也获得满足的一种社会交往活动。而分享包含的内容是多方面的，不仅指能与人共享物质与精神方面的快乐，也指与人分担忧愁。分享不是一种失去，而是一种互利。合作与分享之间存在着相辅相成的关系。光有合作没有分享，会导致养成独享的不良习惯；光有分享没有合作，会养成坐享其成的不良品行。合作与分享，缺少一方，则不利于社会性发展，不利于我们建立日后生存和发展所必需的品质。因此，培养合作与分享兼有的品质就愈发显得重要了。

有这么一个故事，在一个花园里，红玫瑰是最美丽的花儿之一，它为此感到骄傲。人们只是站在远处欣赏它而从不靠近，因为在它旁边一直蹲着一只又大又难看的青蛙。红玫瑰非常生气，命令青蛙立即从它身边走开。青蛙只好顺从地离开了。没过多久，青蛙经过红玫瑰身边，惊讶地发现它已经凋谢，叶子和花瓣都掉光了。青蛙说："你看起来很不好，发生了什么事情?"红玫瑰答道："自从你走后，虫子每天都在啃食我，我再也无法恢复往日的美丽了。"青蛙说："当然了，我在这里的时候帮你把它们都吃掉，你才成了花园里最漂亮的花。"这个故事告诉人们要学会合作和分享，这样才能体会到生活中的乐趣，才能融入集体当中。因此，在日常生活中我们要学会与人合作和分享快乐。

54 什么是真正的朋友

什么才是真正的朋友？是与你月下浅酌的谈心人，是与你共同拼搏的合伙人，还是与你分享快乐、分担忧伤的那个人呢？我认为，友谊分很多种，朋友也有很多种。古语有云：“君子之交淡如水”。真正的朋友，正是这淡如水的君子之交。

伯牙子期的高山流水曾打动了很多人。可又有谁能真正明白，这绝唱后的深情厚谊呢？知音难觅，知己难求。这淡淡的君子之交，却有着彼此间的惺惺相惜。也正是这恰如其分的诠释，让我们懂得了朋友之间的友谊是一种彼此的欣赏与依赖。

“管鲍之好”、“臼杵之交”，让我们明白了友谊的真正含义。它是朋友间心与心的交流，是心与心的交换，更是我们生命中不可或缺的一部分。岁月悠悠，许多事、许多人，经过时间的洗涤，都改变了原来的面貌，只有那份如水般纯净的友谊，在时间老人的抚摸下，焕发出它淡淡的光辉。这淡淡的光辉，正是生活所带来的平淡后的宁静与幸福。“淡”是生活的味道，也是经过岁月洗涤的朋友味道，是一种发自彼此内心，一种长久而又亲切的味道。真正的朋友不仅仅需要汹涌波涛的激情，他更需要的是珍惜、信任，像水一样清澈透明的情感。

君子之交，是“桃花潭水深千尺，不及汪伦送我情”的深情厚谊；君子之交，是“惠子知我”的相知相惜；君子之交，是“人生所贵在知己，四海相逢骨肉亲”的肝胆相照；君子之交，是失意时送上的安慰，疲倦时端上的热茶，奋斗时彼此的鼓励，成功时热烈的拥抱。

“上善若水，水善利万物而不争”。真正的朋友就是那一杯纯净的水，滋润着我们的心田，滋养着我们的生命；真正的朋友不会随着时间的流逝而远离，贫与富、贵与贱、生与死……种种所谓的区别都不会是障碍。纵然你我相隔万里，但彼此回眸，“便是清交素友，频相视、笑晴空”。

55 阅读的乐趣

读书是有乐趣的。这种乐趣是发自内心、无可替代的。五柳先生说：“每有会意，欣然忘食，这种乐趣是吸引人的，不为外物所滞，而求于内心的乐趣。有时读书的乐趣可以用放浪来形容，有些书读过了以后，也许我们会手舞足蹈。”

安徒生和格林讲的一个个神秘有趣的童话故事教会了我去爱他人、爱世界。童年时代我终日沉浸在童话中，想象着自己也拥有一双美丽的水晶鞋，自己也拥有一座金碧辉煌的城堡，美滋滋地畅游在泡沫一样五颜六色的梦幻中，充满快乐、充满幻想、充满对成长的渴望。

走入天真烂漫的童话世界，一篇篇生动优美、清新质朴的美文如磁铁般吸引了我。

阅读它们，我可以领略和别人不一样的生活，足不出户就可以纵观世界。读书给我带来了无尽的欢乐，更重要的是它教会了我如何关心他人、热爱生命。

随着我逐渐长大，《钢铁是怎样炼成的》、《巴金选集》、《上下五千年》闯进我的生活，阅读的进一步丰富让我学会了思考。“读一本好书就如同和一个博学的人谈话”，一本本好书给我的心灵上了一堂堂非同寻常的课。对生活的赞美、对生命的热爱、对人生的感悟，让我真切地意识到，只有不断拼搏、不断奋斗的人生才最有价值。富国强民的神圣使命需要我们去完成，不容变更的人生目标让我感到每一天都很充实，而这一切都是读书带给我的。读书点燃我心中的激情，插上我青春的翅膀，推动我向未来奋飞。

不论你的人生驶往何方，还请你拿起书，多与书接触，多与书亲近。其实，享受读书的乐趣何尝不是在享受生活的乐趣呢！

56 你如何利用课余时间

课余时间对不少人来说几乎是这样定义的：打牌、跳舞、闲扯、看电视、逛街……而我却不这样认为。

爱因斯坦和鲁迅都说过，人的差别在于课余时间。这至少包含两层意思：一是人的学习是终身性的，远不是学校或者单位里获得的那么一些，课余时间要继续为自己的发展服务。二是强调课余时间要有效利用，要更好地协调工作、家庭、生活之间的关系。

一方面，我们要把学习当作终身的事情来做。腹有诗书气自华，也许读书不一定能改变人生的起点，但一定能改变人生的终点；也许读书不一定能改变人生的长度，但一定能改变人生的宽度和厚度。但是这个过程是孤独的，当别人休闲的时候，我们需要独守孤灯，苦心思考，但这也是厚积而薄发的过程，心无旁骛地奔向自己的目标，耕耘终将会获得更多的回报。

另一方面，除了学习和工作之外，也要利用课余时间好好地陪伴家人，给家人打电话、写信，获得更多的天伦之乐。我们知道，工作是为生活服务的，说高一点，是为国家、社会，也就是大家的生活服务；说低一些，是为自己的小家——父母、爱人、后代服务，让大家在不错的物质生活之外，能享受到更充实的人生。

课余时间是为事业和家庭服务的。课余时间不仅影响甚至决定了人的差别，实质上更是影响和决定了人的快乐程度和长度。但愿我们正确对待课余时间，让它真正变成生活里最大的亮点。

57 逆境出人才

孟子云："天将降大任于是人也，必先苦其心志，劳其筋骨，饿其体肤，空乏其身，行拂乱其所为，所以动心忍性，曾益其所不能。"

身处逆境，不同的人有不同的态度。逆境下的怯懦者会灰心丧气，一蹶不振，所以往往成为不幸的失败者；逆境下的不屈者则不退却不放弃，努力战胜磨难，勇往直前，所以在逆境下只有强者才能成才。

逆境出人才需要一定的条件，要成才就不要害怕面对这些逆境。古往今来，多少仁人志士，在身处逆境甚至可以说是绝境时，仍能坚韧不拔、自强不息，只因为深信"天将降大任于是人"！先贤说得好，"宝剑锋从磨砺出，梅花香自苦寒来"。人的能力不经过多方面的磨砺，又怎能完成自我的塑造，尝到成功的滋味，这就如同没有摩擦力，我们就没法坐得稳、站得住、走得动。要成为栋梁之材，显然不会是一帆风顺的。而正是这些前进中遭遇的逆境，激发了我们永不言败的志气和一往直前的勇气。只有经历困苦磨炼，经过挫折和徘徊，我们才能完成一次次的蜕变，成为完整意义上的人才。

如果一个人在困难和挫折面前一蹶不振，那么只能说明他原本就不具备成为人才的素质。转瞬即逝的"仲永"式人物，也算不得人才，顶多是人们茶余饭后惋惜或者诟病的对象。因此，对于庸庸碌碌的芸芸众生而言，如果没有刻苦的意志和超越自我的能力，那也就算不得人才，无须顾影自怜、怨天尤人。

58 大学生学习应以博为主，还是以专为主

庄子云："吾生也有涯，而知也无涯，以有涯随无涯殆矣。"很多同学进入大学校园后，不免会产生这样的疑问：大学生学习应以博为主，还是以专为主？学校给我们搭建这么一个广阔的平台，是希望我们全面学习知识，还是努力学习某一领域专业知识？

工业革命以后，随着社会分工的日益细化和发展，我们培养了大批专业化人才，然而社会发展到今天，对人才又有了新的、更高的要求，既需要一批在各行各业拔尖优秀的专门人才，又要能够统揽全局的博学型人才。

我们应该辩证地看待博与专的关系，过分强调博或者专都是不对的。这是由于二者都是目前社会所需要的。过分强调专业，只注重某一领域内知识的传授和技能的训练，容易造成知识面窄化，不能适应社会发展的要求。如果过分追求全面，在社会生产还存在分工的条件下，也有它的不足。社会上任何一种职业，只有专业性越强，具有不可代替性，社会地位才越高。另外，全面型人才触类旁通，一专多能，融会贯通，适应能力强。

社会需要一大批在各行各业非常优秀的专门人才，也需要适应环境能力很强的全面

型人才。博与专的较量，最终的结果即是共同进步。作为大学生来讲，没有必要刻意选择博或者专，博与专共同进步，在专的基础上博，应当是最佳的选择。

59 考试是发掘人才的唯一途径吗

俗话说，“是金子总会有发光的一天”。所以是人才也总会有成功的一天，但不一定通过考试这条途径。

考试只是一种手段，不是目的，考试本身有它的局限性。第一，一份考试卷不可能面面俱到、全面覆盖，即使考了高分也不能判定他就是一个人才。第二，考试也有掺假、代考、作弊等现象发生，更严重的是，通过人际关系和死记硬背的方式取得应试教育高学历的大有人在。因此，考试并不是发掘人才的唯一途径。

人才的发掘可以多样化，可以通过试用、考核、实践、练兵等方式进行。我们都知道中国的人才选拔直到隋唐时期才开始采取科举考试的方法。那么在科举考试以前呢？熟悉历史的人都知道采用的是“察举”制，并不需要通过任何考试。科举之前人才的发掘没有经过考试，就算到科举考试最流行的明清时期，中央对人才的任用也并不是仅仅通过考试，而是多种手段并行的。

不通过考试但是被发掘的人很多。明代著名文学家吴承恩在科举考试中屡试不中，可是并不妨碍他写出了名扬世界的《西游记》；清代著名文学家蒲松龄在科举考试中终身不第，这并不妨碍他成为我们中华民族的旷世之才。而近千年的科举考试历史诞生的数百名状元我们又能记住几个呢？再看看国外，沃伦·巴菲特当初没有通过哈佛的入学考试，却成为叱咤金融领域的伟大投资家；比尔·盖茨连大学都没有毕业，但是他在编程和经商方面的才能却举世瞩目。他们可以算得上一等一的人才，这是大家一致认可的。

所以说考试不是发掘人才的唯一标准。

60 谈谈你心目中的大学生活

大学是所有年轻学子追逐的梦想。当考上大学的时候，就是我们的梦想变成现实的一刻。对于大学生活，我无比憧憬。

我想，大学首先应该是可以自由地进行学术交流的地方。学术精湛的教授、专家以及乐于学习、热衷钻研的学生们快乐地生活在自由的学术殿堂。那里充斥着浓厚的学术氛围和最高新的学术思想，那里没有高低贵贱等级之分，有的是平等的交流和不同观点的碰撞和融汇。学校内定期举办一些学术论坛以及辩论会等，尽量使同学们的思维保持在不断的思考、发掘和永无止境的探索之中，经过重重的难关，最终踏进金碧辉煌、充满希望的学术城堡。

大学生活应该是一个多元化的人生舞台。在美丽绚烂的舞台上，同学们尽情地展现自己，挥洒着洋溢的青春。大学里各种各样的社团为同学们张扬个性、展现自我准备了充足的条件。在那里，同学们可以发挥自身的特长，也可以锻炼人际交往能力。同时，社团的自我管理和自主教育精神，也会在一定程度上促进团队理念和团结精神的养成，减少当下独生子女们惯有的自私自利等不良行为的滋长。另外我们还可以在校内外通过打工来磨炼自己待人处世的态度，训练自己面对突发事件的反应。这些对我们的未来都有极大的益处，是我所向往的大学生活。

大学正如一幅色彩斑斓的图画缓缓地展开，未来正在远方热烈地向我们召唤，为了早日实现梦想，我们努力吧！

61 择校现象的利与弊

利弊是一把双刃剑，世上没有万利而无一弊的事物，也没有万弊而无一利的事物。任何事物，有利就有弊，从不同的出发点，不同的角度看问题，必然得出不同的认知。

择校是指在教育资源和教育水平不够均衡的情况下，很多家长不愿意让孩子在本片区上学，希望孩子能享受优质的教育，选择上一所好的学校。但这种选择就像一把双刃剑。

择校有利于促进学校提高管理水平。由于择校现象的存在，学校管理水平高的，学生大批转入，校长和老师都格外受尊重；学校管理水平低的，学生大批转出，校长和老师都脸上无光。这种选择无形中促进了学校提高管理水平。

择校有利于改善办学条件。因为可以择校，有一部分家长为了自己的孩子享受优质教育资源，不惜高代价，用高于教育成本的投入赢得入名牌院校的机遇。大量的投入必然增加教育资源总量，推动学校上台阶。有的学校为了保证本校优质生源不流失，不得不改善办学条件。

择校有利于教师队伍建设。学生能择校，教师也能择校。在择校过程中，真正的人才价值得到体现，水平高的教师受到应有的尊重，在择校过程中，教师资源得到合理配置。优胜劣汰的用人机制，优化了教师队伍，有利于教学质量的提高。

择校热带来的问题和弊端也显而易见、不容忽视。主要是在短期内优质教育资源的配置向收入高的一部分人倾斜，不利于受教育者平等接受义务教育，导致收入偏低的社会成员感到不公，由此可能产生社会不稳定。

如此看来，择校的利与弊是一个值得关注的问题，有关部门如何处理好利与弊的关系，我们共同期待。

62 中小学生寒暑假在网上发帖找人代写作业，你对此事如何评价

近年来，每逢寒暑假，都会有中小学生在网上发帖找人代写作业，同时，也有人发帖长期代写假期作业。由于具有一定的市场，所以这种帖子越来越火，已经慢慢演变成谋利手段。

对于这种现象，一方面，需要问责找代笔的学生。作业让人代写，已经忘记了自己当学生的职责，更难说负责地完成其他事情。另一方面，需要质问帮学生代写作业的人。社会上谋生的渠道千万种，为何要利用中小学生的无知从事这种图财害义的行当。

学生找人代写作业，说明这些孩子懂得利用金钱的功能，很明显受到社会的影响，推脱自己当学生的责任。这种行为在另一个侧面也反映两种状况：其一，学生不会写；其二，不想写。如果是不会写，那老师和学校有无法推脱的责任，学生找人代写作业是形势所逼。如果会写不想写，那是家人疏于管教监督，对孩子放任自流，或者不懂得因势利导，没有采取有效的教育方法，给孩子戴上了犯错误的帽子。

另外，望子成龙望女成凤的期盼，促使家长在假期为孩子报了各种辅导班，除了假期作业还要每天完成辅导班的作业，沉重的作业压力使孩子们不得不找代笔。

因此，代写作业的问题必须得到重视。学校和家长应当采取良好的教育方法，让孩子从小就要自力更生，长大后才能奉献人民、服务社会。

63 家长是否该给孩子物质奖励

为了让孩子好好学习，父母们往往会想尽各种办法，其中比较流行的就是给孩子物质奖励。他们经常会许诺孩子，“如果期末考试成绩排班级前三名，爸爸奖励你一部新款手机、妈妈给你买名牌服装……”如果孩子达到了父母的要求，那么父母就得忙着为孩子准备物质奖励了。这种做法无形中培养了孩子的物质欲望，形成了学习就是为了追求物质的市侩思想。也有一些家长因为这样或那样的原因，对自己做出的“许诺”无法兑现，这就让孩子对家长的诚信产生怀疑，认为自己的努力白费了，这样的物质许诺反而会让孩子产生消极心理。

我认为，物质奖励是一种鼓励孩子的方式，但并不是唯一的方法。父母不应单纯在物质方面给孩子奖励，精神方面的鼓励更应受到重视。因为孩子们除了物质需求外，还有被人尊重、被人爱、被认可、被理解等多方面的精神需求。所以家长在选择激励方式的时候，不妨多给孩子一些精神鼓励。

父母可以引导孩子树立正确的学习观，向着更高的思想境界看齐，使孩子的学习有一股动力，有一种向上的鞭策力。如果非要给孩子买点什么物质的东西，最好是一两本新书或其他适合孩子用的学习用具。这样既能满足孩子的需要，又能在一定程度上激励

孩子进步，而不是让孩子单纯地将物质因素作为自己的学习动力。

64 理想中的家长和子女的关系

有人认为中国家长和子女的关系是世界上最僵的关系。在“望子成龙”、“望女成凤”的思维模式下，中国家长不辞劳苦、乐于奉献、省吃俭用，为孩子准备最好的生活学习条件。但事实上，这些家长无条件的付出在孩子看来却往往是一种负担。究其原因，中国式家长在处理和子女的关系时太过专制，破坏了家庭成员之间的和谐关系。我理想中的家长和子女的关系应该是和平相处、相互尊重，如同朋友般的民主平等关系。

家长与子女间的民主平等关系需要双方共同营造，这其中家长的观念和行为至关重要。首先，家长要转变观念，与子女建立一种平等交流的家庭氛围。交流和倾听是互相尊重和相互理解的前提，是维护民主平等关系的基础。孩子在特定的成长阶段需要成年人的指导和帮助，但这种指导和帮助并非出自专制和特权，而要像朋友一样时刻表现出对孩子的关爱与理解，以平等的姿态帮助子女成长。其次，家长要尊重孩子的独立人格和自主精神，给予孩子自由民主的成长空间。家长切忌以为孩子小不懂事，就大包大办。其实每一个孩子都是有思想有独立精神的个体，在培养判断力和执行力的过程中，家长要尽可能为孩子提供精神上的支持，为孩子营造一个自由快乐的空间，而不是强加给他们种种意志。再次，家长要用表扬代替批评和讥讽，树立孩子的自信心。表扬和鼓励是家长在孩子成长过程中必不可少的手段。一个经常获得亲人表扬的孩子会更加自信，更加注重自己的外在表现。最后，家长教育孩子要如同“大禹治水”，宜“疏”不宜“堵”。我们经常看到有些家长对孩子犯的错不加分析，一味指责。长此以往，孩子便不愿再对家长说心里话，甚至学会撒谎。这种简单粗暴的做法非常不利于家长和子女的沟通和理解，也不利于孩子性格品德的塑造。

总之，民主与关爱相结合，尊重与理解相呼应，建立一种平等快乐的朋友型关系，才是实现家长和子女和谐相处的正确道路。

65 对近年来高考过后流行的“谢师宴”谈谈你的看法

“十年寒窗无人晓，金榜题名谢师恩”。尊师重教、知恩图报是中华民族的传统美德。然而如今这种尊师重教、答谢师恩的美德却摇身一变，成了无良商家们打着报恩旗号狠赚昧心钱的幌子，这其中，广泛流行而价格日益高涨的“谢师宴”让不少家长和老师苦不堪言。商家们唯利是图，迎合的正是当前社会上广泛存在的浮躁与攀比心理。票子花了，面子有了，虚荣心满足了，带给老师和学生家庭的或许只是形式和负担，并没有多大意义。

我们批评“谢师宴”并不是否定“感恩”。知恩图报，“一日为师，终身为父”，是我们的道德传统。但是当答谢从朴素的鞠躬作揖演变成了全民海吃海喝、大吹大捧的时候，报恩也就成了一场闹剧，不仅浪费资源，更重要的是丧失了感恩的内涵和纯洁。我们都知道，商人的目标是追求利润最大化，我们也可以说，现今的师生豪宴是被商人绑架了。但是摆“谢师宴”的选择权利并不在商人手中，他们只是看到了市场上的某种需求，并炒作了这种需求。学生家庭可以选择其他形式谢恩，完全没必要勒紧裤腰带成全这场盛宴，而我们的老师也大可以拒绝赴宴。但遗憾的是，社会上越演越烈的宴师大战及伴随着“谢师宴”而衍生出来的其他烧钱形式却层出不穷。

教育是一种灵魂事业，教师是传道、授业、解惑者，而我们的下一代究竟从这场闹剧中学到了什么？一个不体恤父母的孩子，一个没有责任心的孩子，一个虚荣心极强的孩子背后，是我们教育的失败和社会风气的倒退。须知，高考是人生的重要转折点，而踏进大学校门则意味着即将担当起保卫祖国、建设家园、孝顺父母、为人民服务的重任。因此，我们的家庭、教育部门和社会舆论应该通力配合，正确引导青少年的感恩观，及时刹住类似“谢师宴”的不良风气，把孩子培养成为一个重责任、懂感恩、尚进取、知廉耻的栋梁之才。

66 你怎么看待短信拜年

短信拜年以其便捷性风靡千家万户。人们从以往登门拜访，互道祝福，改成了用高科技手段互致问候。短信拜年优势很明显。这种拜年方式将爱心和关怀传递给家人和朋友的同时省去了大量人力物力，可以让相隔万里的人们在几乎同一时间获得对方的祝福和关心，而不用挤火车、排长队、拖儿带女、浩浩荡荡奔走相望。也许有人说登门拜访更能体会到诚意，但是登门拜访的成本却很大，而且在短暂的年假期间，登门拜访到所有亲朋好友的可能性也是微乎其微。若想在有限时间内以最小代价将美好祝福带给所有亲朋，无疑短信拜年满足了我们的愿望。

无论短信拜年怎样风靡，它的局限性是客观存在的。首先，小小的屏幕并不能承载太多的内心交流，人们之间的深厚情谊也不能够用只言片语所代替。实际上，手机的出现确实已经减少了我们面对面交流的机会。人们更倾向于宅在家里，通过电讯和网络道一声“平安”。其次，数字化的技术使得粘贴复制成为可能，铺天盖地的群发短信，让节日祝福变成了一种审美疲劳。在我们的拜年短信里究竟有多少条是以群发形式获得的，并又以群发形式发送出去的，发送出的具体内容又是什么，可能连我们自己都搞不清楚。这种祝福让感动和喜悦掺杂了水分，也让我们的祝福流于形式。不少人表示，和这些千人一面的短信相比，他们更想得到的是那些发自内心的沟通。

我们不否认短信拜年带来的好处，高科技让我们的生活越来越便利，让人际互动变得更有效率，但我们希望在使用高科技工具的时候能增加几分真诚，毕竟情感的维护需要我们用心去体会。敲击键盘的时代，我们的情感世界不能枯萎。

67 学与玩的关系

学与玩之间究竟存在怎样的关系，难道是家长最爱对孩子说的那句“你就知道玩，不知道学习”吗？其实学与玩之间可以建立某种和谐关系，也就是人们常说的劳逸结合。科学地安排学与玩，对孩子的成长更有利。

现实中，家长经常把学与玩对立起来。我们常常看到面无表情，背着沉重的书包，戴着厚厚的眼镜，奔波于学校和家庭之间的孩子；也常常看到大报小报，宣传栏里形形色色的辅导班。为了不让孩子输在起跑线上，家长和学校要求学生以学习为主，玩的时间一再被压缩。当孩子们被功课压得喘不过气来，无暇玩耍时，天真无邪的本性消失了，宝贵的想象力和创造力也消失了，而孩子们的健康状况却不容乐观，其结果势必与素质教育背道而驰。

事实上，学与玩并不是对立的。玩中学、学中玩正是耳熟能详的哲理。对于学生来说，玩不仅是学习后的放松和娱乐，更是一种非书本形式学习的载体。在玩的过程中，孩子们学会了动脑、动手、想象、提问题，也学会了为人处世、伦理规范和创造精神。这一切都会激发起他们强烈的求知欲、上进心、责任感和道德体验，并且这些体验会影响到他们的一生。

我们提倡学中玩、玩中学并不是要否定学习，而是要把握一个度。专心学习的时候要摒弃杂念，达到忘我的境界，不能老想着玩。但长时间集中注意力后就需要休息一下，否则精力透支，效率就会不高，再学习也是做无用功。

我们要建设学习型社会，提倡终生学习，学习成为一个系统工程。既然是系统工程，就需要我们科学规划，有方法有步骤地进行。家长望子成龙的心情可以理解，但是培养孩子德智体美劳全面发展才是最终目的。

68 你怎么看待名牌产品

随着生活水平的提高，一些名牌产品陆续走入人们的视野。所谓名牌产品是指符合国家有关法律法规，实物质量达到国际同类产品先进水平，市场占有率高，知名度居前，用户满意度高，具有较强市场竞争力的产品。名牌产品是商品经济发展到一定程度，人们对物质生活和精神生活要求提高的一种必然选择。

人们对名牌产品的态度不尽相同。有的人认为，名牌产品信誉好、质量好、售后服务好，比如海尔、联想、奔驰、可口可乐。这些产品以其高质量、高美誉度以及人性化服务，拥有着较高的市场份额和长时间的购买忠诚度。有的人则认为名牌产品就是身份、地位的象征，名牌产品使用起来有“范儿”，比如苹果手机。我们不否认苹果系列产品功能强大、优势明显，但我们也需要正视，现在很多人确实是以拥有苹果手机来显示身份和地位，满足自己的虚荣心。

在牌子大于实质的年代，我们更需要以一颗平常心看待名牌产品，合理购买和使用名牌产品，尊重别人选择名牌权利的同时，不盲目跟风。名牌产品固然好，但我认为，首先得看这样东西适不适合自己，即是否能买。比如名牌衣服颜色、款式、风格等都要和个人的身份、年龄、体型、气质相称。其次，名牌产品一般都价格不菲，得考虑一下自己或家庭的经济实力，即是否买得起。对于当下流行的名牌产品，特别是国际知名品牌，动辄好几千元、好几万元的大投入并不是每个家庭都能承担得了的。如果只是看别人有，自己没有而觉得丢人，那么这种投入就是浪费，而浪费是有违中华传统美德的。

我们提倡追求个性，但是我们决不提倡为了名牌而选择名牌，完全无视责任心和道德底线的盲目攀比。一个穿戴得体、谈吐不凡、品德高尚、机智幽默的人，即使他没有名牌护身，也同样会赢得别人的尊重。因此，理性看待名牌，怀有一颗平常心去选择真正适合自己的产品才是最重要的。

69 网络语言的流行会对汉语产生怎样的影响

网络语言伴随着网络的发展而兴起，是一种有别于传统平面媒介的语言形式。网络语言起源于网友日常交流，代表着一定的互联网文化，并渗透到现实生活中，显示了强大生命力，受到广大网友的偏爱。

网络语言来源广泛，方言俚语、外语单词、拼音等经过改组整合、谐音误植，都有可能频繁出现在聊天、论坛等各种互联网应用场合。网络语言的流行对传统汉语言文化的影响很明显。一方面，网络语言的传播迅速扩大了汉语言使用范围，改变了日常交流表述方式，成为时代精神的体现。另一方面，由于相当数量的网络语言通过故意歧义、写错、重组、打乱词性等方法，挑战到汉语言规范性和权威性，令许多学者表现出担忧。比如“童鞋”(同学)、“稀饭”(喜欢)、“山寨”、“人肉”等网络新词，对判断力差，没有语言根基，尚处于学习阶段的学生来说，确实容易扰乱他们对字词及语法的正确理解和学习。

网络语言的势头是不可阻挡的。这些流行语与当今社会紧密互动，对文化传播有着特殊意义，是任何语言学或修辞学都不可回避的问题。从某种程度来说，网络语言的流行是公众表达意见、实现社会参与的一种特殊符号，它的形成有着特定的历史和文化背景。而汉语言正是历经几千年创新与整合，在特定历史文化发展的基础上不断壮大繁荣的。因此，对于网络语言对汉语的影响，我们要抱着乐观的态度，不能一概拒绝，而要适当引导，有所包容。

70 应该对学生进行怎样的诚信教育

诚信是中华民族的传统美德，是人与人之间互动交流的润滑剂，也是全人类普遍认同的行为规范。学生是否有诚信意识直接影响到国家未来的建设和稳定，关系到中华民族的伟大复兴。因此，从学生抓起，加强对学生的诚信教育至关重要。

客观地说，我们的校园里存在许多诚信危机，如考试作弊、论文抄袭、伪造证件、学历造假。高科技的运用让学生的不诚信获得了滋长的温床，抄袭现象由同学之间的作业抄袭转为向互联网剽窃，从小范围转抄向大规模复制粘贴。甚至一些网络还公开叫卖为学生提供代写论文、作业和考试的枪手。学生诚信的缺失实际上是社会、家庭、学校诚信缺失的一个缩影，是社会上各种不良风气入侵校园的必然结果。

对学生进行诚信教育是一项刻不容缓的重要工作，需要学校、家庭及全社会通力合作。学校是为社会培养优秀人才的摇篮，教育的功能不仅在于传授知识、培养技能，更在于提高思想道德水平。因此，进行诚信教育需要学校将道德教育提高到与文化知识教育同等的位置。通过开展以诚信教育为主题的活动、讲座、榜样示范等，在学生中树立起诚信意识。家长要以身作则，努力配合学校规范、约束学生的一言一行。而社会相关部门则需要加强监管，及时制止不良风气的蔓延，加大对诚信美德的宣传力度，在全社会范围内营造诚信友爱、团结互助的良好氛围。

诚信教育是一项系统工程，是关系到国家前途命运的大事，全社会应高度重视。我们只有重树诚信美德，才能缓解当前许多领域都存在的信任危机。

71 学校按照成绩排座次，对学校的这种做法谈谈你的观点

对于学校按照成绩排座次的做法，我同情却不赞同。我同情学校在鼓励优秀、激发斗志方面用心良苦，但对这种激励方法的收效却表示怀疑。按成绩排座位不仅不能提升教育水平还会破坏教育公平，有违教育的普世精神。

首先，这种按成绩排座次的办法违背了教育的公平性。成绩排座打破了以往按个头高矮排序的方法，使得一些成绩相对较差但个头矮小的学生坐到偏远角落。由于地势较差，视线被挡，他们看不到黑板，教学资源获得相对更少，老师也很难对他们有足够重视，因此很难促进班级学生综合素质的全面发展。

其次，这种带有歧视性质的座次安排缺乏人文关怀。成绩排座严重挫伤了差等生的学习积极性和自尊心，不但难以激发他们的上进心，还会让他们产生强烈的自卑感，承受

巨大的心理压力。这些学生每天坐在教室里充当一个被老师遗忘的角色，自暴自弃，无心上进。长此以往，他们在班内的处境将会更加艰难。这种伤害一旦形成心理暗示，那么对孩子将产生毁灭性的打击。

再次，这种座次导致班级缺乏集体意识，造成两极分化，不利于教学管理。按成绩排座后，优等生在前面听课，差等生在后面玩乐，各不相干。老师的课堂活动和学生间的互动交流也是前方热火朝天，后方鸦雀无声，教学难以达到应有效果。而那些本来自律性就较差的学生聚在一起，不谈学习，又得不到较好监管，很容易拉帮结派，形成一种恶势力，影响班级团结，给班级管理带来消极作用。

成绩只是教育的副产品，按成绩排座次的做法显然与当前的教育理念背道而驰。这种功利化的教育方法抛弃了“因材施教”，扭曲了教育目的，为学生套上了等级枷锁，难以提高整体国民素质。

72 学生“出国热”持续不退，你怎么看待这个现象

当前，越来越多的中国家庭将子女送往国外求学镀金，并且这种趋势正向低龄蔓延。是出国求学还是让孩子在国内完成学业，家长们有自己的想法。一些家长认为现在自己富裕了，能在孩子身上投入更多资金。孩子出国上学，回国后与同龄学生相比有很多优势，无论是语言能力还是思维眼界都会上一个平台。另外，孩子出国，家长也很有面子。还有一些家长认为，现在国内教育资源紧张，竞争激烈，教育水平偏低，与其在国内挤独木桥，还不如一步到位，提前出国。

学生出国热持续不退折射出一些社会上普遍存在的深层次问题。家庭殷实是首要原因。经过三十年的改革开放，中国人腰包足了，“再穷不能穷孩子”、“望子成龙”的想法使得家庭加大了对教育的投入。其次，出国门槛变低。出国不再是精英的专利，“平民化”的转变让更多学生有机会参与到出国大潮之中。另外，国内教育资源分配不合理也是导致出国的一个方面。好学校竞争大，花费的代价也不低。即便在国内上完大学，就业仍然是一个难题。

我们要看到，并不是所有学生都适合出国。家长把出国看作增加竞争优势的途径，寄希望于这根“救命稻草”的想法也许并不一定能获得较好收益。学生特别是低龄学生，他们缺乏自我监管、自我约束的能力，面对出去后的独立生活，有些人并不懂得利用有利条件多学习多实践。相反，少了父母的监管，他们可以做任何自己想做的事，与一起留学的中国孩子拉帮结派整日玩乐，以至于回国时，连语言关都过不了。另外，学生出国使得他们在民族传统文化层面出现断层，一个连本民族传统都知之甚少的孩子也很难走向国际，最后只能沦为一名边缘人。

父母省吃俭用送子女出国本是好意，但如果换回来的是“海带”，就有些得不偿失了。

因此，我们应该理性看待学生出国现象。我们不反对把孩子送出国门增长见识，但要考虑家庭的实际情况。而我们的社会，特别是教育部门，则需要深刻反思自身存在的弊端。

73 你认为学生适合参加怎样的公益活动

公益活动是指不以营利为目的，以社会公共利益为主要追求目标的爱心活动。公益活动涉及社区服务、环境保护、知识传播、社会援助、公共福利、青年服务、慈善、文化艺术活动等众多领域，以公益精神为指导，为他人提供力所能及的帮助，使我们的社会更加和谐美好。

学生参加公益活动有助于身心健康，实现自我价值。首先，公益活动可以培养学生的社会责任感。责任感是学生走向社会，承担更多社会义务，努力使自己成为社会精英的前提。其次，参加公益活动可以让学生了解社会、参与社会，激发学生的爱心和良知。学生通过走出校门支教，为老弱病残做力所能及的事，了解社会百态，珍惜自己的幸福生活；通过为弱势群体服务坚定爱祖国、爱人民的信念。再次，参加公益活动能增强学生的能力。学生在公益活动中，需要边思考边动手，能够将理论与实践相结合，为以后踏上社会打下基础。最后，通过参加公益活动，学生可以提高思想觉悟，增强团队意识，锻炼成为一个意志坚定，品德高尚，具有较强执行力的人。

学生参加公益活动需要量力而行，要在不影响日常学习的情况下做力所能及的事情。首先，学生应选择有正规组织的公益活动。安全是学生参加公益活动的前提。各院校会定期组织学生参加社会公益活动，是学生有效提供公共服务的重要途径。其次，学生应参加符合自身情况的公益活动。学生可以根据自己专长和兴趣，在与学习不冲突的情况下，选择担任各项赛事的志愿者、为山区支教、帮助孤老、举办民间知识讲座、为弱势群体献爱心。

公益活动是检验民族整体素质的重要内容。学生志愿者或许存在诸多不足，但这并不能否定他们的能力和爱心。通过参加公益活动，学生可以获得大笔人生财富，帮助他们在日后工作中走向成功。学生参与公益活动还可以带动整个家庭为公益事业作贡献，间接提升全社会团结互助、爱心涌动的整体氛围。

第三部分　人生感悟

74 你对“成王败寇”的理解

“成王败寇”出自柳亚子《题〈太平天国〉战史》，诗中有“成王败寇漫相呼，直笔何人纵董狐。”

基于历史教育的时代局限和意识形态使然，大多数人都习惯了非此即彼、成王败寇的历史观和价值观。在很多人的眼里，成功者就是“王”，就可以得到肯定，成功的一方一旦当权便是合法，当权者拥有了公共宣传、历史编纂的自由，从而引导大众否定失败者；失败则落为“寇”，同时便失去了合法地位，没有了发言权。

被称为“明君”的唐太宗李世民，亲手杀死自己的亲兄弟，而人们往往忽略他这些不太仁道的行为，更多的是肯定他的政绩。而他的兄弟却被评说为奸佞小人。真相到底孰是孰非无关紧要，重要的是我们看待历史的态度要全面多元。被世人称为“危世英雄”、“乱世枭雄”与“顺世奸雄”的袁世凯，曾经把当年促使清帝逊位的历史性一幕非常形象地称之为“拔大树”。历史事实告诉人们，袁世凯所统帅的北洋新军对推翻帝制和辛亥革命的胜利作出了不容忽视的贡献。袁世凯在洋务运动中的努力和废除科举制这两方面，都曾在清末民初时期受到了广大国民的普遍肯定与称誉。因此有人这样评价袁世凯，他只是“做错了一件事”，那就是他在少数亲属与部下的蒙蔽之下建立帝制，恐怕并非完全没有道理。

举出这些史实并不是想替谁申辩，最关键的意义是我们应该树立一种更为理性、更为健康、更为包容的多元历史观。真正的历史话语权属于谁并不重要，重要的是人们看待历史的眼光和角度，正所谓“仁者见仁，智者见智”。无论是对自己还是看待别人，莫以成败论英雄。

（资料来源：四川新闻网　作者：吕义国　2011年3月13日）

75 快乐＝物质消费÷欲望。这是美国经济学家萨缪尔森提出的快乐方程式。你怎么认为

我认为这样理解快乐有些片面，因为决定一个人是否快乐的因素是多方面的，比如说身体是否健康、工作是否顺利、个人价值的实现程度等等。

我认同物质消费水平的高低是决定一个人快乐与否的重要因素。人的欲望是无穷尽的，当经济能力不能够满足物质欲望的时候，就会影响到一个人的幸福程度。但是我们每个人都知道欲望就像个无底洞，永远都没有终点，有了一套房子，还想要更大的房子，以此渐增。尤其在物质生产如此发达的今天，人的物质欲望也随之不断地膨胀。既然物质生产与更新没有终点，如果在我们有限的生命里一味地去追求这个没有终点的终点，那么肯定不会得到快乐。

其实在这样一个气氛浮躁、物欲横流的时代，一个人难免会受到琳琅满目的物质诱惑。越来越少的人能够关起门来静下心来翻看一本纸质泛黄的书，与作者一同畅游妙趣横生的精神旅途。当挑灯夜读成了一种可遇不可求的人生境界，我们不禁感叹"采菊东篱下，悠然见南山"是何等的一种人生享受。时代变迁，电灯取代了油灯，汽车接替了马车，然而这种超然的精神境界却应该是我们所追求和向往的。因为除了丰富的物质享受之外，人类还有一片更加广阔充实的精神天地。不一定每个人都能像伟人一样带给无数人光明与希望，但是我们至少可以带给自己快乐。少一些物质追求，多一些精神享受足矣。

76 青春与时光

"莫等闲，白了少年头，空悲切。"这是民族英雄岳飞撰写的《满江红》中的句子。它告诉人们要珍惜青春，切不可"少壮不努力，老大徒伤悲"。

青春时期是一个人的黄金时期，有不少中外著名的革命家、科学家、文学家都是在青年时期做出成就的。马克思、恩格斯合著《共产党宣言》一书时，一位 29 岁，一位 27 岁；牛顿创立微积分、发现万有引力定律时只有 26 岁；我国著名的思想家、文学家、革命家鲁迅，年仅 23 岁就写出了著名的《自题小像》。可见青年时期是一个人易出成就的时期。

既然青春时期是如此这般的宝贵，那么我们应该怎样度过呢？不言而喻，我们应珍惜宝贵时光，认真地学习和工作。但可惜的是并不是所有的人都能认识到这一点。社会上有些人认为自己有的是时间，以青春作为挥霍浪费的资本；另外有些青少年感觉个人学习基础差，就自暴自弃丧失了信心，从而放弃了学习，随意地浪费时间，认为光阴就是无聊地消磨。

生命是父母给予的，我们谁都没理由自暴自弃，而应该正确消费时光，正确对待青春，这是一个严肃的话题。在珍惜青春方面，张海迪就是一个很好的榜样。她顽强与病魔战斗了30年，因此她十分懂得时光的宝贵，她珍惜一分一秒的时间，刻苦学习，终于自学成才，翻译了十六万字的英文小说。“青春啊，青春多么美好……”这首张海迪最爱唱的一支歌，让我们大家都来懂得它的深刻含义吧！“趁年少去探求知识吧，它弥补由于年老带来的亏损。智慧乃是老年的精神和养料，所以青年时应该努力，这样老年时才不致空虚。”

莫等闲，白了少年头，恰同学少年，风华正茂，让我们珍惜青春时光吧。

（资料来源：小荷作文网 www.zww.cn）

77 感悟追求与幸福

从小就听说，人该去追求幸福；从小就知道，长大了要过幸福的生活。曾看到向幸福忙碌地奔跑的人，也曾听过得到幸福后的欢呼，当然也有许多无奈的感慨与叹息。于是，便想着享受幸福，永远地拥有幸福。

后来，听说好好读书将来就会幸福。于是便一心一意地读书，拼命地读书。时不时在梦里偷偷体味属于自己甜甜的幸福。可追求幸福是需要代价的，我常常把自己关在屋子里，听着窗外朋友欢呼嬉笑，压制着自己的那份寂寞和执著，常常关掉自己喜欢的电视剧、动画片，独自走向那份黯然和冷清。无论做什么总会想着，无论干什么都会惦着幸福需要追求，需要付出，因此常常与寂寞相依，与书本相偎。

长大后，不再整天想着幸福未来，但那份执著，那个习惯却再也改不掉了。总觉得与寂寞相依，与书本相偎也是一种享受。为了一个目标而敢于放下许多东西，本来就是一种心灵的恬然，一份独特的幸福。

渐渐地有了点体味，一点关于幸福的体味：幸福无需太多的刻意追求，幸福也并非遥不可及。一个好的习惯，一个使你感到轻松、愉快的习惯本身就是一种幸福。其实幸福很简单，它甚至不是一种习惯而只是一句话、一个手势、一个神态或者一个微笑。幸福也并非只是属于某一个人，它属于所有人，真正的幸福其实是大家的幸福，是分享的幸福。

现在，便不再去追求了，只学着去珍惜和体味，体味别人每一句琐碎的言语，每一个细小的动作，每一个微小的神态，每一个淡淡的微笑。这便是幸福了，因珍惜而得到享用一生的幸福。于是，对自己说，要想幸福先与珍惜为友。

78 在稍显浮躁的社会中，诚信这种品质显得尤其难能可贵，请围绕诚信举一个例子，并加以评论

孔子曰："人而无信，不知其可也。"一个人如果没有诚信的话，真不知道他能够做成什么。可见诚信对于一个人来说有多么重要。然而在我们现代社会，由于西方拜金主义的流入，使得我们传统价值体系受到了严重的冲击，很多人变得物质金钱至上，人与人之间少了真诚相待。其实不管时代如何变迁，诚信这种品质不能丢弃，相反，我们应将诚信传承下去并且发扬光大。

中国历史上有这样一则故事。秦末有个叫季布的人，他向来说话算数，信誉度极高，有许多彼此以诚相待的朋友。当时甚至流传着这样的谚语："得黄金百斤，不如得季布一诺。"这正是成语"一诺千金"的由来。后来有一次，他不小心得罪了汉高祖刘邦，被悬赏通缉捉拿。结果他旧日的朋友不仅不被重金所惑，而且冒着灭九族的危险来保护他，最终使他免遭祸殃。这个故事充分说明，一个人诚实有信，自然得道多助，能获得大家的尊重，虽然有时会损失一些小利益，但是得到的是民心，俗话说得好，得民心者，得天下。相反，如果贪图一时的安逸或小便宜，而失信于朋友，表面上是得到了一点"实惠"。但为了这点眼前的实惠，却毁了自己的声誉，毁了能够继续前进的道路，就会越走越窄，而声誉相比于物质是更重要的财富。所以，失信于朋友，无异于失去了西瓜捡芝麻，得不偿失。

诚信是道路，随着开拓者的脚步延伸；诚信是智慧，随着博学者的求索积累；诚信是成功，随着奋进者的拼搏临近；诚信是财富的种子，只要你诚心种下，就能找到打开金库的钥匙。

（资料来源：百度文库 http://wenku.baidu.com/view/834a722a915f804d2b16c18f.html）

79 社会文明由细节体现

工业革命以来，随着科学技术、信息技术的发达，一时间钢筋水泥、高楼大厦如雨后春笋般地充满了人们的视线。高效率的生产生活，丰富优越的物质享受，不能不说这是人类革命性的进步。然而，判断一个社会的文明程度不仅仅要看它的大楼有多高有多少，更重要的是要看这个社会是否做到了关注底层的弱势群体以及是否能够做到"以人为本"等这些细节问题。

就以城市地铁来说，增加轮椅上下楼梯轨道，照顾到少数以及弱势人群的需求，我认为这就是一种社会文明的体现，要比新开通几条路线更能体现社会文明。2008年北京残奥会成功举办显示了中国社会文明的进步。一次成功的残奥会，能够进一步增进人们对残疾人的理解，让更多的人发自内心地尊重、关心、帮助残疾人；一次成功的残奥会，既是人性善的张扬与升华，也是一个国家和社会文明进步的重要标志。

在这里我特别想说说瑞士这个文明国度。瑞士在二、三百年前,还是个很贫穷的国家,由于山民彪悍,成为雇佣兵源地之一,梵蒂冈的教皇卫队至今仍沿袭由瑞士人组成的传统。然而,瑞士的社会文明在细节中获得了长足进步。全世界头疼的吸毒问题,在瑞士良性循环的方案中,得到了妥善而稳定的解决;瑞士是全世界所有国家唯一在首都不设机场的国家,这个规定是由当地公民选票决定的;瑞士本土修建 70 公里长的铁路也需要全民投票公决才能决定;瑞士 18 至 40 岁男子都必须服兵役,人人手中都持有枪支弹药,但却极少有持枪犯罪的;瑞士缺乏资源,但它包容了大量的移民,而移民带来的手艺使瑞士成为世界制表业的灵魂。我想这些细节无疑是瑞士社会文明的体现。

80 舍与得的人生智慧

"舍得"在佛教中叫作"布施"。布施出去,将会得到更多的收获,也就是先舍后得。舍得,要看你舍得什么了。古人云"有得必有失"。我认为这里还应该添一句"有舍才有得",这样才符合任何事物都有两面性的哲学原理,才显得平衡。"舍"与"得",具有禅意的两个字诠释了人的一生。

我想我们每个人的活动都是围绕"得"而进行的。农民面朝黄土背朝天,勤勤恳恳劳作于田野,为的是能够得到秋季的收获;学生埋头苦读,畅游书海,为了获得丰富的知识;工人朝九晚五,加班加点,为了得到更多的薪水;军人手持长枪,流血流汗,是为了得到国家的安定和平。说的更远一些,人一生的努力是为了得到个人价值的实现,或者是理想的实现。

然而,在我们拼搏到达目的地的途中,必定会错过欣赏沿途的五彩风景。每个人的精力都是有限的,机器也没有永动的,总是得到的局面是不存在的。生活中经常会出现顾此失彼的尴尬局面,在面对舍与得之间不知如何做选择时,需要我们有足够的智慧和远见,明白有付出才能有收获。事实证明,舍弃一些眼前的利益,往往会得到更长远的收获。李白舍弃了功名利禄,而得到的却是"天生我材必有用"的自信和"直挂云帆济沧海"的勇气;大禹舍弃与家人短暂的相聚,而得到的却是千秋伟业和流传百世的美名。我们很难说他们的舍得没有价值,因为事实就摆在眼前。所以,懂得如何舍得是一种人生智慧。

81 树立积极的心态

古人云:知识改变命运,态度决定一切。的确如此,我们的人生就是由我们自己的心态决定的。一个人,如果他的心态不够积极向上,那么他的人生也不会有什么改变,相反，还会把自己束缚住。

有这样一个故事，一个人在年轻时，被人陷害，做了九年牢，后来冤案昭雪，他终于走出了监狱。照常理来说，他应该是获得了永久的自由。可他却整天诅咒那些施予他不幸命运的人，直到快死了还是这样。用他自己心底里的仇恨、抱怨、诅咒束缚着自己整整41年。试想，若是他以乐观的心态来对待生活，将被人陷害的事情用几年的时光来淡忘。那么他余后的生活一定会丰富很多，精彩很多。

生活中持乐观态度生活的人不少。20世纪上半叶，垄断整个美国的石油大亨操控着美国的金融体系，甚至连国会也对他言听计从。然而，他却由于患了重度抑郁症，连世界最先进的医疗设备和最著名的医生都没有办法。他来到了中国河南的一座禅院，吃力地读着《四十二章经》，看到其中的一句话，使他兴奋不已，第二天便回国，下令解散财团，并辞去董事长一职，重新开始了他的人生，乐观面对一切事物，并投身于社会公益事业。他的顽疾也因此不治而愈，一直工作到1987年——他去世时。那年，他93岁，无疾而终。

由此看来，心态真的可以决定人生。这个石油大亨若不是积极地改变了生活态度，那么他也不会这么长寿，这么成功地投身于慈善事业中。所以，希望大家都能积极对待生活，拥有乐观向上的态度。人生最大的敌人就是自己，我们只有具有积极的心态，才能战胜消极的自己，才能获得成功。

82 中庸之道

书上记载“中庸之道，亦即君子之道，是传统儒家修行的法宝，是由孔子提倡、子思阐发的提高人的基本道德、精神修养以达到天人合一、太平神圣境界的一整套理论与方法。”沧海桑田，时代已变迁，放到今天，中庸之道该怎样理解呢？在现代化的语境下，“中庸”应该是人们以一种平和稳定的态度来对待事物，在平衡中寻求发展。“道”，顾名思义为道路，引申意为理念、方法。

工业革命以来的现代社会面临着诸多问题，尤其是环境生态的破坏，归根到底都是关系的失衡，是对“人定胜天”的歪曲理解后产生的不良后果，人们在对待与大自然的关系时不尊重自然平衡。其实，中庸之道不是妥协和软弱，它可以作为一种有效的手段，能够协调各种关系，有益于人类社会的和谐稳定发展，应该被继续传承和发扬。

很多历史事实已经证明了中庸之道的威力所在。汉武帝选择了昭君出塞，而不是发动战争解决纠纷，这是中庸之道；共产党抗战期间实行“三三制”原则，而不是直接没收地主土地，这也是中庸之道；我们今天实行国有企业和私营企业共存发展，更是中庸之道。

从以上史实可以得出，中庸之道是解决现代社会失衡问题的有效方法。中庸之道是一种方法论，能够让事情缓和发展，能够让人们少一些进攻。运用中庸之道要求我们对“度”要有一个正确的把握，它不是折中主义，不是消极态度，不是明哲保身。应该是主动努力地协调好各种关系,从而在平衡中寻求发展。对于一个人而言,明白了中庸之道,就能够拥有良好的心态,进退有度,取舍有法,不仅能与他人保持良好关系,而且身心愉悦,在规律中求得进步。平衡是关键,中庸之道告诉我们在利用自然资源的同时要保护生态平衡,走可持续发展的道路。

(资料来源:http://wenwen.soso.com/z/q128835656.htm)

83 赠人玫瑰,手有余香

“赠人玫瑰,手有余香”是外国的一句古老的谚语,意思是当你把玫瑰赠予别人的时候,自己的手中也会留下淡淡的芬芳。当你做出惠及他人的善举时,自己也会从这个行动中有所收获,最起码能够享受到帮助别人的快乐。

有这样一个故事。一栋楼里住着一个盲人,每天晚上他都会到楼下花园里散步。奇怪的是,不论是上楼还是下楼,他虽然只能顺着墙摸索,却一定要按亮楼道里的灯。一天,一个邻居忍不住,好奇地问道:“你的眼睛看不见,为何还要开灯呢?”。盲人回答道:“开灯能给别人上下楼带来方便,也会给我带来方便。”邻居疑惑地问道:“开灯能给你带来什么方便呢?”盲人答道:“开灯后,上下楼的人都会看见东西,就不会把我撞倒了,这不就给我带来方便了吗。”邻居这才恍然大悟。

这位盲人为别人亮一盏灯,也驱逐了自己的黑暗,降低了自己受到伤害的风险。在我们的日常生活中,很多人做好事丝毫没有考虑自己是否得到实际的益处。烤羊肉串的“慈善家”阿里木,用满是羊肉串味道的“辛苦钱”,资助了上百名贫困生;“西安好人”陈绪水,是一名 24 年坚持义务清扫街道的环保志愿者;10 年公益事业生涯、137 家爱心图书室,“龙哥哥”郑兴杰让 5 万名学生看上了课外图书。公益事业没有为他们的存折增加一分一厘,而他们收获的却是金钱远不能换取的,是一份践行乐善好施的满足,是一份散播人间大爱的温暖。正如宋朝张君房写到:“使人乐善好施,恭孝以修仁,则心和而神全也。”

赠人玫瑰,手有余香,更有芬芳永驻心头。

84 金钱的灿烂与罪恶

我认为灿烂与罪恶指的不是金钱,而是背后如何获得金钱以及使用金钱的那一双手。

金钱本身是一种货币形式,是经济社会中价值交换的工具,它本身并无好坏之分。它灿烂于辛勤劳动的汗水中,灿烂于公益爱心活动的捐款箱里。然而在收受贿赂的官员家里，在不择手段、欺世盗名获取暴利的奸商手中，它就变成了一副罪恶的脸孔。就像核能一样，它只是一种能源，被霸权主义的国家利用会变成原子弹，让被欺凌国家的无辜百姓命如草芥；被和平的国度利用可以建成核电站，能够减少工业社会对大自然能源的索取，是一种高效率的能源。

在现实社会中有两种观念。持第一种观念的人自命清高，耻于谈钱，认为追求金钱便是世俗与罪恶的表现。我认为这有失偏颇，他忽略了金钱的本质是货币工具，人们追求金钱的背后是对更高品质生活的向往。同时，他也没有意识到，积极地创造财富也是对社会的贡献。

持第二种观念的人则是奉行金钱至上的理念。随着社会物质条件极大提高，市场经济逐步完善，越来越多的人加入了追逐利益的跑道，他们沉迷于物质生活，盲目放大金钱带来的幸福感，甚至为了获利不惜触及道德与法律的底线。这些人陷入物欲横流之中，并没有感悟生活的真谛，缺乏内心的真正喜悦与精神的慰藉。与其说他们是财富的拥有者，不如说是金钱的奴隶更为准确。

比尔·盖茨与巴菲特富可敌国，而他们最终选择还富于民，我想对于他们来说，已经找到让金钱灿烂的最好方法了。

85 善意的谎言

"谎言"之所以称为"谎言"，是因为它是虚假的、不真实的、骗人的话语。一个人如果经常有谎言留于口中，进而去哄骗他人，久而久之，他便会失去人们的信任。就如同《狼来了》中的那个孩子一样，每天都喊"狼来了"，以寻求刺激、开心，而当狼真的来时，他只有一个人独立去面对，去承受，再怎么喊叫也无济于事，不会有人再来帮助他。因为，可能来帮助他的人已经习惯了他的喊叫，以为又是他在"逗你玩"呢。可见，谎言有碍于诚信。

我们谈到的"谎言"，还有个定语——善意的，加上了这个限定词后，谎言的本质也就发生了根本的改变。"善意的谎言"是人们对事物寄托的美好愿望，是人们善良心灵的对白，是人们彼此之间相互安慰的一丝暖意，是人们心底里流露出来的一种柔情……谁也不会去追究它的可信程度，即使听到善意谎言的人明知道是谎话，也一样会去努力相信，不会觉得说谎者的虚伪，有时还要从心里感激这个谎言。

有个心理学家做了这样一个实验，每天让十个人对一个长得并不美的女孩说"你今天真美"之类赞美的话语。久而久之，这个女孩变得更加自信，她的神情、气质确实让她变得更加美丽了。所以，善意的谎言是美丽的，这种谎言不是欺骗、不是居心叵测。当我们为了他人的幸福和希望而适度地撒一些小谎的时候，谎言即变为理解、尊重和宽容，而且具有神奇的力量，没有任何的不纯洁。

86 谈谈外在美和心灵美

中国有个成语叫“内外兼修”，我认为对美的追求应该是这样的，外在美与心灵美共同存在，互相影响，让整个人由内到外散发着魅力。

只在乎外在美，是一种简单而肤浅的观念。金玉其外而败絮其中的人经历不了时间的检验，最终这种短暂的美会迅速地褪去它的光芒。真正的美并非只是吸引人们的眼球，而是撼动人的内心。外在美能引起人们的欣赏之情，而心灵美才会激起人心中的喜悦、钦佩、敬仰、感动等更为丰富深厚的情感，使人产生共鸣，并为之深深吸引。外在美是天生的资本。不是我们自己可以决定的事情。但是心灵美，却是可以通过日常的生活、工作、学习慢慢磨炼而得来。

只强调心灵美，是过分强调精神凌驾于一切之上，而忽略外在美是一种客观存在。外在美确实美化了我们的生活，装点了我们的视野。追求外在美也是一种积极的、美好的心态。爱美之心，人皆有之。人们对于美丽客观事物的向往之情天经地义，无可厚非。

我们应该怎么兼顾外在美与心灵美呢？我认为，外在美是这个人整洁干净，待人接物大方得体；心灵美是与人为善，积极乐观。外在美可以在短时间内获得，但心灵美才能够持久永恒。外在美不仅仅靠修饰，同时也是心灵美的外化。俗话说“相由心生”，内心是善良的、乐观的，容貌必定不会凶神恶煞。知书答理的性格表现在言行举止上，一定也是让人有如沐春风之感。只要用美的标准来要求自己的内在与外在，我们就会变得越来越美。

87 你如何面对学习、工作中的压力

溯本求源，要解决学习、工作中的压力，首先要考虑为什么会有压力。压力是一种心理状态，它的存在是因为自己有目标，有达到目标的迫切愿望，有实现目标过程中可能出现的障碍与麻烦，有周围的亲朋好友对自己的期待与要求，因此内心产生的一种紧张、焦躁、沉重的状态。既然它是一种心理状态，就可以通过我们自己与自己的心灵对话，自我调整，自我舒缓。

压力是我们人生路途中时刻要面对的。面对压力，我们不能一味去逃避，而是要勇敢地去面对；面对压力时要增强自信，提高勇气；面对压力时要审时度势，迂回取胜，即目标不变，方法变了；面对压力时要再接再厉，锲而不舍，勇往直前，既定目标不变，努力的程度加倍；面对压力时，要学会宣泄，要学会摆脱压力。

如果是学习、工作中的一点小压力，其实可以给予我们正面的力量。我们可以化压

力为动力，鞭策自己更加努力、更加勤奋地去实现目标。例如，当我参加比赛觉得信心不足时，我会想到父母与同学对我鼓励的话以及他们肯定的眼神，便会更加坚定信念。

有时压力也会大到让人无法承受。那时我会及时调整自己，去做一些让自己放松的事情，例如听听久石让的音乐，看一部好莱坞的轻喜剧，一个人骑车到江边静静地听流水声……这些都能让我暂时从繁杂思绪中解脱出来，使内心得到片刻的安宁。若是有自己无法排解的苦闷，我会去找最好的朋友，向他倾诉，听听他从"旁观者清"的角度给我的建议，或许能让我豁然开朗。

其实压力不可怕，当慢慢学会面对压力后，我甚至会呼喊："让压力来得更猛烈些吧"。

88 感悟四季

我庆幸自己有一双明亮的眼睛，可以看见四季更替带来的美丽色彩。

春天是绿色的。当我走在大自然中，感觉到植被萌动，万物始生。小草偷偷地从土里钻出来，嫩嫩的，绿绿的。清新的颜色也让诗人们纷纷涌起咏春之情。"渭城朝雨浥轻尘，客舍青青柳色新"，"满眼不堪三月喜，举头已觉千山绿"。春天的绿，给人们以希望。

夏天是红色的。骄阳似火，把极致的光亮和热情带给我们。温度不断地爬升，人们的脸颊都热得发红。走到池塘边，看到的也将是"接天莲叶无穷碧，映日荷花别样红"的壮观景象。夏天的红，给人以热情。

秋天是金色的。沉甸甸的麦穗，翻飞的枫叶，金灿灿的橙桔，向人们展示一派丰收美景。即便"金井梧桐秋叶黄，珠帘不卷夜来霜"，在诗人眼里的秋天略显点点惆怅，但秋天带给我们更多的还是收获的喜悦。

冬天是白色的。在这个季节，雪花仿佛来自天上的精灵一般降落人间，为尘世披上一片静谧安详与冰清玉洁。空中白蝶飘舞，四处雪树银花。冬天的白，让我们感受圣洁之美。

每个季节都有它的主色调，只要用心感受，四季是缤纷多彩的，生活也是缤纷多彩的。

89 生活中最重要的东西是什么

生活中最重要的东西，必定是失去了它我们便步履维艰，失去生活的价值和意义的东西。我认为，生活中最重要的是爱。

爱是一个人存在的前提。每一个人都来自父母之间的爱情。爱是人与生俱来的能力，与亲人朋友为伴我们心生暖意，看见别人伤心苦痛我们心生怜悯，遇见美好的事物我们心向往之，这都是因为我们内心深处有一泓清醇的爱的源泉，不断为我们输送美好的情绪和积极的态度。试想一下，一个没有爱的人，对父母没有孝顺之意，对旁人没有友好之情，对生活没有热情的向往，这样的人生，必定是如死水一般，没有生机，没有未来。

之所以说爱是生活中最重要的东西，是因为当我们遭受毁灭和打击时，爱可以给予我们信心和动力。有时巨大的灾难可以夺去生活中所有的物质财富，或是让我们的生命奄奄一息，爱却是点亮希望的那个火种。汶川地震发生时，阴霾笼罩了整个巴蜀大地，大地在颤抖。那些穿着迷彩服的军人们，从废墟中救起生命；那些白衣天使们，从死神的边缘夺回生命；同样是黄皮肤黑头发的同胞们，为身心饱经创伤的灾民捐资、捐物、奉献爱心。当受难同胞的生活千疮百孔时，是大家的爱，汇聚成一缕缕温暖的阳光，照亮他们今后的人生道路。

生活中不能没有爱，家庭需要爱，社会需要爱，国家需要爱，让生活充满爱。

90 感谢对手

曾经听过一个狼与羊的故事：狼常到一个牧场叼羊。牧场主用了整整一个冬季，请猎手围猎狼群，狼患总算解除了。过了不久，羊群开始流行疫病，羊大批地死掉，比遭受狼患的损失还大。牧场主请来医生对羊进行防疫治病，但是不知为什么，疫病还是不断发生，只好请来一批专家会诊。专家的结论却是去请几只狼来，放回到附近的山里去。

狼先生先前的光临，对羊有着天然的“优生优育”作用。狼的骚扰使羊常常惊悸、奔跑，羊因之格外健壮，老弱病残填入狼口，疫病源也就不复存在了。这个故事，耐人寻味。

物竞天择，优胜劣汰。这是生存的法则，动物如此，人亦如此！当年七国称雄，秦国自强自新、励精图治，而一旦六国并入秦的版图，没有了敌人与竞争，秦也就英雄末路二世而亡了。纵观历史的长河，华夏五千年，新朝历代的更替，正是因为有了对手的鞭策、智慧、谋略，历史的车轮才滚滚向前。

没有对手，何以进步？缺乏竞争，何以发展？在竞争如此激烈的今天，如果我们失去对手，也就失去了全力以赴的动力。庄子为失去惠子这个对手而痛哭流涕，爱因斯坦因为波尔的存在而创造了物理界的辉煌。可见，对手不仅仅是我们前进路上的险峰，更是我们勇于攀登的动力。

感谢对手，因为对手是你成功路上的朋友；尊重对手，因为对手给了你奋斗的力量；珍惜对手，因为对手让你成长，令你成熟。

91 成功的要素有哪些

每个人的成功都是不可复制的，我认为，想要获得成功，以下四个要素不可或缺。

第一，就是要拥有不可动摇的信念。意念是人瞬间产生的念头或想法，是一种灵感。在追求成功的过程中，有了某种灵感还不够，还要确立目标，树立信心，鼓足勇气。也就是说，有了意念还不够，还要有信念，还要有过人的勇气与胆识，否则意念就不可能转化为自觉追求的动力，当然也就谈不上成功。有时候很奇怪，人的成功竟来自于瞬间的某种想法或念头。留心捕捉这种意念，并不断完善与升华它，使之成为信念，将有助于成功。

第二，要有恒久的意志。马云说："我不知道什么叫成功，但是我知道什么是失败——只要你放弃了，你就失败了。最大的失败就是放弃！"追求成功是艰难的，需要信念激励，需要意志支撑，需要毅力坚持。或者说，只有坚持才能胜利。

第三，需要汗水的积淀。在走向成功的征途中，坚持的过程往往就是积累的过程。积累是小步子增加，而不是大步子跨越。世界上很少有一步成功的奇迹，所以需要逐步积累，量变才能引起质变。正所谓，骐骥一跃，不能十步，驽马十驾，功在不舍。一步一步地积累，能使人不断获取成就感，不断得到鼓舞与激励，不断获得与困难作斗争的动力，进而到达成功的彼岸。

第四，要有良好的心态。不敢追求幸福的人永远不会尝到幸福的滋味，而惧怕失败的人也只会离成功越来越远。想要成功，就要学会面对失败。追求成功的过程往往不是一帆风顺的，在人生奋斗的征途中，失败常常相伴，但强者总是不言失败的，而且"屡败屡战"，最终取得成功。反之，如果有人一遇到困难便中途退却，一遭到挫败就灰心丧气，轻易放弃自己的追求，那则是真正的失败。

92 自信与自负

自信与自负仅一步之遥。自信的人身上充满着活力，对自己的能力有一个正确的判断和把握，不断给自己加油鼓劲；而自负的人对自己的能力估计得过高，在竞争中容易轻视对手，不把对手放在眼里，最终招致失败。

自信的人通常是理性的，他们在感性认识的基础上借助思维、判断、推理形成对事物本质和内部联系的正确认识，继而找到解决问题的正确方法。小泽征尔是世界著名的交响乐指挥家，在一次世界优秀指挥家大赛的决赛中，他按照评委会给的乐谱指挥演奏，敏锐地发现了不和谐的声音。起初，他以为是乐队演奏出了错误，就停下来重新演奏，但还是不对，他觉得是乐谱有问题。这时，在场的作曲家和评委会的权威人士坚持说乐谱绝对没有问题，是他错了。面对一大批音乐大师和权威人士，他思考再三，最后斩钉截铁地大声说："不！一定是乐谱错了！"话音刚落，评委席上的评委们立即站起来，报以热烈的掌声，祝贺他大赛夺魁。原来，这是评委们精心设计的"圈套"，以此来检验指挥家在发现乐谱错误并遭到权威人士"否定"的情况下，能否坚持自己的正确主张。前两位参加决赛的指挥家虽然也发现了错误，但终因随声附和权威们的意见而被淘汰。小泽征尔却因充满自信而摘取了世界指挥家大赛的桂冠。

而自负的人通常是感性的，他们脱离客观实际，只凭主观臆断为定则，去对待千变万化、纷繁复杂的社会事务，认为自己什么都高、都大、都正确。自负实质是无知的表现。

自以为是的后果都是有害无益的，从历史上看，自负的人有的害民、亡国、丧命，有的败业、受辱、讨人反感。俗话说："自知者明"，"人贵有自知之明"。历史是面镜子，今天的人可以用它照一下脸，如果发现自己脸上也有这种古代残灰，就一定要提醒自己认真擦去。

93 征服世界，并不伟大，一个人能征服自己，才是世界上最伟大的人

这个题目让我想起了这样一位年轻人，他叫尼克·武伊契奇，澳大利亚人，正值24岁的青春年华，然而人们第一次见到他总是吓坏了。他从肩部开始，没有上肢，从臀部开始，没有下肢。然而让我们意外的是，他却做着正常人做的各种事情：生活自理、独立行走、上下楼梯、下床洗脸、打开电器开关、操作电脑、获得会计和财务计划两个学位，甚至还会一些在我们看来对他是不可能完成的运动，如打高尔夫、跳水、游泳、踢足球等等。他热爱生活，爱笑，经常去各处演讲，将重生的力量传递给更多身体健全的人。他用乐观的心态和毅力克服了自己的缺点，征服了身躯不健全的自己，实在令人敬佩。

人们内心总有很多恐惧，探险家征服高山大海、科学家征服世界性难题、企业家征服市场，在征服这些困难的同时，他们恐怕也要征服内心对茫茫前途的恐惧和怯懦。人类最大的敌人往往是自己，人性中的暴戾、虚荣、自私、懦弱、骄傲等，都需要我们以极大的毅力去克服。

人们总是崇拜有成就的人，认为他们征服了世界，无所不能。我们崇拜企业家、经济学家、高官、艺术家等等，他们的确有值得我们学习的地方。但我想说的是，所谓征服世界、所谓无所不能都是不现实的，是人类私欲无限膨胀的表现，当我们认清这种追求的目的，会发现他们的渺小。而一个人能用自省的心看清自己，用毅力克服自身的不足，才是最难的。征服自己才是实现人生最大的意义，敢于向自己挑战的人才是真正的勇士，做最好的自己才是最伟大的征服。

94 青年人的责任

梁启超先生曾经说过:“少年智则国智,少年富则国富,少年强则国强,少年独立则国独立,少年自由则国自由,少年进步则国进步”。这句话明确指出了青年在国家建设中扮演的重要角色。当代青年作为跨世纪的一代,更是肩负着承前启后、继往开来的历史重任。

我们青年人在汶川大地震中、在奥运会上、在祖国最需要我们的时候曾作出巨大的贡献。胡锦涛主席也对我们的奉献表示肯定和赞许。但是身为祖国的未来,我们必须意识到,在灾难肆虐的今天,祖国和人民需要我们更大的奉献。我们国家虽然表现出了强大的信心,但是我们也不得不承认与先进国家的明显差距。这些差距需要我们不断进取,用努力奋斗去渐渐追赶。我们坚信,在我们坚持不懈地努力下,祖国的明天会更加美好。

历史的接力棒已经在我们手中,我们是社会的中坚力量。不是因为我们身在高位,不是因为我们资金丰足,不是因为我们聪明绝顶,我们甚至并不比任何一代中国人优秀,但是我们有一个把中国变得更好的机会,我们有责任把中国变得更加美好。我们不能彼此耳语,而要大声合唱,这歌声歌颂着国家与人民的共同幸福,从一百多年前而来,回荡今时今日。

95 战胜诱惑

世界很精彩,也很无奈。人生中充满着诱惑,最难的莫过于战胜诱惑,活出真实的自我。

陶渊明战胜了诱惑,他“不为五斗米折腰”,高唱“归去来兮”,毅然离开污浊的官场,回到田园,过起了贫苦却质朴的生活;李白战胜了诱惑,他不肯“摧眉折腰事权贵”,不愿在杨贵妃、高力士面前奴颜婢膝,于是寄情山水,畅意抒怀,成千古“诗仙”,开浪漫诗风。

战胜诱惑,常常表现在关键时刻,但也需平日的修炼,而修炼常常是从日常的小事做起。唐代德宗时宰相陆贽为官清廉,不贿、不贪,连德宗都认为他“清慎太过”。因怕他对馈赠一概拒之,自己办事遇到麻烦,德宗要他不收重礼,但像马鞭、鞋靴之类的薄礼收亦无妨。但陆贽却说“利于小者必害于大”,“贿道一开,辗转滋甚,鞭靴不已,必及衣裘……”,禅语有“贪除则五盖尽去,犹如破竹,初节既破,余节皆去。”是的,第一个竹节被攻破之后,自然后面的节也将顺势全破,全无节操可言了。面对诱惑,哪怕它像马鞭、鞋靴一样小,也应当断然拒绝。在现在这多姿多彩的世界里,人们面临的诱惑,也可谓缤纷眩目,因此抵不住诱惑而落马的人也时而可见。正因为这样,面对诱惑,我们应百倍小心。诱惑，常常是战而胜之的，战胜诱惑，同时战胜自己。

现如今是商品经济社会，“门”和“洞”都向我们敞开着，金钱、物欲、美色、享乐等各种诱惑的魔鬼都在向我们喊叫着，路在自己脚下，就看我们怎样走。战胜诱惑，需要我们有极强的识别能力、坚强的意志、高尚的人格和崇高的理想，这也正是对一个人综合素质的深刻检验。

96 尊老

从历史文化传承来说，尊老敬老爱老是中华民族的传统美德，中华民族之所以血浓于水，之所以历经沧桑、生生不息，之所以“人情味”非常浓厚，尊老敬老爱老是一个重要方面。

正所谓数典不能忘祖，我们享受的现代文明，包括和平安宁的生活工作环境，都是老人们在他们年轻时代通过不懈努力，奉献社会造福子孙的结果。我们不能忘记老人们，因为今天美好时光来之不易。我们应该尊老敬老爱老，这样我们的社会才会和谐，我们的家庭才会其乐融融。

老人们为社会奉献，为家庭奉献，是知识的宝库，是智慧的宝库，不仅养育我们，还言传身教向我们传播做人的道理。虽然我们有时候感觉老人们知识陈旧、思维方式过于正统古板，但是老人依然是我们心灵最坚定的依托。我们在现实中碰壁之后，会感受到老人们传承的至理名言，感受到我们民族蕴含的品质和理念是不能放弃的。正因如此老人理应受到年轻人的尊重。

所有人都会老，当他们需要别人照顾的时候，我们不能忘记他们年轻时为社会、为家庭所作出的贡献。老人们为了下一代的成长呕心沥血，为了中华的传承付出了努力，更为祖国的建设作出了贡献，他们理应受到儿女的孝敬与社会的尊重。

97 你对永恒的理解

永恒亘古不变，人的生命就像鲜花，虽会匆匆颓败，然而在这稍纵即逝的美中仍然可以寻觅到一些永恒的东西。

真理是永恒的。真理包括那些已经被实践证实了的准确无误的理论和常识。如地球围绕着太阳转、月亮围绕着地球转，不管你承不承认，这都是无法改变的真理。

精神是永恒的。奉献的精神、拼搏的精神、互助的精神、进取的精神、奥林匹克精神……各种精神之所以是永恒的，是因为它能给人们无比的勇气和力量，激励人们去开拓和创造。

艺术是永恒的。艺术给人们以美的享受和心灵的陶冶。艺术包罗万象:文学、音乐、美术、雕刻、书法、电视、电影、摄影、舞蹈、相声、小品、各种手工艺……所有能够打动人心的事物,都可以称之为艺术。艺术的魅力让人向往和痴迷,没有了艺术也就没有了美的源泉。艺术是永恒的,所以艺术家们为自己创造了永恒而感到自豪,并激励他们去创造更高层次的艺术。

矛盾是永恒的。有那么多相互矛盾的事物,这些事物是从哪来的,也许自古以来就存在了,而且将永恒存在下去。黑白、生死、是非、曲直、真假、善恶、美丑、爱恨、悲欢、离合、深浅、高低、上下、贵贱、贫富、恩怨、天地、水火、大小、得失、长短、优缺、男女、哭笑、胖瘦、异同、痛苦与幸福、成功与失败、索取与奉献、平庸与伟大……总而言之,用“矛”和“盾”这两个字就概括了。有矛就有盾,有盾就有矛,也不知是先有矛,还是先有盾,矛盾就这样产生了,并将一起存在下去。时间没有尽头,那矛盾就将永恒下去。

真情是永恒的。真情包括真诚的友情、真切的亲情和真挚的爱情,真情会永恒不变地留在人们的心中,回味良久。而那些虚情假意绝不会永恒,人们早已将它遗忘在脑海深处,再也想不起来,它也就灭亡了。真情是永恒的,所以人们渴望得到真情,也愿意付出真情,得到的和付出的都是一种永恒。真情是无价的、永恒的。

98 你选择真正朋友的标准

真正的朋友无所谓远近,也许他身在咫尺,也许他远在天涯,只要彼此相拥,彼此关照,这份相知、相识、相助、相契,就是人间最温柔、最惬意、最畅快、最美好的意境,就是人间最真挚的友谊。选择知心朋友,能够相互信任最重要。

第一,要看这个人能不能做到与人互相尊重。真的朋友会尊重你这个人,他们不会指望你去改变什么,也不会指望你做些什么来取悦他们。你跟他们相似的地方他们能够接受,你跟他们不同的地方他们能够包容。世界上的人各种各样,只有求同存异才能交到真正的朋友。

第二,要看这个人懂不懂得倾听。真正的朋友知道怎样去倾听。真正倾听他人说话的人不会让讲话或者交流的重点跑到他们身上。你说什么他们会听什么,他们能让你敞开心扉而无所顾忌,更不会让你有什么颜面尽失之虞。

第三,看能不能互相鼓励。真正的朋友会帮你找到梦想。他们会帮你探索人生,会帮你走向你生活最需要达到的目标,胜读十年书。当然若要达到这个境界,就需要不断充实自己,只有自己充实了,才有可能让你的朋友充实。正所谓听君一席话,胜读十年书。

第四,要看能不能直言不讳。真正的朋友会告诉你此时此刻以及将来你需要知道什么。这样做并非总是那么容易,但是真正的朋友会很不客气地指出你的软肋,在你需要的时候拉你一把，而不担心把你得罪。这种朋友可以称得上是诤友，一个人没有诤友是很难进步的。

第五，要看能不能充分信任。真正的朋友会给你一个安全之所。你说什么做什么，他们都不会告诉别人。他们会把你的秘密当成天下最大的事情，不论对面是谁，他们都会守口如瓶。不懂得尊重别人隐私的人，恐怕很难找到真正的朋友。

朋友是一辈子的事，人与人的了解也是与日俱增的。友情就像一杯美酒，放的愈久，也就愈浓、愈香、愈醇，而有时友情也像一杯白开水，一眼望去清澈透明，不掺一丝杂质。

99 对"性格决定命运"的说法，你怎么看

古希腊哲人赫拉克利特说："一个人的性格就是他的命运。"我认为"性格决定命运"有一定的道理，其中"性格"背后的含义是很深广的，它不仅仅是气质倾向，还是一个人的个性、人格、素质和修养的综合体。

人的性格到幼年时期基本定型，性格渗透在行为的方方面面，也影响生活的方方面面。性格是成就一切努力的基础，如果性格坚毅顽强，行动就会百折不挠，人生中无论遇到什么困难都会努力争取，最终无往不胜；如果性格软弱怯懦，行动上就会优柔寡断，最终会习惯于过上苟且偷安的生活；如果性格孤傲倔强，行动就会刚愎自用，人生将会一败涂地。什么样的性格决定什么样的行为，什么样的行为又决定什么样的人生。

性格在人生的奋斗历程中非常重要，对于成功的人生来说，具备一种良好的性格比其他条件都更为关键。俗话说"江山易改，本性难移"，自有它的道理，但这并不意味着我们只能对命运采取接受的态度。从另一个角度考虑，既然性格可以决定命运，那么只要我们改变性格中消极的一面，不就能够改变自己的命运了吗？虽然我们了解自己比较难，超越自己更难，但性格本身并没有好坏，只要我们把性格中有优势的一面表现出来并加以运用，摒弃性格中的弱点，就会做好想做的事，成为想成为的人。

100 你如何看待"君子之交淡如水"

君子之交淡如水，朋友之间要相互关怀，不苛求、不强迫、不嫉妒，就像白开水一样的淡。君子之交即友情，没有"两情若是长久时，又岂在朝朝暮暮"的烂漫情节；没有"曾经沧海难为水，除却巫山不是云"的相思惆怅；没有"剪不断，理还乱，是离愁"的离愁别绪；没有"纵使相逢应不识，尘满面，鬓如霜"的凄凉。但友情也有千古不变的浓情诗意，"桃花潭水深千尺，不及汪伦送我情"，写出了李白与汪伦之间的深深情意；"海内存知己，天涯若比邻"，高度地概括了友情深厚，江山难阻的情景；"劝君更尽一杯酒，西出阳关无故

人”，描述了依依惜别的情谊，对远行者处境、心情的深情体贴以及前路珍重的殷勤祝愿；“莫愁前路无知己，天下谁人不识君”，表达了对朋友的劝慰，慰藉里充满着信心和力量，激励朋友抖擞精神去奋斗、去拼搏。广为传唱的诗句不胜枚举。

很多人都把这里的“淡”从字面上误读为平淡或淡漠，而实际上这种观念之关键在于不执著。“淡如水”就是珍惜缘分但又不会强人所难；“淡如水”就是随缘而不攀缘；“淡如水”就是相互间保持一定距离，讲究原则。“君子之交淡如水”，不是说要刻意地淡化，而是给予情感更多呼吸的空间。因为真诚和得体，你就不会感觉到那咄咄逼人的热情，也不会有“一日不见，如隔三秋”的压力。只有保持了“君子之交淡如水”，自己才不会受伤害，才不会一次次地尝试热情的付出，却是冷漠或者无情的回报。

真正意义上的“淡”应该求同存异，既要保持相互交往中的趋同性，也就是共性，同时也要保持内在的特性，也就是各自的独立性。君子群而不党。人与人相处，合群的人们之间在于共同的理想，相互之间可以有爱好、个性的区别，但是却能深刻地理解，不用时刻惦记、无须礼尚往来，平淡如水，却在内心交融。

101 你如何看待“家和万事兴”

家庭是国家的基本组成单位。一个男人与一个女人在一起组成一个家庭，然后生儿育女，N个这样的小家庭叠加就是一个大家——国家。国家、集体、家庭和个人都是社会的一部分，同时，社会又是国家的基础，如果没有一个稳定和谐的社会，国家就不可能生存发展下去。

家和天下宁，人和国势强。《史记》记载，战国时期，赵国宦官头目的门客蔺相如，因完璧归赵而立了大功，被赵王封为上卿，地位在老将廉颇之上，廉颇不服气，扬言要当面羞辱蔺相如。蔺相如知道后尽量回避、容让，蔺相如的门客以为他胆小怕事，畏惧廉颇。蔺相如说：“秦王我都不怕，我会怕廉颇吗？只是我想，强秦之所以不敢侵犯赵国，就是有我和廉将军在，我之所以对廉将军容忍退让，是因为我把国难放在前头，把个人的恩怨放在后头。”这番话传到廉颇耳中，他感到十分惭愧，后来有了“负荆请罪”的故事，二人由此结为生死之交，也就是后世称道的“将相和”。文臣武将的团结，使赵国国势强盛，以至秦国在很长一段时间不敢进攻赵国。如果我们每个家庭成员彼此团结和睦，和谐社会的基石也就稳固了，我们的国力必将强盛。

所以说，家和万事兴，家和国昌盛。每一个人在家庭生活中，都要珍惜家庭、爱护家庭，互相包容，拥有平和的心态，为家庭营造和谐的氛围，为和谐社会构筑坚强基石。

102 “志当存高远”，你的志向是什么

诸葛亮告诫他的外甥说：“夫志当存高远”。张载也提出要“为大地立心，为生民立命，为万世开太平。”古人在讲到立志时，强调要立大志，立高志。只有“志当存高远”，人们才能开阔视野，豁达胸怀，不满足现状，不计较得失，也不屈服于一时一地的困难与挫折。我们今天仍然需要“志当存高远”，要以国家前途、民族命运为重，立下造福百姓，利国利民的志向。

自古以来，那些对人类做过贡献，对文明进程有过影响的人，都是目标远大而又脚踏实地的人。他们大多都在人生早期就立下了鸿鹄之志，并为之奋斗终身。孔子曾言：“三军可夺帅也，匹夫不可夺志也。”他正是用实际行动践行着他的志向，并用他的思想影响了整个中华民族。曹操的那句千古佳话“老骥伏枥，志在千里；烈士暮年，壮心不已”则体现了他个人鲜明的慷慨壮志，也是建安时代所有有志之士的共同心声。

志向高远需始于足下。我的志向就是要趁风华正茂之时脚踏实地，艰苦奋斗，把自己培养成为合格的人才，为祖国富强，民族复兴添砖加瓦。我们要立志做大事，就是舍弃小我，将个人志向融入祖国的建设洪流，献身于中国特色社会主义伟大事业。也许我们通过努力成为了国家的骨干，也许我们只是一名普通的劳动者。但是不管我们身处何时，身处何地，只要是为国家奉献、为人民谋福，就是大事业、大志向，都值得我们奋斗终身。

103 谈谈你对行为“高调”和“低调”的看法

现实中，有很多人不懂谦卑，做事张扬，结果事情没做好，反而落得让别人耻笑。而有些人大智若愚，深藏不露，在不知不觉中，已经超越了他人。事成之前不夸口，事成之后不自傲。这种人反而会赢得别人的尊重。行为的“高调”和“低调”看似简单，却有着深刻哲理内涵。即我们需要高调时采取高调做法，但是该低调时我们必须低调。遗憾的是，生活中却常常有人把握不好这个度。

行为高调还是低调取决于我们对自身情况和事情发展状况的了解。首先我们做人要低调。姿态上的低调可以让我们一次比一次稳健。低调做人，可以使我们在处于不利地位时，避其锋芒，脱离险境，也可以在我们功成身退时，保全自己，成就他人。低调做人可以让自己有足够时间打磨历练，也可以让我们面对任何问题时从容有余。低调做人，不耍小聪明，可以让自己始终处于冷静自信的状态，稳扎稳打，成就大事业。低调做人还可以谦虚、谨慎、不骄、不躁，营造良好的人际关系。

其次，我们做事要高调。高调做事，体现的是一种责任，一种气魄，一种精益求精的

风格和一种执著追求的精神。注重细节，从小事做起，对工作认真负责，哪怕是最细小最单调的事情，也能体现出自己的高水平。并且只有通过形形色色小事与细节的积累，才能点石成金，滴水成河，克服万难，最后达到成功。扎实的基础是成功的法宝，实干才能让自己脱颖而出。我们还需要始终保持一种积极向上的激情，让内心充满自信。这种激情和自信可以让我们在工作生活中锐意进取，释放无穷的智慧、力量和热情。做事高调还能让我们心存永不言败的信念，在任何时候不放弃不抛弃，无论遇到什么艰难险阻，我们都能够咬紧牙关，坚持到底。

104 请阐述理论和实践的关系

理论是人类知识体系的积淀和结晶，它来源于实践并对实践起指导作用。理论必须在实践中得到进一步检验。而实践是人类改造和征服世界的实际行动，是人们赖以生存和发展的基础。人们在不断的实践过程中总结经验教训，掌握事物规律，形成了理论，理论又反过来指导实践。理论和实践是一种辩证统一的关系。

理论来源于实践并超越实践，对实践起指导作用。首先，理论为人们提供了科学的世界观。理论体现了人类普遍的价值理念和价值追求，规范了具有时代水平的世界蓝图，指引着人们对世界的理解和改造。理论是人类文化传统的精髓，是人们世世代代经过实践，探索整理的关于对这个世界、对人类自身的理解和观察。其次，理论为人们提供了科学的方法论。理论省去了人类大量繁琐而重复的工作，用一种系统化和体系化的形式指导着人们用一种科学的思维方式和实践手段改造人类自身和这个世界。

理论来源于实践并最终回归实践之中，在实践中得到进一步的检验和丰富。任何一种理论都需要在进一步的实践过程中得到检验。人类的认识和实践都是不断发展，永无止境的，一个时代一个民族的理论也可能随着条件的变化而有所不同。因此，我们的理论需要在实践中与具体实际相结合，不断丰富创新我们的理论水平。

人民群众的实践是一切理论产生的源泉，是理论发生发展的摇篮。理论来源于实践并高于实践，最终回归于实践。正是在从实践到理论再到实践再到理论的这个周而复始的循环过程中，人类获得了漫长而空前的进步。

105 你如何看待理想与现实之间的落差

人们在生活中经常遇到计划赶不上变化，现实与理想差距遥远的问题。这是一种正常现象，我们需要正视这种落差，理智看待落差造成的负面影响。

理想是人们对自己未来美好图景的规划和设想。理想是人们奋发向上的动力和锐意进取不断追求的目标。理想是人们将主观努力转化为实际行动并演变成现实的前提。但理想并不等同于现实。现实里有许多不为人们所能控制的客观因素。比如我们小时候的理想是当科学家，而现实中当科学家的人却是少数。再比如我们想上好大学，毕业后想找到理想工作，但事实上，真正实现理想的并不多。现实里存在太多类似于机遇、机会等不可控的外部力量，我们的观念及主观努力程度与现实是否契合也是一个比较关键的因素。

既然理想与现实不同，那么落差就在所难免。现实优于理想固然可喜可贺，但如果现实与理想差距遥远，那我们也不必气馁。我们需要理智地分析造成这种落差的原因，及时弥补不足，采取适当的方法扭转这种落差；我们要变通地看待落差，正所谓"条条大路通罗马"，适当转变观念，同时辅以勤学苦练，那么就会在"山穷水尽疑无路"之后，看到"柳暗花明又一村"；我们要乐观地面对落差，把落差看作一种改变命运的机遇和挑战，从容面对，厚积薄发；我们要根据实际情况，科学地规划自己的未来，不流于幻想，也不悲观失望；我们要走好规划中的每一步路，相信梅花香自苦寒来。只要摆正自己的心态，树立科学的人生坐标，以实际行动挑战自我，那么理想就一定会变为现实。

106 触动你心灵的一件事、一个画面或一首歌

许多年前的一个傍晚，我从姥姥家出来，踏上求学的征程。从汽车后窗回望，白发苍苍的老人举着形如槁木的手向我徐徐摇摆。那忧伤而坚定的双眸，那风中飘舞着的白发，那渐行渐远的瘦小身躯，承载了太多太多的"爱"。那一刻，我的眼泪止不住地往下流，我的心在不停地颤抖。那是一种怎样的难舍难分啊。那一刻将永远铭记在我的心头，永生永世难以忘却。

姥姥是我生命中最重要的亲人。她教会我善良、勇敢，带给我对人生的无限热爱。她平凡而执著，她大爱而从容。她大字不识一个，但却熟知人世间的伦理道德。她诚实而坚定，乐善而好施，讲求奉献，却从来不计较回报。她"跑过日本反"，经过六零年，吃过糠、咽过菜，却笑对人生的每一天。姥姥是千万个中华儿女的缩影，个头不高却步履矫健。姥姥有着一双勤劳人民的大手，正是这双大手支撑了整个家，也撑起了我所有的梦想。

"父爱如山，母爱如火"。长辈对子女后代的爱是无法用言语来衡量的。他们对子女后代的爱最无私，最豁达，也最深沉。他们像一根蜡烛，不停燃烧，不停地把光和热传递给晚辈，直到生命的最后一刻。这种爱悲壮而隽永，凄美而绚丽，让人欷歔不已。也正是这份爱，使得中华民族生生不息。

大爱无疆。中华民族是一个尊老爱幼，有大爱的民族。长辈的爱不求回报，我们对长辈的孝敬也应无所止境。唯有在爱的奉献中，我们的国家才能和谐，我们的民族才能进步。

107 谈谈现代人应保持怎样的良好心态

现代人压力大是有目共睹的。生活节奏快、工作效率高，无数的挑战和困难让许多人喘不过气来。当一连串的考学压力、就业压力、升职压力朝我们扑面而来的时候，我们需要保持一种良好的心态。

心态好运气就好。我经历过许多挫折和失败，每次都会为失败懊恼许久，感觉前途一片渺茫。有一次，父亲找我谈话，告诉我悲观失望解决不了任何问题，伤害的不仅是自己还有别人，而我需要做的是沉静下来，让自己保持良好的心态，分析原因，走出失败的阴霾。父亲的建议是对的。调整心态后的我，发现事情原来并没有想象的那么糟糕，是心理暗示干扰了正常的判断力，让我迷失了方向。

人们保持一种平和乐观的心态非常重要。负面情绪会影响健康，扰乱人际交往，也会丧失判断力。那么怎样才能保持良好的心态呢？首先，要学会知足。所谓知足者常乐。现代人压力大的一个重要原因就是欲望无止境，盲目攀比。人们经常吃着碗里的看着锅里的。欲望越高，攀比心越重，形成的落差就越大，心态就越容易失衡。其次，要学会乐观。很多人面对失败或激烈的竞争无所适从，容易陷入一种迷茫、焦虑、狂躁的情绪之中，惶惶不可终日。与其给自己施压，钻牛角尖，不如往好处想，笑看风云，淡然处之。再次，要学会舍得。凡得不到的事就不要再强求，凡过去的事也不要耿耿于怀。当自己慢慢沉静下来，你会发现你失去了一些，但得到的会更多。最后，要学会关爱。关爱自己，也需要关爱别人。只有多关爱自己，才有能力去关爱别人。爱会让我们快乐，当我们心怀感恩，无私奉献时，我们收获的是平和的心态和幸福的生活。

108 谈自信

保持一种健康的心理状态叫作自信。自信是发自内心的自我肯定与确信。自信不能停留在想象层面，必须调动自身积极性，用实际行动维护自信心的延续。自信能转化为一种积极的感情，它能帮助人们释放出无穷的热情、智慧和力量；自信还能帮助身处困境的人战胜自我，走出泥潭，让有抱负的人无所畏惧，迈向成功。自信无论对个人还是国家都具有重要意义。

自信不同于自负更不同于自卑。自负是自信心过度，自卑是自信心不足，而自信则是自我魅力的适度展示。首先，自信缘于对自我的认同和尊重，是能力与实力的外在表现。晚清百余年，当“东亚病夫”、“华人和狗不得入内”的声音回荡在国人耳边，当一个个丧权辱国的不平等条约摆在国人面前时，中华民族何谈自信与自尊。但新中国的建立和改革开放的春风，让我们重新站了起来，我们比任何时代都有自信。其次，自信就不会轻言放弃，而坚持就能成功。乒乓球世界冠军邓亚萍的自身条件并不好，个头矮小，四肢不长。但就是这样一个在赛场上毫无优势而言的人，让我们见证了一个充满自信，永不言败，浑身散发着魅力的奇迹。再次，自信是一种智慧，是置之死地而后生的涅槃。勾践能够卧薪尝胆实现夙愿，诸葛亮能够摆空城计吓退敌兵，皆因为他们足智多谋，对自己充满信心。自信的人把挑战当作机遇，把困难当作历练，认为“天将降大任于是人也，必先苦其心志，劳其筋骨，饿其体肤，空乏其身，行拂乱其所为，曾益其所不能”。

自信的人有着宽容的胸怀，也有着直面人生的乐观。正如李白所说“天生我材必有用”，只有自信自强的人才能藐视一切困难，才能有勇气、有实力担当大任。

109 浮华和朴素

绚烂之极归于平淡，浮华之极归于朴素，喧嚣之极归于无言。虽然许多人留恋浮华，但浮华世界却让人们容易沉迷于欲望和虚荣，从而身陷其中不能自拔。浮华让虚假想象成了真实，让人们在粉饰和伪装中沾沾自喜。可是谎言终有识破的时候、伪装终有揭穿的时候、粉饰终有褪色的时候、骗局终有露馅的时候。当一切浮华成为过眼云烟，我们才发现，只有朴素的真实才是人们要追求的终极理想。

“清水出芙蓉，天然去雕饰”。真正的美是发自内心的，不需要任何点缀。我们看到现实中，流行元素此起彼伏，人们在各种时尚中疲于奔走。人人向往美好生活，这一点不可否认，但人云亦云是一种美吗？当厚厚的粉脂、怪异的装扮、别人有自己也得跟进否则就是落伍的心态虏获世人，那种虚拟的幻想早已超出对自身的真正了解。社会中屡见不鲜的炫富、比阔、制造噱头等事件，通过一种虚幻挑拨众人神经，暴露的正是浮华而没有内涵的小丑面目。

一副木椟不会比一粒珍珠更宝贵，一句谎言也不会比一份真情更动人。赝品永远代替不了真品，是骡子是马早晚得拉出来遛遛。当浮华给予我们太多欺骗，当虚伪给予我们太多伤害时，朴素才是人们最可宝贵的品质。朴素是发自内心的力量，让我们在成功时不骄傲，在失败时不气馁；朴素是抵达人们心灵深处的感动，让我们失意时不落寞，得意时不张狂；朴素让我们衣食足，知荣辱，让我们心内平静，友善待人；朴素是真理，是实实在在的信条，也是我们脚踏实地的前进动力。面对过眼云烟似的人世浮华，唯有朴素，才能让我们把握方向，扬帆起航。

110 谈谈为人处世的原则性和灵活性

“思方行圆，外圆内方”恰到好处地解释了我们为人处世的原则性和灵活性。深谙为人处世原则性与灵活性、具有“外圆内方”品质的人，坚忍的精神，也有让的胸怀；有圆滑世故，也讲做人根本；有明哲保身，也有坚定立场。原则性是为人处世的根本和底线，而灵活性则是避免碰得头破血流，保住做人根本和底线的具体方法和技巧。

原则性与灵活性是为人处世的一体两面，最终目标是一致的。原则性是基础，灵活性建立在原则性之上，没有原则性就没有灵活性；而灵活性是原则性的外在表现，是原则性得以贯彻的保障。人们在日常为人处世中，既要把握原则性，又要充分体现灵活性，将原则性与灵活性有效结合到一起，保证各项事情顺利进行。孝顺父母是中华民族的优良传统，这是一个原则性的问题，但在具体生活中，我们可以根据自己的实际情况灵活采取多种多样的方式方法回馈我们的父母。再者，我们立志要实现某种目标，然而具体过程却并非一帆风顺，有时会遭遇挫折，这就需要我们坚定原则、灵活调整策略，保障目标顺利实现。

我们在为人处世时要恰到好处地把握原则性和灵活性。原则性是做人之本，是堂堂正正的脊梁，而灵活性则是具体方法和技巧。一个人只有将原则性与灵活性恰到好处地体现在为人处世之中，将大智慧与大容忍结合在一起，才能在现实生活中所向披靡。

第四部分　格言警句

111 吃一堑，长一智

“吃一堑，长一智”本为石匠师傅打石磨时石胚长出一齿之义。之后引申意思是一个人受到一次挫折，便得到一次经验教训。常听长辈说，人年轻时吃亏是福，对一个人的成长是有益的事情。我对这个道理深有体会。

记得在大学即将毕业的时候，同学们都纷纷投简历找工作。我也不例外，普遍撒网后终于得到了一次面试机会。应该说那是我生平第一次应聘工作，因此整天沉浸在紧张与期待中。没过几天，我踏上火车，奔向面试地点。面试分两天进行，第一天是笔试部分，主要是关于专业素养的测试。我当时认为这种考试太简单了，从小到大，身经百战，考试早已不放在眼里，更何况我对专业知识有信心。因为大学四年没有太多精彩，宿舍、图书馆、食堂构成了我全部的生活内容，所以专业考试根本没放在心上。谁知当面对那份试卷的时候，我才发现自己有多么的不知天高地厚。很多题目让我觉得似懂非懂、似曾相识，甚至根本不知道。结果可想而知，我第一局就被淘汰下来。

这种经历对我来说糟透了，给了我一次沉痛而难忘的教训，从未有过如此的挫败感。事后我还是振作了起来，谁不经历失败呢？但是，这件事让我明白，做任何事情，有针对性的准备工作是非常重要的一环。“吃一堑，长一智”这句话不是笑谈。从那以后我铭记这句话，遇到什么样的挫折不是关键，重要的是应该以积极的心态去面对挫折，通过挫折总结经验教训，以免日后重蹈覆辙。

112 不以规矩，无以成方圆

“规”和“矩”本来出自木匠术语，“规”指的是圆规，木工干活会碰到打制圆窗、圆门、圆桌、圆凳等工作，古代工匠就已知道用“规”画圆了；“矩”也是木工用具，是指曲尺，所谓曲尺，并非弯曲之尺，而是一直一横成直角的尺，是木匠打制方形门窗桌凳必备的角尺。《孟子·离娄上》：“离娄之明，公输子之巧，不以规矩，不能成方圆。”延伸为抽象意义上的规则、制度、法律等约束概念。不以规矩，无以成方圆，这句话告诉我们，做任何事都应该遵循规矩、符合规范、按照规章办事，否则很难成事。小到个人，大到国家以及世界，都必须遵循规章制度行事。

对于个人而言，必须严格要求自己，给自己设定有益的行为目标，不断地完善自己，以免养成自由散漫的坏习惯。有多少人发出“明日复明日，明日何其多；我生待明日，万事成蹉跎”的感慨呢？所以我们需要“不以规矩，无以成方圆”这句古训来提醒自己，生命有限，不可让自己长期懈怠，要利用有限的时间来塑造更加美好的人生。

对于一个国家而言，道德规范、法律制度更是必不可少的元素。社会必须由秩序维持，秩序需要靠法律来保障。试想如果没有法律的约束，那么这个社会将会是怎样的一番景象呢？依法治国，推进法治建设，才能更好地构建社会主义和谐社会。

113 宝剑锋从磨砺出，梅花香自苦寒来

俗语有曰：宝剑锋从磨砺出，梅花香自苦寒来。幼小时未知其意，但随年龄渐增，竟有体悟。剑锋、芳香是由苦涩中孕育出的，就像珍珠是蚌痛苦的结晶，彩虹是暴风雨的产物一样。只有饱经风霜才能孕育出真正的芳香，平庸的人只知一味赞叹，丝毫没有觉察这芳香之下、硕果之中所包含的苦涩和艰辛。这香气并非发自花朵或所谓成就，这剑锋也非浑然天成，而是来自现实中的一次次打击和磨砺。

第九交响曲中沉溢出的幽芳是失聪后的贝多芬对音乐和理想的不懈追求，卧薪尝胆的越王勾践用了十几年的时间去完成一个不变的心愿，在这里有人类最宝贵的品质在发光。肯用一生的时光去忍受痛苦，坚持等待最后成功的人，具有坚韧性格，能在经历风雨之后体味到这种沁人心脾的芬芳。

当前社会，有些人急功近利、不择手段地去获取成功。而他们所谓的成功只不过是自我欲望的满足，是势利的人们有色的眼光和那越来越重的铜臭味。失去坚忍的精神，缺少了内心的磨砺，人们变得浮躁，一边追逐幸福一边又叫嚷着痛苦与孤独。也许并不是空气污染或臭氧空洞，而是那一颗颗失去了忍耐、沉静的心，让我们再也感觉不到那诱人的芬芳。

也许我们应该静下心来面对生活，认真地面对每一次挑战和磨难，重振我们遗忘已久的坚忍的精神，即便在严寒后黑暗中仍然坚定地迈着向前的步伐。也许你仍觉寒冬里那诱人的芬芳是那么高不可攀，通往前方的路上有太多的黑暗让你觉得孤单，此时你需要的只是一点坚持，用高尚的灵魂、崇高的理想与孤独无助的自己对话，这样就会带给你光明。

114 三个和尚没水喝

俗话说:“一个和尚挑水喝,两个和尚抬水喝,三个和尚没水喝。”当只有一个和尚时,为了生存需要,没有其他选择,只有自己去挑水,而且是在为自己做事,不容易存在推卸责任的心理。当第二个和尚出现时,他们一起抬水,并且可以达到平衡状态,一人出一半力气。但是当第三个和尚出现时,在那种简单的生活方式下,就遇到了分工无法达到平衡的处境,就有了推卸责任的理由。我认为我们可以从两方面来理解这种状况。

首先,应该从个人责任感问题上理解。当分配给一个人完成一件事的时候,这个人没有可推卸的余地,只能自己去完成。但是人一多,人的惰性和依赖性使得每个人忙于推卸责任,指望别人去承担义务,而自己享受成果,以至于到了预期时间,任务还在推卸中转圈。这时大家找出种种借口,相互指责对方,任务自然无法完成。其实大家多一些责任感,把集体的事情当作自己的事情来承担,事实上也是为自己做事。

其次,就是管理制度上的问题。出现三个和尚没水喝这种状况,原因之一就是责任管理制度不够完善,给一些人制造了可以推卸责任的机会。一个集体中,不管是生活还是工作都应该有组织,有健全的责任承担规则,这样才能得以维持。就像这三个和尚,只要稍加组织,订立轮流取水的制度,责任落实到人,违者重罚,就可以解决三个和尚没水喝的尴尬处境。

115 家财万贯,不如一技在身

人们常说:金钱乃身外之物,生不带来死不带去,而人只有两样东西是别人拿不走的,那就是知识和健康。因此,我们要合理安排自己的时间,不浪费珍贵的光阴,不断地学习提高。学习的范围很广,包括知识、实践能力、人际交往等等各方面,知识和阅历会随着时间的推移而越来越丰富。装在脑子里的知识、思想、智慧是比金钱更可靠的财富,因为那是属于自己的部分,别人拿不走,只要生命不息它就能发挥无穷力量。

天有不测风云,人有旦夕祸福,未来会发生什么谁也无法预料,纵使有万贯家财也可能会因为一些突如其来的客观事故而失去全部。当这样的不幸发生时,一个人如果没有其他生存能力的话,一时间生存都成了难题,那无异于天崩地裂。如果这个时候,一个人拥有一技之长,比如绘画、木工、写作甚至厨师,那么这个人随时都可以靠着自己的这一技术特长从头再来。因为你会的东西大多数人不会,而且大多数人有这样的需求,至少解决生存问题是轻而易举的。更乐观一些,加上不懈的努力拼搏,重新赚得万贯家财是完全可能的。

“所以家财万贯，不如一技在身”是我们应该铭记在心而且应该消化的一句话。它时时提醒我们，不断刻苦进取，学得一技之长，这是最可靠的保障。或许我们不一定能够凭着一技之长成为富翁，但这至少是一种谋生的必备能力。

116 马克·吐温说过：“一只脚踩扁了紫罗兰，它却把香味留在了你的脚上。这就是宽容。”

宽容是一种修养，更是一种美德。宽容不是斤斤计较，而是海纳百川的大度。做人要学会宽容，退一步海阔天空。

在高峰期乘地铁的时候，几乎每天都能听见人们的谩骂声，谁踩了谁的脚，谁推了谁一把，诸如此类的怨言，使整个乘车环境很不和谐。其实大家一清早赶地铁应该保持一个好心情上班，结果这样一吵，一天的心情就被小事给破坏了，实属不值。在那样的环境下踩一下推一把都是无意的，何必计较呢？谁也不愿意那样拥挤，我们应该做的是努力工作积极进取，改善生活质量，改善整个乘车环境。生气伤肝，又影响心情，其实只要忍让一下，宽容了别人，同时也宽容了自己。

学会了宽容你会发现，我们生命中多了一点空间，多了一些拥有朋友的机会。人生路上有朋友相伴，才会有关爱和扶持，才不会有寂寞和孤独。

古人说的好：“处处绿杨堪系马，家家有路到长安。”宽厚待人，容纳非议，乃事业成功、家庭幸福美满之道。事事斤斤计较、患得患失，活得也累。雨果曾经说过：“世界上最宽阔的是海洋，比海洋宽阔的是天空，比天空更宽阔的是人的胸怀。”每个人多一分宽容，人类就会多一分理解，多一分真善，多一分珍重与美好，生活中的酸甜苦辣、成败得失也将化成美妙的旋律，环绕在我们身边。

（资料来源：百度空间 http://apps.hi.baidu.com/share/detail/38588624）

117 合抱之木，生于毫末；九层之台，起于累土；千里之行，始于足下

《老子》第六十四章：“合抱之木，生于毫末；九层之台，起于累土；千里之行，始于足下。”意思是粗大的树木都是由小树苗长成的；九层的高台，是从第一筐泥土筑起的；千里远行，从脚下第一步开始。比喻大事是由小事逐渐发展演变而来的，说明了万事开始于微小，量的积累引起质的飞跃。

马克思主义哲学告诉我们“量变达到一定的程度，最终会引起质的变化”，如果违背这个规律则不能成事。我们所熟悉的故事“揠苗助长”就是一个很生动的例子。这位宋国的农夫，嫌秧苗长得太慢，结果他急中生智，把秧苗一棵一棵拔高了一截，回家还夸口，结果他儿子跑到田里一看，幼苗全都枯死了。这个故事一直是小学课本的经

典。它告诉我们，不仅幼苗长大需要符合植物生长规律，需要时间的积累，万事都需要过程的积累，不能急功近利，急于求成，欲速则不达。这个道理我们很容易理解，人们常说的“一口吃不成胖子”，就是这个道理。就像我们学习语言一样，从字母拼音开始，经过字、词、词组、句子、段落，再到一篇文章，几乎没有人能够越过这些步骤而直接写出文章。

或许农夫可以给幼苗施加适当的肥料来促进其生长，但是只能是辅助的作用，生长期由三十天变成二十天，那也是幼苗自己成长的结果，而不是我们来“拔高”，植物的生长规律我们无法违背。我们可以比别人更加努力，用更多的时间来学习，以便自己早日成才，但是那也是需要知识和时间的积累才能实现，“不积小流，无以成江海；不积跬步，无以至千里”。

118 尺有所短，寸有所长

每一个人都不可能十全十美，也不可能一无是处。尺虽比寸长，但也有不够长的时候；寸虽比尺短，但也有用得上场的时候。

“金无足赤，玉有微瑕”，“智者千虑，必有一失”都说明了这一道理。记得《史记》里有这样一段记载，一天汉高祖刘邦与韩信闲聊之时，刘邦问：“爱卿与朕孰能耶？”韩信曰：“若论带兵，上不如我，信将兵多多益善。”刘邦又问道：“卿何故为我所御？”韩信曰：“上善将将，信不及。”韩信的回答确实妙，既维护了皇帝的面子，又说出了人各有所长的道理，难怪刘邦听后得意得直笑。

爱迪生和贝多芬都是大师，爱迪生擅长的是发明创造，贝多芬精通于音乐创作。如果有哪位好事者硬要避其长，就其短，强迫让贝多芬搞发明创造，让爱迪生从事音乐创作，那么可想而知，人类少了无数项发明，少了无数首钢琴名曲。当然在我们周围，也不乏科科拔尖、样样都佳的人，但恐怕只是凤毛麟角，大多数人既有“长”科，也有“短”项。即便是那些成绩较差的同学，也一定会有过人之处，每个人都有自己的发光点。其实一些体育健儿读书时成绩并不优秀，但这并不能否定其在体育上的专长及后来取得的成绩，为国家争得荣誉，功不可没。孔子曾经说过：“三人行，必有我师焉。”既然每一个人都有长处和短处，那么我们就应该正确地认识自己和看待别人，既不因自己有不及人之处便妄自菲薄，甚至自暴自弃，也不因他人有不及己之处便自高自大，盛气凌人。虚心地相互学习，这样才能取得进步。

尺有所短，寸有所长，人无完人。但愿我们每个人都能认识到这个道理，以自己的专长为我们的国家社会作出自己的贡献。

（资料来源：公文易文秘网 http://www.govyi.com）

119 不识庐山真面目，只缘身在此山中

“不识庐山真面目，只缘身在此山中”，这句话出自苏轼的著名诗篇《题西林壁》。当时苏轼被贬官，从黄州去往汝州，经过九江时游览了庐山。庐山美妙的山水触发文豪诗思，苏东坡写下了几首庐山记游诗。这首《题西林壁》可谓是对此次庐山旅游的总结，既描写庐山移步换景、随观者角度产生丰富变化的瑰丽山形地貌，同时也借景说理，通过最后这句“不识庐山真面目，只缘身在此山中”，指出观察问题要从全局出发，才能从整体把握全面认识，如果只从事物的局部角度出发，就难免主观片面，无法得出关于事物正确而全面的认识。苏轼在贬官途中发出这样的感慨，难免令人联想到，苏轼也是从人生跌宕、官宦沉浮、世事难料中感悟时局命运。

人置身在巍巍匡庐群峰之间，如沧海一粟，所见只有眼前一峰一岭、一丘一壑，这是因为所处局部环境角度而形成眼界上的狭小与局限。因此，要想认知整个匡庐奇秀，必须通过变换不同角度，综合起来才能得出较为整体全面的观点和认识。正如“当局者迷，旁观者清”这句话的寓意一样，苏东坡的“不识庐山真面目，只缘身在此山中”这两句诗有着丰富的内涵，它启迪我们把握观世处世的哲理——假如我们身陷事物内部，仅从一个狭小角度来观察问题，那么对客观事物的认识难免有一定的片面性。要认识事物的真相与全貌，必须超越狭小的主观范围，从整体来认知。

现代人虽然生活在越来越发达的文明社会里，却有着相当一部分人活在“山中”，看不到“庐山”的真实。年轻人盲目地追求名牌和形象。商人的目标是只要能赚钱就好。奢侈品非常贵，但总有人抢着购买，因为它是一种“身份”的象征，并且有很多人渴望和羡慕。因为人们认识的盲目与无知，他们往往主观地判断事物的真实性，认识事物非常片面。如果人人都主观去考虑问题，去判断事物，那么将不利于社会和谐和健康发展。不要让自己身处文明社会里，却只能“身在此山中”。

120 不入虎穴，焉得虎子

“不入虎穴，焉得虎子？”意思是不进入老虎洞，怎么能抓到老虎幼崽呢？它被用来比喻只有凭借超人的胆量，抓住难得机遇，才能取得成功。这句话充满了冒险精神与势不可挡的勇气，它常常像策马的那根皮鞭，给无数前行中犹豫不决、踌躇不前的人们以巨大的动力。

这句话出自于《后汉书·班超传》。约两千年前，东汉王朝与匈奴为争夺西域诸国的领导权而屡次发生战争，班超及随从共三十六人被派往西域，意欲以外交手段争取各国投靠，打击匈奴。班超一行人来到鄯善，也就是大家熟知的楼兰国时，恰巧匈奴使团也到

了这里。鄯善王被匈奴蛊惑，慢待汉使，引起班超警觉，于是他召集随从，提出："不入虎穴，不得虎子。当今之计，独有因夜以火攻虏，使彼不知我多少，必大震怖，可殄尽也。"于是班超率领众人趁夜色火攻匈奴营地，斩杀数十人。第二天，班超提着匈奴使者的人头觐见鄯善王，后者大骇，于是立刻与匈奴断绝关系，依附汉朝。

班超只率领三十几人的使团，在离祖国千里之远的西域与强大的匈奴对抗，似乎没有胜算，但是他不畏艰难，冒险一击，终成大业。班超的勇气被后人广为称颂。想要得到"虎子"，必要冒着被老虎吃掉的危险而进入虎穴，推而广之，想要成功，必要承受可能有的危险，如果胆小如鼠，思前想后，考虑甚多，必然无功而返，碌碌无为。

冒险精神并不是万能的，没有合理的计划为依托，冒险便会成为匹夫之勇，害人害己。班超在袭击匈奴时，自知力量薄弱，所以选择夜半火攻，出其不意，才成大事。所以，胆量和计谋，是成功之路上必不可少的重要品质。盲目冒险万万不可为，得讲究科学规律，从而能预测事情发展的趋势，并能降低风险率，这样会减少损失，哪怕失败了，也不会有太大的遗憾。

总之，在关键时刻，冒险总比坐以待毙好，想成功，就得有冒险精神。

121 博观而约取，厚积而薄发

"博观而约取，厚积而薄发"，语出苏轼的《稼说送张琥》，此文以农家种田为喻，劝张琥多读广取，以利学识，同时审时度势，慎用知识。此句使用了"互文"的修辞手法，前半句和后半句的本质意思是一样的。"博观"和"厚积"是指大量、广泛地阅读，充分、充实地积累知识；而"约取"和"薄发"是指当需要时，将知识循序渐进地、谨慎地、有选择地使用。

在治学方面，即在积累知识的时候，应该选择什么样的态度？苏轼认为应该"博观厚积"。获取知识要扩大范围，多多益善，切忌浅尝辄止，自以为是。文章浩如烟海，知识广博无边，只有大量地阅读，大量地学习，大量地实践，才能获得真知，提高自身。在处世方面，即在使用知识的时候，应该选择什么样的态度？苏轼认为要"约取薄发"。一个人的知识就好似一个农民的粮食，绝对不可轻易挥霍，随便处置。知识得来不易，使用时更要认真思考，透彻分析，用最正确的、最合适的知识去解决当下问题。同时要明白，知识无边，即便掌握了大量知识，面对问题时也要谦虚谨慎，切莫大意。大量地学习知识、谨慎地使用知识，便是此句名言的核心理念。两个层次缺一不可，不学则无知识可用；乱用则浪费了知识，达不到目的，甚至适得其反。直到今天，苏轼这种治学修身的理念仍然是颠扑不破的真理。

每个人的成长都离不开丰富的人生阅历，离不开丰厚的文化底蕴，只有这样我们思想的源泉才不会枯竭。多读书、多剖析、多思考，才能更快地领悟积累的技巧。万事万物都是有规律可循的，要合理掌握事物的发展规律，不能拔苗助长。勾践灭吴，十年生聚，十年教训，是隐忍才能报仇雪恨；司马迁饱受宫刑之苦却能忍常人之不忍，才有鸿篇巨制《史记》的成功。

122 百学须先立志

朱熹说：百学须先立志。这句话我们可以理解为：无论想要学习什么，立足于什么专业，都必须要先树立一个远大志向。作为历史上著名的理学家、思想家、哲学家、诗人、教育家、文学家，朱熹的这句话，也可以看作是他自己治学成功的经验心得。

人生的路上人们总是会被那样、这样的事所困扰，人们也总是在那样、这样的烦恼中度过，就好像没有帆的船，东西南北的忙乱穿梭。

每一种学问、专业就像是一座大山，山顶上摆放着至高至深的知识和真理。通往这些山顶的道路上，遍布荆棘，充满险阻，并且在道路周边还有令人极易迷失的各种诱惑。一路上，疲惫、懒惰、畏惧深远等等主观不良情绪时常伴随着我们。想要登上这些大山拥有学问知识，我们首先必须树立排除万难、攀登顶峰的大志向。我们要想尽一切办法登上这座学问之山的峰顶，这才是求学大志。也只有树立这样的大志向，我们才能最终掌握知识学问的系统要点、完整脉络，登上学问的顶端，而不是怀揣着一知半解的知识、提着半桶水的专业，看似在攀登学问的大山，实则永远在山腰甚至是山脚盘桓、游荡。

志向就像明灯，使我们不会迷失在求学道路的曲折幽暗处，在长久的学习生涯里永远有一个明确航向灯指引我们方向；志向也是鞭策，鼓舞我们百折不挠、排除困难，取得学问上的成功。没有志向的学习就像没有目标的爬山，或像没有方向的航行，累了倦了迷失了，就永远停留在那里甚至滑下坡来，永远无法登上学业顶峰。

人如果有了明确、坚定的远大志向，才会不断奋斗，才会让你更加了解自己、了解世界。志向应该是一种能量，可以不断激发自己的潜能，排除一切可能存在的“蚕食”，让生命激情绽放。

123 蚍蜉撼大树，可笑不自量

李白、杜甫的诗在中唐时期并不被重视，甚至受到某种贬抑。韩愈此诗热情赞颂了李白和杜甫的诗文，嘲讽那些攻击者是蚂蚁撼树，不自量力。后多用这两句比喻无能者想要打倒强大者的可笑行径。

可我却认为，很多时候我们需要一点自不量力的精神。也许我们今生做不成“廊庙伟器”，可“天生我材必有用”，做了永远比不做好，不去做就永远不会成功。一个人要向自己努力的方向行进，就要勇于挑战自我，身体力行。假如我们面对困难时谈虎色变，畏首畏尾，就永远没有勇气出发，所有的困难都将是横亘在我们面前不可逾越的障碍。有这么一个寓言故事，有只老鹰从鹫峰顶上俯冲下来，将一只小羊抓走了。一只乌鸦看见了，非常羡慕，心想，要是我也有这样的本领该多好啊！于是乌鸦模仿老鹰的俯冲姿势拼命练习。一天，乌鸦觉得自己练得很棒了，便哇哇地从树上猛冲下来，扑到一只山羊的背上，想抓住山羊往上飞，可是它的身子太轻，爪子又被羊毛缠住，无论怎样拍打翅膀也飞不起来，结果被牧羊人抓住了。读完这则寓言，我相信绝大多数人会在心里笑出声来，乌鸦居然想学老鹰从高空俯冲下去抓山羊，这似乎不仅仅是“自不量力”的问题，而是“相当地自不量力”。然而我认为当今社会恰恰就缺少这种精神，就像这只可爱的乌鸦，即使自己弱小如螳螂，即使知道会被碾碎于车轮之下，也要义无反顾地把自己交付出去。失败有好多种，有的人战败了也无愧“英雄”称号。古往今来，有多少这样明知不可为而为之的英雄。睿智如诸葛亮，明明知道独木难支，但他依旧一次次重整军队，一次次踏上征程。让我们再翻翻历史，司马迁、岳飞、秋瑾……在很多人眼中，他们有点像这只明知不可为而为之的乌鸦。“聪明人”往往不会如此固执己见，可说到底这世界还是靠这些“自不量力的乌鸦们”支撑着。在这里，我想把乌鸦的这种状态理解为忘我，只有达到物我两忘的境界才能迅速准确地体察对手的弱点。在忘我状态中，战斗者已成为“无意识的人”，心中已不存在作为观察者的“我”，有的只是手中的武器和对手。在这种状态中，身剑合一，战斗力才能最大限度地发挥出来，一击而歼灭对手。

这是一只可爱的乌鸦。它让人不自觉地想起夸父逐日的坚韧不拔、精卫填海的矢志不渝和愚公移山的锲而不舍。嘲笑他们的人都已化成灰烬，而他们的名字与故事却永远流传下来。

124 人不可貌相，海水不可斗量

作为一个中国人，对这句话肯定不陌生，它的解意是不能只凭外貌去判断一个人。说到这句格言，我的脑海中顿时浮现出了几个名字。

首先是法国 19 世纪的文坛巨星巴尔扎克，其相貌实在令人不敢恭维。人们说他像一只企鹅、一个雪人、一堆煤、一个怪胎、一个不成形的幼体动物，还有人认为巴尔扎克是颓废风气和精神错乱的象征，但是巴尔扎克所创造的《人间喜剧》被称为法国社会的“百科全书”，共 91 部小说，写了两千四百多个人物，展示了 19 世纪上半叶法国社会生活的画卷。

再来看看霍金，他是相貌平平成就突出的最好代表。21 岁时就不幸患上了使肌肉萎缩的卢伽雷氏症，在轮椅上坐了约 50 年，演讲和说话只能通过语音合成器来完成，但他那歪着头的形象永远铭记在我们心中。他是当代最重要的广义相对论和宇宙论家，是本世纪享有国际盛誉的伟人之一，被称为在世的最伟大的科学家，还被称为“宇宙之王”。

他和彭罗斯共同获得了1988年的沃尔夫物理奖，被誉为继爱因斯坦之后世界上最著名的科学家和最杰出的理论物理学家。他还证明了黑洞的面积定理、发现了黑洞辐射，黑洞辐射的发现具有极其重要的意义，它将引力、量子力学和统计力学统一在一起。他的《时间简史》至今仍然畅销。

人的相貌是不可以选择的。但是这并不代表相貌平庸或丑陋的人是低微的、无用的。他们可以比别人散发出来更加耀眼的光芒，他们也可以做到许多常人无法完成的事情。

125 君子坦荡荡，小人长戚戚

在《论语·述而》中有一句话，“子曰：君子坦荡荡，小人长戚戚。”这也是人们常挂在嘴边的一句话。这里的“坦荡荡”，是指胸怀宽广磊落的意思。“戚戚”，是指忧虑、悲哀的样子。这句话翻译成今天的语言就是：君子胸襟宽广磊落舒畅；小人经常心怀忧虑哀愁。

中华传统文化给“君子”的定义是才德出众、优雅礼貌、品行洁净、光明正大、追求正直高尚的人。“小人”正好是“君子”的反面，他们心里阴暗、自私自利、损人利己。正因为君子才德兼备，追求正直高尚，所以君子总是以天地为公，以天下为家，将自身内在性与世界交融在一起，追求大公无私的境界。由于君子很少顾及私利，没有什么见不得人的阴谋诡计和阴险行为，因此君子的心里长期处于坦荡磊落、光明舒畅的境界。相反，小人经常以自私的心态处事、以阴暗的思维度人、以利己为人生原则，因此他们的心里总是担心自己吃亏，总是害怕自己的阴暗伎俩和行为暴露，所以小人狭隘的心胸里经常充满忧虑和哀伤。

“心底无私天地宽”。正大光明追求高尚，正人君子们思想如阳光、行为如春风，无论在哪里他们都可以春风化雨、阳光普照，在人间推动正义，带来欢乐。而小人只能永远用阴暗的心理揣摩他人，走到哪里就把阴暗带到哪里，“在外怕吃亏，回家怕雷劈”，贪得无厌、永不知足，他们会有暂时的成功，却没有永恒光明和长久的快乐。

126 德不孤，必有邻

市井中，有德者自然群聚为乐；孤山中，有德者竟也草木为伴，果真为德不孤必有邻。

首先，德不孤，必有邻，说的是有德行的人不会孤单，必定会有志同道合的人与他们相伴。回顾我们的历史，历代圣贤君王开创盛世局面之前，都因为他们品德高尚而吸引一批忠臣义士追随，只要有道德，就一定会有人愿意与之交往，给予其帮助。落实到我们的工作中，就是要努力提高自己的道德素养，不仅注意加强自己的能力素质，更要注重提高自身道德素质。“才为德之资，德为才之帅”，充分说明了才能是道德的资本，而道德是才能中最高的能力。只要我们平时多注意道德素质的加强，德才兼备，自然就会受到人民的拥护，我们的工作就一定会得到人民的支持。

其次，德不孤，必有邻，还可以理解为有德行的人不能孤傲，必须去找到志同道合的人与其相伴。这说明我们光有了高尚的道德还不够，不能因为自己道德高尚就孤傲，不屑与道德不高的人打交道，而应该“达则兼济天下”，用自己的品德去带动更多的人提高自己的品德，从而获得更多人的支持和帮助。

如孔子所言，德不孤，自是仁人寻志士，鄙陋伴小人之意。孔子之意，以炎凉孤独与一世交情做个比较，自是人人不愿无所依靠。于是乎，修身养德，结交同道，寻邻访友，是谓德不孤必有邻。一方面讲的是处世态度，一方面是交人的态度，君子仁人云云，定然有邻。

127 疾风知劲草

疾风知劲草的意思是在猛烈的大风中，只有坚韧的草才不会被吹倒。比喻只有经过严峻的考验，才知道谁真正坚强、可靠。

大自然的规律如此，研究科学也是如此，强风检验飞机，强压检验潜艇。与人相处更是如此，人生的道路总是曲折的，难免会遇到不如意，失意的时候，周围的人有些走了，有些袖手旁观，只有少数人在你周围陪伴你度过低谷，对你不离不弃。经历过这些人生冷暖，才看清楚人生百态，辨出哪些是志同道合的朋友，哪些是要一辈子珍惜的真心朋友。可谓“疾风知劲草，患难见真情”。

想到自己的生活，一帆风顺固然最好，有些患难也未尝是坏事，能在患难中伸出手帮助的朋友，也算是疾风下的劲草，相交也愉快得多。

当发生危难时，国人的团结立刻显现出来。汶川地震时，全国人民喊着“四川雄起”；玉树地震时也是一样，来自全国各地的物资钱款和志愿者涌到一起，众志成城，共同为灾区奉献力量，使灾区渡过难关。这应该是“疾风知劲草”的真实写照。

在我们平淡的生活中，共同经历患难的机会也许并不多，如果有这种经历过患难的朋友，还望珍惜。

128 静以修身，俭以养德

“静以修身，俭以养德”出自诸葛亮的《诫子书》。这句话告诉我们，德才兼备的人的品行，是依靠内心安静，精力集中来修养身心的，是依靠俭朴的作风来培养品德的。修身、养性、节俭有助于养成质朴勤劳的德操。宁静、节俭不仅仅是一种简单的生活方式，更体现了一种淡然、超脱的生活态度，一种返璞归真的修养品行。

静以修身是一种精神境界，“静”是一种修养，不仅可以给人以思考，也可以养性、养心。纵观历史，大部分有成就的人都是以静制动，在静思的过程中，对人生重大问题的思考可能会达到更高的境界。

俭以养德也是修身养性的一种办法，德行的提高在于对自身的约束。贪图享乐的人是不会有大成就的，“暴发户式”的生活只能使自己越来越低俗。有威望的人大多生活不奢靡，节俭自然。已故大师钱学森、“中国杂交水稻之父”袁隆平、石油大亨洛克菲勒等，他们都选择了俭朴的生活，并不是他们缺钱，而是拥有人生智慧，才主动抛弃累人的奢靡。钱学森为祖国的科技事业奉献一生，他的成就和贡献够在北京买 10000 套别墅了，可是钱先生依旧住在自己俭朴的居所里；石油大亨洛克菲勒在完成很大一笔交易后，对自己的奖励仅仅是一块饼干。这些都让我们看起来不可思议，但他们却非常知足，俭以养德。适当地改善自己的生活，有节制地满足自己合理的物质要求，是顺乎天理，合乎人情的。无节制地信手乱花，即使是自己的劳动所得，也是有悖于节约精神的。

“静以修身，俭以养德。”让我们谨记这句话，在人生的道路上时刻警醒，依靠内心安静、精力集中来修养身心，依靠俭朴的作风来培养品德。

129 风声雨声读书声声声入耳，家事国事天下事事事关心

“风声雨声读书声声声入耳，家事国事天下事事事关心”是一副对联，这副对联的作者是明东林党领袖顾宪成。当年顾宪成在无锡创办了东林书院，除了讲学之外，还不忘关心时政，常常对朝政进行评议，他写这副对联就是用来倡导人们“读书不忘救国”。上联将读书声和风雨声融为一体，既有诗意，又有深意；下联则有齐家治国平天下的雄心壮志。这样一副对联至今仍有积极深远的意义。读书人不仅要读好书，还要关心国家，关心政治，关心天下之事，多用心体会世间百态，而不要读死书。

大多数学生学习只是为了考试，从没想过读书还有更深远的意义。“两耳不闻窗外事，一心只读圣贤书”的态度影响了青年学生，认为读书就是读给自己的，为自己未来的成功增添筹码，完全不关心别人的事，更不会想到读书对于社会的责任。这样的学习态度是非常狭隘的。如果读书人都是持这样的态度，即使通过读书使自己登上了高位，却并不关心自己为社会作出了什么贡献，那么何谈国家兴亡，何谈人民幸福。

科技的发展使世界变成了“地球村”，我们需要知道世界在发生着怎样的变化，世界也需要我们融入这个大背景中去，现代社会则需要我们有主人翁意识，树立积极正面的世界观。如果我们只是个书呆子，只知道自己学习的那一点东西，不能灵活应对多变的情况，那么我们马上就会被瞬息万变的社会淘汰。所以希望我们青年一代能够关心天下、造福人类，为社会发展而读书，为中华之崛起而读书，做一个对社会有益的读书人。

130 天下兴亡，匹夫有责

“天下兴亡，匹夫有责”是明末清初思想家顾炎武先生提出的。从古到今，爱国人士层出不穷，以爱国而闻名、以爱国而受人尊敬的大有人在。爱国是一种崇高的品质，爱国更是一个永不泯灭的话题。我们青年人应该以天下为己任，无论身居何位，都要心忧天下，关心国家的命运和民生的苦乐，自觉地把个人的前途和国家的兴衰联系起来，把爱国的思想付诸实际行动。

周恩来总理在求学时曾说“为中华之崛起而读书”；钱学森曾表达对祖国、对人民的深深爱意，“我作为一名中国的科技工作者，活着的目的就是为人民服务”；钱三强也曾表达“光明的中国，让我的生命为你燃烧”的爱国情怀；数学家华罗庚把“或者不是为了个人，而是为了祖国”当作自己的座右铭并时刻谨记。他们都是值得我们尊敬的前辈，他们的精神激励着我们，他们用自己的实际行动使我们后生晚辈对“天下兴亡，匹夫有责”加深了理解，多了一份感动。

陆游有“位卑不敢忘忧国”的诗句，热爱祖国，为国分忧是我们每个国民不可推卸的责任。所以不管你的地位多么低下，都要时时刻刻心系祖国，为国家作出贡献。我们必须有“常思奋不顾身，而殉国家之急”的大义凛然。

“人生自古谁无死，留取丹心照汗青。”文天祥在生死抉择面前依然不忘国家，为国家利益而死，死的重于泰山，死的安然。为了国家安危，我们青年人应该有“捐躯赴国难，誓死忽如归”的豁达。让我们谨记“天下兴亡，匹夫有责”，在和平年代，努力做好自己，为社会贡献力量。

131 由俭入奢易，由奢入俭难

“由俭入奢易，由奢入俭难”这句话出自司马光的《资治通鉴》。这句话是指由俭朴节约的生活转变成奢华富裕的生活比较容易，而过惯了奢华富裕的生活再过俭朴节约的日子会比较难。这是古人对治家的经验总结和教训警示，教育我们做人要崇尚节俭，排斥奢侈。

有些人在生活贫困的时候知道节俭，在生活富裕的时候往往奢侈浪费，这是非常错误的。人们都希望过好日子，这本是无可厚非的，但是浪费和奢华不可取，因为这种追求是无止境的，一旦有了开始，便陷入了欲望的泥淖。据记载，商纣王用了双象牙筷子，他的一个臣子就逃走了，他看到了纣王的贪欲，认为将不可遏制。因此无论贵为天子还是身为平民，无论贫穷还是富有，都要谨记“由俭入奢易，由奢入俭难”的道理，养成节俭的良好习惯，这对一个人的一生来说是非常重要的。

在这个高速发展的社会，宝贵的自然资源越来越少，因此不只是个人，全社会都应该贯彻节约的传统美德，重在实践，贵在坚持。每个家庭都要节俭持家，不铺张浪费，不超前消费；每个公民都要在工作学习生活中自觉弘扬节俭的优良作风，养成节约一滴水、一度电、一张纸、一滴油、一粒米的良好习惯。只要每个人都从我做起，从具体事做起，真正付诸实践、长期坚持，勤俭节约的传统美德就一定能在全社会进一步发扬光大。

132 得道多助，失道寡助

“得道多助，失道寡助”出自《孟子·公孙丑下》。意思是站在正义方面，就会得到多数人的支持帮助；违背正义，必陷入孤立无援之境。按照孟子的看法，老百姓不是靠封锁边境就可以限制住的，而国家也不是靠山川险阻就可以保全的。所谓得民心者得天下，有道之人必然能得到绝大多数人的支持。

“得道多助，失道寡助”是中华民族的优良传统，也是为人处世的基本原则。那些有违伦理道德，公然挑战法律法规的人，躲过了一时却躲不过一世，其结果必然遭到人民的惩罚。那些“郭美美”、“我爸是李刚”之流不符合社会主旋律，必然遭到世人的唾弃。而那些诸如雷锋、焦裕禄一样的好人好事，即便已经成为历史，也必然会得到人们世世代代的尊敬和爱戴。

“得道多助，失道寡助”的道理同样适用于治理国家。中国共产党从弱小走向强大，成立新中国，建设有中国特色的社会主义正是遵循了“得道多助，失道寡助”的传统。事实证明，清末朝廷昏庸无道，丧失民心民德，而代表资产阶级利益的国民党腐败低效，不顾老百姓的安危。他们都救不了中华民族，解放不了苦难深重的普通百姓。只有共产党实现了人民当家做主的夙愿，也因此获得了人民群众的拥护。

人心向背是无论国家还是个人都必须重视的问题。水可以载舟也可以覆舟。因此，我们要看淡得失，尽量多考虑别人的福祉，多做些利国利民的事，这样才能让我们有限的生命充满无限的希望。

133 我们的人生随着我们花费多少努力而具有多少价值

“我们的人生随着我们花费多少努力而具有多少价值”是法国著名作家、评论家、诺贝尔文学奖获得者莫利亚克的名言。人生价值是一个古老而现实的话题，是人们对生存意义的理性评价。人生价值并不是随随便便就能实现的，与我们的努力和付出成正比。我们只有通过不懈努力，才能最终实现人生价值。

首先，个人努力是实现人生价值的基础和途径。任何一个想有所作为的人，都需要不畏艰难，努力拼搏。爱迪生并没有上过几年学，但他凭借着努力与毅力，成为一名举世瞩目的发明家。《老人与海》里的老人，古稀之年挑战大海，在经历过无数次的失败后努力坚持，成功地实现了人生理想。其次，人生价值的实现是个人努力的方向和归宿。保尔·柯察金虽然身体残疾，但他并没有放弃人生，在与命运抗争的过程中，完成了广为人知的《钢铁是怎样炼成的》，用原本并不完美的生命躯体，实现了对人生价值的完美超越。最后，努力程度决定着人生价值的实现程度。一分耕耘，一分收获，付出与收获成正比。现实中有些投机人士，整天畅想着不劳而获，或是想用极少的付出获得极大的回报。事实证明，这些都是不现实的，比如梦想守着大树桩，兔子会自投罗网，或是守着课本却不去学习，梦想着考试得高分。这样不仅不会成为现实，还会错过实现人生价值的最佳时机。

人生价值体现了个人特有的情感志向和禀赋爱好，而主观努力无疑是最富有活力、最具有延展性的因素。当我们愿意为实现我们的人生价值孜孜以求、不懈努力的时候，我们的人生将会更加丰富多彩。

134 择善人而交，择善书而读，择善言而听，择善行而从

这句话的意思说，要选择品行好的人交往，选择内涵好的书品读，选择善意的话听取，选择正义的行为去学习。也就是说，在日常生活工作中，我们要接触好人，阅读好书，采纳善言善行，与善人、善书、善言、善行为伍，我们就可以不断进步，不断提高，终身受益无穷。

首先，“择善人而交，择善书而读，择善言而听，择善行而从”，既是指导思想问题又是实践问题。自古“近朱者赤，近墨者黑”，“物以类聚，人以群分”。一方面，我们要以择善为指导思想，明辨是非，抵御各种利益诱惑，不断提高思想觉悟。另一方面，我们要付诸行动，努力让自己向善。善人、善书、善言、善行都是我们努力和学习的榜样，我们必须采纳并付出实际行动，不断提高人生境界。其次，“择善人而交，择善书而读，择善言而听，择善行而从”既是目标又是途径。古今中外，许多功成名就的人，他们或许出身并不好，但他们清楚地知道自己的奋斗目标，通过拜高师，读千卷，听良言，行善事，修身养性，厚积薄发，最终超越自我，成为对国家对人民有贡献的人。

现实生活中，我们每个人都要广结良朋，读万卷书行万里路，择善言行善事。唯有这样，我们才能不断进步，不断超越，从而实现自己的人生价值。

135 一个人的快乐，不是因为他拥有的多，而是因为他计较的少

我对童年有种莫名的眷恋。童年里有绿波荡漾的麦田，也有黄澄澄的油菜花。白天

在烈日下去逮知了，晚上打着手电筒去捉蛐蛐。也许是少不更事，也许是年少无知，总之，童年成为我最快乐的日子。后来，我长大了，发现依然是麦田，依然是油菜花，却再也找不到从前的快乐。

为什么不快乐？我经常问自己这样一个问题。后来我总结出，并不是我拥有的少了，而是我计较的多了。我曾经为自己的衣服不够漂亮而伤心难过，也曾经因为没买到演唱会的门票而烦恼。每天我都很抑郁，抱怨命运太捉弄自己，抱怨遭遇了太多坎坷，抱怨人生很失败。而事实上，我真的就生活在一个悲惨世界里吗？答案是否定的。我有幸福的家庭，每次遇到不顺，长辈都用坚强有力的臂膀保护着我。我有关心我的老师和同学，让我时刻感受着来自大家庭的温暖。我有勤奋的优良传统，也有善良的人伦情怀。事实上，我拥有着所有可以让我快乐的源泉。于是我明白了，快乐不等于“成功”，而在于人内心的平衡。因为计较得少而快乐。

快乐是我们现在经常提到的字眼。寻找快乐成为许多人的人生主题。一颗坦荡的心，一个豁达的胸襟，一种常怀感恩的姿态，都会让我们感受到快乐。感情上，我们喜欢一个人，但我们必须懂得付出与收获并不成比例，当恋情成为过去，优雅地祝福会让我们快乐；生活中，我们有顺境也会有逆境，当遭遇挫折，不要太计较，能屈能伸，乐观面对会让我们快乐；工作中，我们不可能没有压力，但要明白没有最好，只有更好，重视过程、看淡结果会让我们快乐。

快乐是一种人生态度，也是我们幸福的源泉。快乐存在于我们每个人的身边，需要我们睁开智慧的双眼去发现。因此，在有限的生命里，我们要尽量让自己成为一个洒脱而充满智慧的人，成为一个少计较多快乐的人。

136 滴水穿石，不是力量大，而是工夫深

这句话的意思是，滴水的力量是渺小的，而石头是坚硬的，只要水不停地滴，那么石头终将会被打穿。比喻虽然力量小，但只要目标专一，持之以恒，再困难的事都能办成。滴水穿石对于我们今天的学习生活有着非凡的指导意义。

首先，我们要相信自己，坚定目标。一滴水的力量对于坚硬的石头来说微不足道，但滴水的目标并没有因为石头的强大而改变。在现实生活中，我们做任何事都需要对自己充满信心，只要我们认定了目标，坚信通过自己的努力能够实现目标，那么“铁杵也能磨成针”。其次，我们要付诸行动，持之以恒。不积跬步，无以至千里；不积小流，无以成江河。人世间的任何事都需要我们步步为营。只有一个步骤一个步骤地稳扎稳打，坚持不懈，我们才能够赢得最后的胜利。最后，我们要避免欲速则不达。“滴水穿石”告诉我们，目标的实现是一个日积月累的过程，我们要正视这个过程，下足工夫。既不能因为付出了努力还没能达到目标而气馁，也不能因为看到一点点成绩就停滞不前。

现实生活中，我们要发扬滴水穿石的精神，坚定目标，持之以恒。曾经英语对我来说是一门头疼的学科，成绩很不理想。后来我制定了学习计划。每天会安排固定时间背单词、读课文、做练习。经过长时间的努力，我欣喜地发现功夫没有白费，只要坚定目标，持之以恒，困难是可以克服的。

滴水的力量看似弱小，但因为长年累月地下工夫，最终会打穿坚硬无比的石头。同样，我们一天一天的努力看似单薄，但由于我们的目标远大，并能够坚持到底，相信没有什么攻克不了的难题。

137 遇顺境，处之淡然；遇逆境，处之泰然

这句话出自《慧律禅师语录精华全集》。意思是说遇到胜利成功，不骄不躁，以平常的心态对待；遇到不顺心的时候，不消沉不气馁，像泰山一样镇定自若，以平静的心态对待。这句话告诉我们，在生活工作中，不管身处顺境还是逆境，都需要保持心态平和，从容洒脱。

首先，我们要正视顺境和逆境，这是我们经营人生道路的前提。顺境和逆境是人的一生中客观存在的两种正常生存状态，两者互相转换、交替出现在人们的一生之中，任何人都避免不了。其次，处理顺境和逆境的方式方法反映出一个人的智慧。有的人身处逆境却把困难当作一种阅历和挑战，由逆境变为顺境；而有的身处顺境却放纵张狂，损害人民利益，则由顺境变为逆境。再次，要保持健康的心态。毛泽东在遵义会议前经历了几次大起大落。但这些挫折并没有影响到他的信仰和行动。苏东坡多次被贬，流放偏远地区，在经历过短暂的失落之后毅然选择了泰然处之，乐观面对，才有了后来广为人知的豪放词风。

遇顺境时平静以对，遇逆境时泰然处之，不以物喜，不以己悲，是千百年来有识之士的共性。我们不能取得成功就骄傲自满，也不能遭遇挫折后就悲观泄气。保持健康而平和的心态可以让我们无论身处顺境还是逆境都宠辱不惊，从容洒脱。

138 智者顺时而谋，愚者逆时而动

“智者顺时而谋，愚者逆时而动”，这句话是说聪明的人顺着时机进行谋划，愚笨的人逆着时机莽撞行事，其间蕴含了很深的处世学问。

智者顺时并不是一味地服从天意，而是要懂得把握时机，在适当的时候放手一搏，那么我们就能够改变命运。而面对我们无力逆转的难题时，要懂得明哲保身，以不变应万变，等待时局转变后再有所作为，化险为夷，转危为安。诸葛孔明是一个懂得审时度势的

人，他通过自己对天文地理心理的了解，巧用草船借箭，不仅借得了东风，挫伤了对手的锐气，也赢得了人心。刘备在事业低潮期，假装打雷都会害怕的胆小鬼，躲过了曹操“煮酒论英雄”的危险境地，为日后离开曹府，重整旗鼓打下了基础。

愚蠢的人不顾后果莽撞行事，必然会付出代价。食品安全问题是当前社会普遍关注的热点。不管国家和社会对安全问题如何重视，总有些商家一意孤行，顶风作案，为牟取暴利，不顾人民群众的安危。这种目无法纪、不计后果的行为必然会遭到严厉的惩罚。

“智者顺时而谋，愚者逆时而动”对个人进步和国家建设都具有现实指导意义。我们要顺应当前经济发展、社会稳定的大好时机积极规划人生，自觉抵制一切有违国家和人民利益的行为，将个人价值融入国家崛起、民族复兴的时代主题之中，用我们的智慧和力量把国家建设得更加美好。

139 与其临渊羡鱼，不如退而结网

这句话出自《汉书·董仲舒传》。意思是说站在河塘边上，与其渴求水里的鱼儿，幻想着鱼儿能到手中，不如回家织网再来捕鱼。这句话说明凡事不能只流连于不切实际的幻想中，必须运用必要手段，采取实际行动才能达成愿望。

一切事情的实现都是世界观与方法论的集合。首先，我们要顺应时代的变化，在观念、制度上做出必要的改革和调整。“临渊羡鱼”与捕到鱼是两回事，我们必须改变观念，回去结网，掌握捕鱼方法，只有观念改变了，眼前的鱼、头脑中的鱼才会变成手中的鱼。其次，我们要有改变这种现状，实现预期目标的方法论和执行力。在河边望着悠然自得的鱼，想象着，鱼会自己跳到面前，这只能是一种空想，永远成为不了现实。因为所想与所得之间缺少一个重要环节，那就是采取具体的措施让这种想法变为现实。当我们意识到需要改变观念后，则需要将调整后的想法进一步落实在行动上，通过具体行动改变现状。

我们在日常学习中，整天想象着自己长大后会成为有用之才，在行动上却“明日复明日，明日何其多”，没有“退”而去学过硬本领的意识，没有具体的实施步骤，想象得再美好也是没有用的。我们的社会建设，面对形形色色的不和谐因素，如果没有“退”而制定切实可行的方法政策，没有坚定不移的执行力，那么建设美好家园的愿望也是不可能达成的。

因此“退而结网”，先调整改变观念，进而改变具体行为，让空想变为现实，才是正确的途径。

140 人生伟业的建立，不在能知，乃在能行

知行观是中国从古至今反复被提起的话题。“知”很重要，知是认知、知识和良知，是

行的前提;而“行”则是指行为、实践和行动,是决定事情成败的关键因素。我们建立人生伟业,仅有认知是不够的,认知只局限于观念层面,并不是现实。我们更需要把认知转变成具体行动,只有行动了,人生伟业才能真正建立起来。

首先,人们必须具备一定的知识储备和认知能力,这是人生建立伟业的一个前提,但并不是建立伟业的全部内容。现实中许多成功人士并不拥有高学历和高认知。有网站曾经调查过一些成功人士,发现他们中有99%说不清楚自己为什么成功,在成功之前也没有一套完整的计划书。他们凭着勤奋和执著,凭着对行业的热爱,边干边总结,最终完成了蜕变。其次,行动是建立人生伟业的根本,只有行动才能避免理论与实际脱节,人生的伟业才能最终实现。确切地说,伟业的建立更是一个实践的过程。一位汽车行业的CEO驳斥过哈佛商学院的那些纸上谈兵的精英。他认为“变化”是时代主流,企业竞争中,果断坚决的行动力远比漫长的认知更加实际。

人生伟业的建立,不在于把计划做完美了再去执行,而在于边认知边执行,使认知在具体行动中得到不断丰富和完善。“千里之行,始于足下”。因此,通过认知对人生进行规划是必要的,但用实际行动践行人生规划却是最重要的。

141 人性最可怜的就是:我们总是梦想着天边的一座奇妙的玫瑰园,而不去欣赏今天就开在我们窗口的玫瑰

这句话道出了一个普遍存在于人性之中的现象。人们总是去梦想着天边那些虚无缥缈的东西,而忽略了眼前最值得我们珍惜的美好事物。理想固然美好,但理想并不是现实;现实中或许有不尽如人意的地方,却是我们实实在在的拥有。这句话是要告诫我们要好好珍惜身边的人和事,心怀感恩,不要等到失去了才后悔莫及。

人性的可怜之处就在于我们总认为幸福在别处。或许我们都有这样的经历,我们总觉得别人的父母很和善,别人的家庭很民主,而自己的生活却很压抑;我们总看到别人很轻松,人生很顺利,而自己却得不到上帝的垂青,人生道路历经坎坷。

人性的可怜之处还在于我们拥有时不珍惜,失去后又追悔莫及。很多人和事只有等到失去时,才能够让我们体会到痛苦。这种复杂的心态常常让我们陷入深深的自责,因为失去的正是我们习以为常,却真正拥有的东西。这些看似平常的人和事之所以在失去时引起无限伤感,是因为他们早已成为我们人生的重要部分,只是我们从来没有意识到。

我们不能总是舍近求远,流连于幻想之中。我们需要珍惜眼前的一切,珍惜现实中属于我们的人和事。我们要感谢有一双明亮的眼睛,能够看到四季;我们要庆幸有一个健康的身体,可以游走天下;我们要对父母心怀感恩,是他们赋予了我们生命;我们还要感恩这个社会,是无数我们认识或不认识的人创造了今天的幸福生活。所有这些都是当下最真实的存在,是最值得我们珍惜的东西。我们需要认真呵护这些实实在在的拥有,因为幸福和快乐就深藏在其中。

第五部分　社会生活热点

142 通过微博，彭高峰找到了失踪三年的儿子，你对此事怎么看

自中国最大的门户网站新浪推出“新浪微博”内测版至今，短短几年，微博以其巨大的爆发力和吸引力俘获了大多数年轻网民的心。通过微博，彭高峰找到了失踪三年的儿子，这件事更加验证了新媒体——微博的影响力。

微博作为一种新媒体，结合了即时信息和博客的特点，让话语权从小众走向大众。微博在近期内的一系列网络新闻事件中影响力巨大，让人们对它的作用不得不重新衡量。微博的影响力在“郭美美炫富”、“彭高峰寻子”等新闻事件中表现出其强大的宣传魔力。甚至有人就此发出感慨，“围观”可以改变中国。中国的各主流门户网站也看准了这块阵地，正不遗余力地投重金组建微博，微博一时成为抢占受众的重镇。因为微博的一对多的多向性传播对信息的公开作用重大，微博在对促进我国社会的自由民主方面同样功不可没，成为政府了解民意、决策参考的新渠道。

微博目前还处于起步阶段，微博给我们带来即时的互动信息交流的同时，它所带来的负面影响同样不容小觑，“凤姐”的高姿态骇人言语、三流明星的频繁自我炒作，已经对未成年人造成了不良影响。原因在于微博上所有的信息都是自发的，没有经过任何审查，不管好坏一并席卷广大网民。现在的大学实验教学过程中，老师鼓励学生特别是新闻学子参与到新媒体实践中，以微博为手段提高互联网运用能力。我们需要注意的是，这种能力的运用高低不能用粉丝的多少来量化，否则不仅不利于提高学生对新媒体的正确认识，反而会有阻学生媒介素养的培养，更妨碍了新媒体在正常的秩序轨道上健康发展。

微博是把双刃剑，正确运用才是王道，诸如彭高峰寻子的正面微博事件方可继续。

（资料来源：百度空间 http://hi.baidu.com/iriswuyo/blog/item/0760477d3ab8f6e50bd187d9.html）

143 上海世博会的主题“城市让生活更美好”，你如何理解

“和谐城市”是上海世博会主题的精髓。2010年上海世博会以“和谐城市”的理念来回应对“城市，让生活更美好”的诉求。

“和谐”的理念蕴藏在中国古老文化之中。《礼记》在描绘“大同社会”时提出：“大道之行，天下为公，选贤与能，讲信修睦。”中国的先秦诸子都在各自的著述中设想了和谐的社会。近代鲁迅先生也提出“君子和而不同，小人同而不和”。如今，社会和谐是中国特色社会主义的本质属性。同时“和谐”也见诸西方先贤的理想。古希腊哲学家毕达哥拉斯系统地提出了“整个天就是一个和谐”，和谐包含着对立和统一。同一时期的另一位哲学家赫拉克利特进一步提出“和谐产生于对立”的主张。文艺复兴后，许多思想家甚至把“和谐”视为重要的哲学范畴。马克思更是提出“社会和谐”的观点。

每个城市都有自己的文化气质，而最能彰显该城市文化气质的标志性特点为城市名片。创建和谐城市，必须以和谐文化理念为指导。随着环境问题和发展问题的日趋严重，可持续发展的理念应运而生。在创建和谐城市中塑造属于自己鲜明的文化气质，从而铸造城市的文化之魂。

由此可见，对“和谐”的追求和探索贯穿于人类社会的整个发展历史，如今也正慢慢渗透到明日城市的描绘蓝图中。建立“和谐城市”，是从根本上立足于自然、人、精神之间的和谐，在形式上体现为多文化和谐共存、经济和谐发展、生活和谐美满、社区和谐运作以及城市和乡村和谐互动。社会主义和谐社会是共产党不懈追求的一种社会理想，是人类不断追求的一个终极目标，提出“和谐城市”的理念必将推动社会和谐的健康发展。

（资料来源：百度文库 http://wenku.baidu.com/view/e19865222f60ddccda38a0cf.html）

144 在电视、报纸等传统媒体上，网络用语的使用频率越来越高，你怎么看

网络流行语因网络而生，借电视、报纸得到更大的发展，因其语言形象、话题新颖、传播便捷的特性俘获众多网民的心。网络流行语不仅对大众的生活形式和内容有较强的概括性，在某种程度上还增加了老百姓话语表现内容的弹性，同时也丰富了谈资，增加了交流的情趣。然而由于网络流行语创造者的文化水平高低不一，职业不同，再加上网络环境的虚拟性与不确定性，导致网络流行语在使用上难免有些弊端，从而给广大青年，尤其是占网络使用最高的大学生带来了许多不利影响。

首先，网络流行语容易导致高校大学生语言使用的不规范。网络流行语有别于日常工作学习所用的语言，有其新颖独创之处。网络流行语可谓千奇百态，听闻让人“肉牛满面”。另有“神马”、“HOLD住”、“给力”、“童鞋”、“狠好”、“有木有”之类，都是广大网民把

错别字、符号、数字等加以杂糅重构而形成网络流行语，进而成为网民的习惯用法，而规范的汉语反而成了另类表达。

其次，网络流行语在某种程度上降低了大学生思想道德素质。不难发现网络流行语中存在很多低级、粗俗的词语，不仅有损文字的高雅表达，也不利于大学生思想道德素质的提高。网络流行语所含有的诸如 WBD(王八蛋)、SB(傻逼)、MD(妈的)等词语，不但涌现在网络上，有些时候甚至出现在学生的口头上，极度污染了校园文化，损害了学生的形象。

凡事有利就有弊，就像互联网的普及也带来了一定的危害，难道就因为这样而不去普及互联网了吗？网络流行语已经成为一种流行趋势，既然已经不可逆转，不如正面对待，利用政府、教育部门职能之便严格把关，采取相应合理的措施，正确引导青少年积极面对，合理健康使用网络流行语。

（资料来源：钟志奇，刘利. 网络流行语对大学生教育的影响及对策探析[J]. 重庆大学学报，2010，3）

145 “冒死爷”钟吉章实名发帖爆料广州地铁某段工程检测不达标后，没了工作，请评述

“冒死爷”钟吉章实名发帖爆料广州地铁某段工程检测不达标后，已经没有单位敢聘请他了。正如钟老先生接受《三联生活周刊》所说，成了正义新闻人物之后，反倒没人敢聘请。这起事件引发了全社会对于道德和良知的重新探讨和审视。

首先，需要确定是否单凭此事就认为整个社会道德评估已经严重偏离轨道。这其实是一件应被社会颂扬的英雄之举。古往今来，中国历史上不乏冒死进谏的忠臣，不过钟老的举动虽被道德赞许，却被社会漠视。

其次，从此事件发生后政府的反应来看，只是媒体热心，政府的关心似乎不够。姑且不论政府是否该为钟老的工作一事买单，敢说真话、急公好义终究是一种先人后己的高尚道德行为。这种行为政府相关部门不仅应该提倡，更应该切实做好保护嘉奖工作。

最后，该事件中拒绝聘用钟老的公司是否也需要重新评估一下钟老到底能否再用，该不该聘用？事实上，早在该事件之前，社会上出现过不少类似的情况，表扬见义勇为者可以理解，毕竟这是善举，但一旦跟自己扯上关系，大多数人宁愿选择敬而远之。这种状况一经发展，恐怕会引起更大的社会问题。

“冒死爷”钟吉章事件虽然掀起了关于社会道德和责任的讨论，但社会道德终究还是要从你我做起。该事件能否圆满解决，既需要政府的扶持，也需要社会的关心。

146 智利矿难，33 名矿工被困井下 69 天后，全部升井成功。你在这个事件中看到了什么

智利矿难，33 名矿工被困井下 69 天后，全部升井成功，该事件创造了被困地底时间

最长且成功生还的世界纪录，这不仅仅是智利矿工创造的生命奇迹，也是智利救援所创造的奇迹；不仅是33人的生命奇迹，也是人类所创造的奇迹。

从该事件整个救援过程来看，救援成功应归功于三方面。首先在于矿工们顽强的生命意志；其次在于政府部门科学合理的部署；第三是专业团队的救援技术精湛。这三个原因创造了人类地下救援史上的新奇迹。

智利遇险矿工在未被发现前，只能依靠井下紧急避难所保存的食物维持生命，33名矿工合理分配有限的食物，运用极少的食物补充体力。另外，遇险矿工自发组织，科学合理分工，积极与地面取得联系，冷静自救，赢得了救援时间。矿难发生后，当地政府第一时间组织救援队伍，专业救援队伍分工明确，甚至还向美国太空总署专家小组提供咨询。这些因素保证了救援的顺利进行，创造了奇迹，获得全球一致赞叹。

反观我国的矿难救援情况，世界最大的产煤国，矿难事故时有发生，而矿难救援能力差强人意。这些时刻提醒我国采矿业需要加大生命保障力度。我国煤矿事故发生的主要原因不仅是煤矿基础设施落后，更多的是人为因素，隐瞒事故、掩盖事故发生等原因，都是增加矿难死亡率的刽子手。煤矿重特大灾害事故频繁，不仅给国家和人民生命财产带来巨大损失，而且还造成十分恶劣的社会影响。解决这些问题需要各级部门统一协调，只有不断加强矿山开采的管理力度，才能有效地减少矿难事故的发生。

147 一篇“倒卖民女”的博文引发近万网友对政府官员的口诛笔伐，后被证实只是杜撰。请评论

网络成为一种强大的信息传播工具，同时也成为人们交流和获得信息的主要渠道之一。由于博客、论坛等一些阵地的出现，人们可以尽情地发表言论，抒发感情。真真假假、好好坏坏的信息一时间充满我们的视野，其自由度相当大，因为在网络上发表言论不用负太多责任。也正是在这样的言论环境下产生了“倒卖民女”事件。我认为产生这种事情的原因有以下两个方面：一是由于各大网站后台管理的疏忽，其审核工作没有做到位；二是网友的素质问题，在公共场合欺骗大众，实属不道德行为。

防止此类事情的发生可以从以下几个方面入手。首先，对症下药，网站的后台管理要加强，信息审核工作要做到位，对于一些需要质疑的信息要确保其真伪，然后再决定是否发布。虽说网络应该是大自由度的，但是欺骗这种行为应该被杜绝。其次，网络信息鱼目混珠，良莠不齐，网友应该保持冷静清醒的头脑，对有些信息进行分辨，不可完全接受，以免被误导欺骗。再次，要提升网友的自身素质。网络为大家提供了自由、开放、便利的信息交流平台，它是有利于大众的，但是有些人却利用这样的平台来欺骗大众，甚至蛊惑人心，所以提高国民的整体素质任重而道远。最后，我认为也是必要的措施，那就是要完善相关的法律法规，起到约束作用。

总之，网络本身没有错，关键是看什么人在使用。从以上几方面来入手，相信能给大众创造一个相对健康、安全的网络环境。

148 化学火锅

化学火锅，又称化学锅，主要由火锅飘香剂、辣椒精和火锅红等化学添加剂勾兑而成的火锅底料。在火锅里添加的这些物质中，飘香剂、增香剂、骨髓香膏、乳化剂、抗冻剂、柠檬黄等都是允许使用的添加剂，只要不过度摄入，对人体就没有伤害。

但是，据研究资料表明，很多火锅店为了节约成本，用石蜡代替牛油，而石蜡是禁止添加到食品中的。大家都清楚火锅长时间蒸煮，而石蜡在长时间蒸煮后会分解成某种化合物，这些化合物会对人的呼吸道和肠胃系统造成损害。一些人吃火锅出现拉肚子的现象，一般人都认为是辣椒造成的，事实上当人吃进石蜡后会造成肠胃蠕动，导致滑肠拉肚子。另外，苯甲酸钠、工业碱、工业片碱、甲醛、孔雀绿等都是化学物质，只有在化学工业上才可以使用，严禁加入食品中。如果火锅里含有这些物质，会对顾客健康造成不容忽视的伤害。

可见，化学火锅有害于我们的健康，但是却依然存在。要想杜绝对人体有害的化学火锅，一方面，有关食品安全管理部门应该加大力度，采取有效措施，监督火锅店的运作，避免有害化学火锅的出现；另一方面，要提高商家店主之类从业人员的伦理道德水平，提升他们的自身素质，让他们明白君子爱财取之有道的道理，不应该为了一己之私而损害无数人的健康。同时，消费者也应该了解关于化学火锅的知识，提高这方面的辨别能力。

（资料来源：百度百科 http://baike.baidu.com/view/4914685.htm）

149 低碳生活

生态学上是这样定义低碳生活的，“低碳生活”，就是指生活作息时所耗用的能量要尽力减少，从而降低碳，特别是二氧化碳的排放量，减少对大气的污染，减缓生态恶化，主要是从节电节气和回收三个环节来改变生活细节。

目前，环境问题成为全人类共同关注的热门话题，因为我们的环境恶化严重，已经影响到了人类的生存。为了拯救我们的地球母亲，每个人口头都说“低碳生活”，但是能够付诸实际行动的人却并不多。倡导低碳，我们应该从生活中一点一滴做起，从我们的衣、食、住、行做起。我们生活在一个高科技的时代，生活越来越便捷、高效的同时无形中也给我们的地球增加了压力。就以服装生产来说，服装在生产、加工和运输过程中，要消耗大量的能源，同时产生废气、废水等污染物。资料显示，少买一件衣服可节约 2.5 千克标准煤，相应减排二氧化碳 6.4 千克 。如果全国每年有 1000 万人做到这一点，就可以节约 2.5 万吨标准煤，减排二氧化碳 6.4 万吨。

个体不可怕，关键是量的积累。当看到这些数字，我想我们每个人都对平时生活习惯所产生的后果有了一定的了解。“低碳生活”是提倡大家从自己的生活习惯做起，对于我们普通人来说，是一种态度，而不是能力，我们应该积极提倡并去实践“低碳生活”，注意节电、节油、节气，从身边的点滴做起。让“低碳生活”伴随我们的左右，让我们的地球快些恢复往日容貌。

150 学术打假

学术造假是指剽窃、抄袭、占有他人研究成果，或者伪造、修改研究数据等学术腐败行为。生活在这样一个绚烂缤纷、稍显浮躁的时代，窗外各种各样的诱惑使得人们难以静下心来闭门搞学术，学术的成就在功利、金钱面前显得有些无力。很多大学老师或者教授只是为了评职称或者加薪水而做学术，在功利主义的驱使下，学术造假现象变得频繁起来。然而毕竟这种现象属于少数，我们看到更多的是那些为了科学的进步和人类的幸福而努力的人们。

虽然学术造假现象并没有达到猖獗的地步，但其危害性不容忽视。学术造假引发中国学术界腐败的不正之风，将会危害到国家和人民的利益。所以学术打假是非常必要的。

专家学者认为，必须用道德、体制和法律建设三种手段，防范和惩治学术造假。具体方案我认为：首先，应该加强学风建设，规范学术道德，引导学术人员的学术态度；其次，对于科研体制的完善也是很必要的，包括科研经费、职务职位等应予以合理的管理，从客观上限制学术造假的可能性，另外适当改善科研人员以及大学老师的工资待遇也是可行的办法，毕竟大家都面对着沉重的生活压力；最后，增强法律方面的效力，应该建立健全关于学术造假行为的惩治处罚条款条例，尽量减少法律漏洞。从这三方面入手，学术打假将会收到喜人的效果。

151 山寨鸟巢

所谓的“山寨鸟巢”其实就是位于山西省西南部蒲县的蒲子文化宫，现已成为蒲县的一座标志性建筑。据报道，蒲子文化宫是一座以剧场、多功能报告厅为主，文化、图书、健身为辅的综合性场馆，总占地面积达 40 余亩，工程预计总投资不少于 1 亿元，主体工程共三层，建筑面积 2 万平方米，因外观似北京奥运会主场馆“鸟巢”，所以被称为山寨鸟巢。这座天价建筑物引起了人们的热议。

“山寨鸟巢”山寨不雷人，雷人在天价。我认为应该全面地看待“山寨鸟巢”现象。一方面，令世人普遍赞许的2008年北京奥运主场馆“鸟巢”无疑是一座成功而经典的建筑，其形态如同孕育生命的“巢”，更像是一个摇篮，孕育着人类对未来的希望。其内部设计充分体现了人文关怀，参观过的人都知道，碗状坐席环抱着赛场，上下层之间错落有致，无论观众坐在哪个位置，和赛场中心点之间的视线距离都是140米左右。所以，从这个意义上讲，仿造这座伟大的建筑应该是件好事，美好的事物应该被传承与分享。

另一方面，鸟巢确实造价过于昂贵。据有关资料显示，山西蒲县这样一个小县城，一年可支配的财政收入是很有限的。而用这有限的经济能力去修建这样一座建筑是一种沉重的财政负担，所以当地老百姓也是怨声四起。其实体现一个城市的经济实力和文明程度要看生活在这里的老百姓生活水平和教育水平有多高，要看当地政府为老百姓的切身利益考虑到什么程度，而不是这些表面东西。如果把更多的资金都投入到教育事业中的话，想必会造成更加深远的影响。

因此，在经济条件达到了一定程度，足以轻松地支付各项工程的时候，“山寨鸟巢”应该是被允许的，但是如果造成财政负担的话，实属不值。

（资料来源：百度知道 http://zhidao.baidu.com/question/208577316.html）

152 你如何看待“彭宇案”及其对社会的影响

在南京，一名叫彭宇的男青年扶起一位在公交站台跌倒的徐老太，随后彭宇看护徐老太直到徐老太儿子赶到现场，再后来彭宇同其子一起将徐老太送往医院，却惹来了一场官司。徐老太起诉彭宇，称是彭宇将自己撞倒在地，要其赔偿各种费用共13万余元。而被告彭宇则一直坚称自己并没有撞倒徐老太，完全是出于好心将徐老太扶起并一直陪同其就诊。此案经过三次开庭，均未当庭宣判。最终，鼓楼区人民法院作出判决，彭宇承担四成责任，赔偿四万余元。

我认为“彭宇案”对社会的影响无疑是巨大的。它给国人“助人为乐”的善举泼了一盆凉水，羁绊着市民“仗义相助”的步伐，让人们怀疑“好人好报”的古训，它甚至撼动了中国“尊老敬老”的文化根基。并非所有人都愿意“路见不平，挺身而出”，而这个事件形成舆论后，行善市民的积极性更是被严重打击了。在“彭宇案”之后有这样一则事件发生在南通，有一位从超市购物回家的老太太，被卡在护栏间，直至身亡，围观者人数众多，但无人伸出援手。连做好事都会为自己引来灾祸，谁还愿意冒着风险去为别人行善呢？

既然“彭宇案”对社会的负面影响如此巨大，司法部门在断案时就要证据确凿，公开透明，审判严谨，还好人清白，惩治不良风气，维护司法的公正性和权威性。在回顾“彭宇案”时我们发现，法官对此案最后结语是，“按常理分析，彭宇与老太太素不相识，不会上前搀扶”。这句饱受诟病的措辞让期待法律公正、严明的市民们心灰意冷，也让本应主持公道、伸张正义的司法系统因之蒙羞。

道德与法律，一个是无形的线，一个是有形的尺，规范着社会中公民的行为准则。当这把尺无法准确地去丈量时，人们便不再相信它的刻度是否精确。

153 全国美术馆、图书馆等公共文化单位将进一步免费开放，你对此如何评价

文化部、财政部出台政策，2011 年底之前国家级、省级美术馆全部向公众免费开放，全国所有公共图书馆、文化馆(站)实现无障碍、零门槛进入，所提供的基本服务项目全部免费。毫无疑问，这是一大善政。一些权威人士更是用“具有划时代意义”进行高度评价。图书馆是建立文明国度、提高公民素质的重要基石，有人说“公共图书馆是市民的第二起居室”。然而，我们不禁要问，免费是我们的终极目的吗？免费之后，我们应该做些什么？

公共图书馆免费开放只是开始，如何让公共图书馆发挥作用，还有诸多问题需要解决。第一个问题是目前公共图书馆尤其是区县公共图书馆的建设及投入不足。更遗憾的是，还有很多区县根本就没有公共图书馆。当一位国家图书馆专家在湖北一个县城调研时问：“县城图书馆在哪里？”十几位行人将他指向了新华书店。

第二个问题是即便公共图书馆免费开放，短期内也很难培养全民阅读习惯。国人阅读最多的书籍是供消遣的穿越、玄幻、言情等小说，或披着励志外衣的所谓“成功学”。如果阅读档次不能升级，仅仅增加阅读数量也无济于事。此外，公共图书馆即使免费开放，如果不能改变现在一些公共图书馆的“高高在上”，社会大众究竟能从中获益几许，仍是个问号。图书馆本应是贴近平民的，重流通与致用，但国内一些公立图书馆却更接近藏书楼，只有少数人能够进入，其功用更多是对书籍的保存。现在虽有免费开放的政策，但图书馆在政策的推行中会不会“留一手”，仍然奇货可贾，排斥流浪汉、农民工等基层群众？希望这些问题图书馆管理部门能给市民满意的答案。

154 对于各地争夺名人故里称号的现象，你如何评论

近年来，争夺名人故里称号的事件层出不穷。我认为争夺名人故里的原因，无外乎一个“利”字。故里名号，巧加宣传，吸引投资，招揽游客，甚至还可能浑水摸鱼弄到点儿上级拨款，认祖归宗是假，黄金白银是真。这一出出的“故里闹剧”，至少说明了如下几个问题。

首先是诚信道德问题。各个地方政府为了发展经济，找宣传自己的机会，本无可厚非。可宣传也要凭借事实，就算诸葛亮、李白三头六臂，也不可能同时出生在四、五

个城市里。这些故里总有一些是冒牌的，为了经济利益而妄加认宗，最终却会丢了颜面。

其次是历史规范问题。众多地区追逐名人故里，一个重要的条件就是历史学的模糊。怎么没人争夺毛泽东故里呢？湖南韶山冲，历史明摆着的，不必争。而许多名人到底是哪里的，谁也说不清楚。国家有关部门和历史学家显然应该把名人故里规范起来，避免被别有用心的人钻空子。

再次是经济结构单一问题。许多地方不能找到适合自己的产业，于是凭借老祖宗的一点儿“名人效应”，一头扎进了“旅游业”里，殊不知均衡发展才是硬道理，否则便是一条腿站着，随时会倒。

最后也是最重要的，争夺名人故里，说明了中国社会对自身历史的漠视，对自身文化的不尊重。地方政府把名人故里纯粹当成了吸金的幌子，而不是以敬重的态度去发掘历史名人身后真正的财富。诸葛亮、李白这些优秀的历史人物身上特有的优秀品质和他们创造的文学、物质遗产，才是每个中国人应该重视的无价之宝，而他们到底出生在哪里，生活在哪里，未必那么重要。

与其争夺名人故里，不如多多吸取名人留下的宝贵精神遗产。

155 “神医”的幻灭，让你产生了哪些思考

“厨房就是你家药房”，“隔壁菜市场就是最好的医院”……几乎在一夜之间，这样的食疗养生理念大行其道，而其推崇者，正是被称作京城“最贵神医”的张悟本。然后，在中国内地拥有万千拥趸的张悟本被揭学历造假，“悟本堂”停业。

“会诊神医”张悟本不是第一个，也不会是最后一个。十年前，有大师胡万林；十年后，有“中国食疗第一人”张悟本。而两年前，台湾“地瓜王子”林光常，以及中国大陆“治癌世家”刘弘章，也曾经历过这样的风光与沦落。为什么中国代代出“神医”？为什么百万信徒们会对张悟本这样的“养生专家”奉若神灵？是看病贵看病难的医疗体系使然，还是现代文明状态下养生观念赶不上养生需求的脚步？近几年来，中医保健养生理论风生水起，造就了像张悟本、曲黎敏等一批“专家”。但是也有曾经风靡一时的“神医”，例如刘太医、林光常等，后来露了马脚，被来自民间的力量打倒。养生节目中也有几分道理，但是不乏有人捕风捉影，不负责地任自己发挥，有的内容让人哭笑不得。他们是在戏说养生，不严谨，但越是戏说，老百姓就越喜闻乐见。

张悟本的神医神话已然被揭穿，但其终结的方式却凸显政府监管养生行业的尴尬——养生专家们著书立说，在现行法规中若非“非法行医”，便无取缔的理由，而其实际的“行医场所”悟本堂，最终是以“违建”理由深夜被拆。在“各路神医”销声匿迹中，人们发现，“神医”倒下，但“神医”产生的社会土壤并未就此消失。

156 彩票投注点的老板垫钱帮人买的彩票中了大奖，主动找到买家交回彩票，请评论

尽管中了大奖的彩票是彩票店老板垫钱购买的，但老板抵制住了大奖的诱惑，物归原主。相信所有人，即便是那些认为老板有些“冥顽不灵”的人，也依旧会在内心对老板的做法赞赏有加，因为老板的行为体现出了人类社会最宝贵的一种品质——诚信。投注点老板的事迹告诉我们一个道理：许人一物，千金不移；一言既出，驷马难追。

古语有云“一诺千金”，四个字道出了诚信的价值。诚信之所以如此重要，归根结底，是因为它为社会树立了一种行为准则，而这种行为准则并不是以暴力去约束人，而是以道德去感化人。当每个人都可以按照自己的承诺，按照文化习俗所倡导的方法去处理事情的时候，许多问题便会变得简单起来，人际关系也趋于透明，没了钩心斗角、没了尔虞我诈，归结起来，整个社会变得和谐、融洽。更简单的描述就是，社会因为诚信而降低了管理成本、提升了团结包容。正是因为有诚信存在，人们才可以在许多事情上摆脱僵硬的法律条文、摒弃冰冷的字据画押，取而代之的是相互信任的温暖。

唯诚可以破天下之伪，唯实可以破天下之虚。彩票店老板所做的并非惊天动地的大事，但却是当下中国社会最需要的。其实仔细想来，“不是自己的东西不能要”，这是天经地义的事情，连小朋友都知道这个道理。老板的所为其实是每个人都应该做到的小事，而为何在当今社会成为媒体追逐的热点新闻，引起大家广泛讨论？我认为，这和市场经济极大繁荣之下，整个社会大环境是分不开的。现在的人们容易心浮气躁，很多人做事越来越表现出趋利性，也许彩票店老板的故事可以唤回我们诚信的那颗心，提醒我们回到“诚信乃做人之本”的原点。

157 发送手机短信拜年已经成为春节互相祝福的主要方式。请评论

每到春节时段，上至国家元首，下至平民百姓，口头都离不了“拜年”两个字。如今，用手机发送祝福短信拜年已成为中国人祝贺新年的一种主要方式。对于这种快捷的拜年方式，人们已经总结了这样一条经验，那就是“短信多了、电话少了；搞笑多了、祝福少了……”相信不少人都有过收到相同短信的经历，一次两次倒也罢了，几次下来，就会让人心里觉得不是个滋味。于是有人总结说，例行公事的短信拜年让祝福打了折扣，似乎影响了亲友间的感情交流。

事实上，中国人对手机短信拜年的酷爱，除了有文化传统方面独特的背景之外，还有很大原因是出自电信运营商的“商业谋划”。在中国刚刚推出短信服务之初，正是全国民众要求手机资费下调呼声最强烈的时候。手机短信成为垄断电信运营商

们的另外一个潜在收入增长点。因为它比起手机通话费、漫游费来说更便宜，所以对老百姓更有吸引力。运营商们推出各种短信套餐，大力培养“短信写手”，搞“短信大赛”，在央视春晚上推广短信拜年，不知不觉间中国消费者的短信发送习惯就养成了。更重要的是，过于泛滥的短信，已经逐渐把早先还存在的那点温情消解掉，反而成为人们的一种负担。

中国春节的传统习俗就是拜年，这是中国老百姓辞旧迎新、相互表达美好祝愿的一种方式。我觉得无论我们采取什么方式去拜年都无妨，但是别让我们的祝福形式化，别让我们的祝福单一化，也别让短信拜年成为一种资源的浪费。短信要真诚才有意义，只有从自己心中流淌出来的真情，才能打动人心，才能更有意义。

158 回顾近十年，将近五成的民营书店相继倒闭，谈谈你的看法

近十年来，近五成的民营书店相继倒闭。民营书店危机，看似只是一行一业的经营不善，实则却是整个社会面临的严重问题。

实体书店相继倒闭，首先与读书人数在减少有直接关系。曾几何时，最受年轻人欢迎的是汪国真、海子这些诗人，大众最喜欢的杂志是《读者》、《海燕》这些文学刊物……而如今，诗人似乎被歌星替代，文学杂志也让位于时尚八卦。在社会高速发展的今天，人们越来越缺乏苦心孤诣的阅读和平心静气的思考。在140字的微博还嫌多的人们那里，怎么可能有一本厚厚的书刊的位置呢。社会的浮躁造成了书店的荒废，这的确是人们应该思考的问题。

其次，购书以及阅读的电子化对实体书店造成巨大冲击。网上购书逐渐成了许多人的习惯。网上购书实惠、便捷，一般书籍在网上购买均可拿到极高的折扣，从而受到大部分青年消费者的青睐，网上书城的成本优势让实体书店根本没法比。同时，电子书更多地占领了读者的视野。相比网上购书，阅读电子书籍的费用更低，许多都是免费下载或阅读，这也造成了大部分实体书籍读者的流失。“几百页的图书，转眼工夫就能下载完，而且现在家家都有电脑，不用出门又能省钱，为什么还要挤公交车长途跋涉去书店买那么贵的书呢?”这是很多读者的真实想法。

再次，房价上涨推高了房屋租赁的成本，使原来就饱受夹击的实体书店经营成本陡然提升。书店所得的净利润捉襟见肘，出现亏损便成为常态。

实体书店被网络书店取而代之的趋势越来越明显，书店没落了，但读书的习惯需要持续下去。书本是良师益友，应和我们一生相伴。

159 请对鞭炮"使用过量",再好的风俗也会变陋习这个观点发表评论

迎新辞旧岁,爆竹声声给百姓带来了无尽的快乐。放鞭炮这种习俗在中国已有数千年之久了,成为逢年过节、婚丧嫁娶、乔迁动土等等不可或缺的一部分。特别是中国正月新年时,几乎每家每户都会燃放鞭炮,大街小巷,鞭炮声此起彼伏,烟花照耀天空。虽是喜庆,但在喜庆的背后,人们对烟花爆竹的无度燃放又心存忧虑,有时往往会乐极生悲,伤人、扰民,甚至火灾时有发生。由于每年全国在新年期间因燃放烟花爆竹导致伤亡或引发火灾的案例成倍增长,因此如何更好地利用烟花爆竹成为现代人关心的问题。

适度燃放不仅可以为节日助兴,而且增加了浓浓的风俗气息,但是无度燃放,甚至于攀比炫耀,再好的风俗也会变为陋习。近几年一些城市已相继出台了禁放条例,政府在烟花鞭炮燃放问题上加强监管力度,特别是对烟花鞭炮市场进行严管,在延续传统习俗的同时杜绝了一些无度燃放,保障了市民的人身安全。现在有许多地方已经出现了用音像制品播放鞭炮声来取代直接燃放,这些做法应当大力提倡。

几千年的传统文化应该保留,更应该去合理利用。如今对鞭炮的负面评价浪潮一浪高过一浪,如何使烟花鞭炮的文化意蕴不被使用过量或不当引起的副作用所掩埋,正是人们应该去思考的问题。

160 你怎么看待"虎妈"的教育方式

虎妈,美国耶鲁大学华裔教授,原名蔡美儿,近日她出版的一本名叫《虎妈战歌》的书在美国引起轰动。该书介绍了她如何以中国式教育方法管教两个女儿,她骂女儿垃圾、要求每科成绩拿 A、不准看电视、琴练不好就不准吃饭等。

7 岁的女孩,因为一首钢琴曲弹不好就被强迫从晚饭后一直练到夜里,中间不许喝水或上厕所。这种教育子女的方式在中国大多数父母的身上可以看到。虎妈为子女制定戒律,并自称要"采用咒骂、威胁、贿赂、利诱等种种高压手段,要求孩子沿着父母为其选择的道路努力。"

相比西方社会而言,"虎妈式教育"是东方教育特别是中国教育中比较常见的现象。我们注意到中国式教育注重基础,习惯对学生以海量知识的灌输,习惯培养动作整齐划一、思想千篇一律,于是形成"以严为本"的特点。相反,西方教育注重从小就擅长"学与玩相配合"、"学习与动手相结合",注重启发创意创造,注重学生在学习中的体验和差异化感受,注重人性化模式,擅长释放天性与个性,因此学生看上去更自由自在、更充满快乐。中西方教育对比,中国学生专业基础强,西方学生创造力强,而在社会实践中往往由创造力强者把握事件上端布局整体,而基础强者为辅助下游实际操作,因此那种教育高

明可窥一斑。

“因材施教”是中国的古话。“宽”与“严”要因人而异。大教育先圣孔子教育弟子并未有“虎妈”式的传说。反而我们在记载中看到“暮春者，春服既成，冠者五六人，童子六七人，浴乎沂，风乎舞雩，咏而归。”这样快乐的师生相处画面，经常发现学生可以与孔子平等辩论的场景。有人认为，虎妈式教育主要起于近代，中国社会落后挨打，国民弱势心态作祟，望子成龙，欲其奋发图强却矫枉过正。虎妈教育目前在国内也遭受到较大规模的反对，中国古话“谆谆教诲”经常与“循循善诱”相伴，可见在传统意识形态里，虎妈的教育并非中华主流。在全球化的文化交流中，虎妈式教育必将被更好的更有益青少年健康成长的教育方式逐步替代。

161 你对北京“文明交通行动计划”是怎么看的

“文明交通行动计划”，是由中央文明办和公安部联合推出的创造良好道路交通环境，进一步提升公民文明素质和社会文明程度的计划方案。其具体内容为“力争通过三年努力，使公民交通出行的法制意识、安全意识、文明意识明显增强，交通事故明显下降，交通执法更加规范，交通管理更加科学，交通秩序明显改善，文明交通长效机制进一步完善。”

“文明交通行动计划”的提出是很有必要的，可增强市民的安全出行意识和传播文明交通观念，它所倡导的文明行车恰恰就是中国所缺乏的一种道德规范。随意并道、强行超车、乱闯红灯等不良习惯不但阻碍了交通有序运行，也给周边行人带来了极大的危险。普通百姓交通素质的提高，显然是缓解交通问题的最好方法。

然而，“文明交通行动计划”展开的文明教育和规则处罚是否能够落到实处呢？对于普通百姓，自然不必多言，政府部门是一个极需要承担社会服务责任的角色。道路上飞扬跋扈的，经常是一些军车、公务用车。特权车一日不除，文明交通便一日是空谈，而这不单单是交通问题，更是复杂的政治问题。

单纯的教育和责罚并不能完全解决问题，海外大城市交通顺畅的原因，除了良好的公民素质和积极的政策法规外，还有先进的城市交通设计理念。而我国城市在建设之初，大多没有考虑到私家车这个因素。管理部门在教育和责罚的同时，应该好好考虑如何拓展城市交通功能，用物质硬件确保交通的有序通畅。而我们则应该尽一分力，来支持文明交通行动计划。

162 每到中秋节都有不少天价月饼应运而生，你怎么看

每逢佳节倍思亲，中秋节吃月饼代表团团圆圆。月饼是象征中秋佳节团圆的一种吉

祥食品，它蕴含着人们对圆满和幸福的追求，表达了一种单纯而美好的愿望。提起中秋节，我的脑海里总是浮现出一幅画面：全家人在院子里围坐，一轮纯净、明亮的圆月和美酒佳肴相伴，一家老小吃着月饼谈笑风生，回忆过去、细数现在、畅想未来，这是一幅温馨而美好的画面。在这样的气氛下，相信谁也不会在意月饼的价格，月饼存在意义绝不是金钱可以衡量的。如果没有团圆祥和的气氛，再昂贵的月饼也不能体现中秋节的意义，反而让单纯而美好的愿望蒙上了一层凄凉。

天价月饼的出现伴随着一些不单纯的目的。一方面，天价月饼几乎都成了礼品，助长了社会歪风；另一方面，月饼厂家用天价月饼作为噱头，只为了赚取消费者眼球，有些天价月饼最终成了人们围观的"花瓶"，完全体现不出中秋"吃月饼盼团圆"的美好意义。

天价月饼的原料大同小异，贵就贵在包装上，而这些过度包装又不能被二次利用，造成了对环境的极大破坏。

天价月饼的出现，不仅不能为节日增加气氛，反而助长了人们对金钱的浮躁追求。所以，让月饼回归自然淳朴，让人们的中秋节过得依旧唯美、单纯而没有负担和杂念，是我们的共同追求。

163 广东某城区的一个宣传灯箱上，赫然写着"见利勇为，弘扬正气"八个字，你怎么看

"见义勇为"与"见利勇为"一字之差，但语义却完全变了味。

一些网友喊着"世风日下"，表示完全不能接受这样带有铜臭气的宣传语，认为这是对中华文明和道义的侮辱。但是也有网友认为，这则标语用得没有问题，他们觉得现如今，有的人确实将"义"和"利"画上了等号，政府用"利"鼓励市民做好事的情况也不是没有过，深圳对扶起老人的孩子就奖励了上万元。

见义勇为奖励机制与"见利勇为"绝不是一回事。见义勇为奖励机制的法定化是合理的，它可以让英雄流血之后不至于流泪，见义勇为遭受伤亡之后有一道政府社会共同铸就的屏障，有了保障才能在一定程度上鼓励大家见义勇为。但"见利勇为"直接将金钱与义举作了因果的诠释，这显然是一种本末倒置，更是对"道义"二字的公然侮辱。

"重赏之下，必有勇夫"，这句话说的是不分是非、不分黑白、不讲道理的杀人之勇夫的产生，是黑社会悬赏找杀手时用的，把这样的话语用来佐证见"利"勇为的合理性岂不是很可笑？"见利勇为"充其量只是比"重赏之下，必有勇夫"高了那么一点点，仍然是以金钱衡量道义。中国人讲究情义无价、道义无价，现在全用钱来衡量，何以指望社会风气向好的方向发展。

因此我认为，见"利"勇为绝不等同于见义勇为的奖励机制，是不能当作宣传标语进行推广的。

164 现在人们对好人好事有了防备之心，出现了“见到跌倒老人不敢扶”的现象，对此现象你怎么看

做好人好事本应大力提倡，但是近年来，路上跌倒老人无人扶的事件却频频发生。每当这样的事件发生时，人们总是摇头感叹世风日下，但是越来越多的人在遇见跌倒老人时还是选择了离开。

从小我们就被教育：尊老爱幼是传统美德。人们内心并不是不愿去做像扶起跌倒老人这样的小事，而是不敢扶。江苏南通一位长途车司机“救人”后反遭“诬陷”，这位司机在路上扶起一位受伤的老太太，事后，老太太一家指认司机为“肇事者”。所幸该司机所开车辆装了“监控”探头，一看录像真相大白，司机“侥幸”脱身。这种情况近年来并不少见，然而像这位司机一样顺利脱身的却并不多。见义勇为的人转眼成了肇事者，冤屈无处诉说。正是这些案例，让人们心寒，从而选择逃避。

我们不能一味控诉世风日下，也不能仅仅寄希望唤醒人们的道德意识，因为这都不是问题产生的根本。要改变缺乏社会责任感的风气，就务必从完善相关法律法规着手。当助人为乐抑或见义勇为者受到委屈不公时，司法审判绝不能匆匆了事，让“正义”流泪。执法机关则应该主动广泛深入调查，克服举证困难，给见义勇为者洗刷冤屈。另一方面，在保障公众合法权益的同时，还要对那些故意的“讹诈”行为给予严重警告，情节严重者给予严厉惩处。

健全的法制保障体系以及合情合法的司法判决能够促进社会“正义”之风慢慢形成。期待着我们社会的法律和法规能尽快完善，堵塞漏洞，让热心助人、见义勇为者不会因为伸出的热心之手，而遭罹无妄之灾。

165 市场上充斥着不少花哨好玩的学习用品，“朴素”的传统文具却很难买到。请阐述你对此现象的看法

事物是不断变化发展的，没有发展便没有进步，但发展却不能脱离本身存在的意义和价值。文具的作用是学习用品，不是玩具，吸引天性爱玩的孩子去购买花哨好玩的学习用品，是不合适的。

首先，孩子天性爱玩，孩子的心智发展水平的确会在游戏中得到提高，我们不能阻挡孩子游戏的本能，但是玩耍也要分时机，学习的时候就应该专心，这时候去游戏不仅学不好还玩得不痛快。孩子本身自控力差，我们应该给他们提供尽量无干扰的学习环境，花哨好玩的学习用品会分散孩子的注意力，让学习效率大打折扣。

其次，花哨好玩的文具比传统“朴素”的文具要贵，花样又多，很容易让学生形成攀比的心理，这对于孩子的成长有百害而无一利。

再次，花哨的玩具质量参差不齐，很多是有毒塑料制品，近几年来就出现多例由于文

具质量不合格而对孩子身心造成危害的案例。

因此，我并不赞成学生用花哨好玩的玩具。有责任感的文具厂商应该追求进步、追求突破，精力应该放在质量的提高、用途的开发上，而不是放在如何花哨好玩方面。

166 你如何看待农民家庭消费结构中的人情费支出

以前农村送礼多是过年和婚丧嫁娶上的亲情礼或友情礼，而现在有生孩子礼、满月礼、结婚礼、生日礼、建房礼、乔迁礼、升学礼、参军礼、开张礼等等，再加上逢年过节的人情来往，人情礼已经到了层出不穷、难于应付的地步，严重影响了农民的正常生活。

家里有喜事，邀请亲朋好友来热闹一下，这是人情往来同时也是民俗，毕竟我们生活在社会中，需要人情交往。在这份人情中，送礼喝喜酒只是其次，关键是送去衷心的祝福。这样的人情交往让我们感到快乐，并且已经成了我们生活的一部分。但是人情交往不能太泛滥，有些人不管家里大事小事，都要邀朋办酒，不管熟悉的程度如何，只要认识就下张请帖，酒席的数量越办越多，虽然表面看起来足够热闹，但是效果往往差强人意。

表面上看，酒席办的数量多，送礼的人不少，当事人有面子，其实不然。礼好收，人情难还，再加上其他人有事也如法照搬，那送出去的礼钱也是不小的数目，反而给每家每户增添了负担。人情怪圈虽然看不见摸不着，但却是真实存在的，正常的人情交往因为融入太多的世俗而有些变味了。很多时候送礼变成了一种强制，人情的味道越来越淡，交易的味道越来越浓，形成了一种恶性循环。

其实这个问题，不光是农民家庭，社会中的每个人都会遇到，就连我们学生对此也有感受。以前同学过生日时，买个蛋糕大家一起许愿庆祝，非常开心。后来同学间过生日流行起送礼物，生日聚会变成了送礼聚会，大家还对生日礼物的轻重、价钱有所衡量。时间长了，庆祝生日的开心就少了，大家把太多精力放在了挑选礼物上，而且碍于面子，为了不让自己的礼物显得寒酸，大家甚至节衣缩食，降低自己的生活质量。这样的生日礼让同学们感受不到庆祝的快乐，无奈之下很多同学约定，过生日同学之间不再送礼物，只是吃饭庆祝。因为负担小了，庆祝的意义又变单纯了，同学们都很开心。

所以，要从人情怪圈中逃脱出来，还需要大家敢于抵制。如果我们每个人都能够从现在做起，避免那些不必要的人情往来，相信人情会有回归淳朴的那一天。

167 媒体靠什么树立自己的公信力

媒体的公信力指的是媒体的社会信誉度，即社会与公众对媒介机构的积极性评价和赞誉的程度。媒体公信力是媒介机构取信于社会与公众，保持自身良好社会形象，求得自身生存与发展的基本条件。反言之，一家媒介机构要想取得自身的生存与发展，要想在社会上保持良好的形象，就必须具有良好的公信力。历史和实践都表明：凡是具有良好公信力的媒体都会受到社会与公众的信任和拥护，反之，凡是缺乏公信力的媒体，都会遭到社会与公众的反感和唾弃。

我认为，媒体要有新闻自由、言论自由，这是使媒体具有良好公信力的基础。一家媒体如果不能使人们获得各种正确真实的新闻信息，报道态度不端正、不认真，甚至是愚弄民众，那么媒体的公信力何来呢？另外，民众还要有表达自己思想观点的自由，媒体了解民众的需要和心声，能够让民众自由、公开、恰当地表达意见，使媒体成为受众和政府、社会沟通的桥梁、平台，这样媒体的公信力自然会上升，会得到民众的拥护。

其次，媒体产品质量决定媒体公信力的高低。在媒体市场竞争日益激烈的情况下，谁生产了品高质优的精品，谁创新了与时俱进的内容，谁树立了独特鲜明的风格，谁就会拥有更多的受众，谁就拥有更高的公信力。因此，媒体不能只在形象宣传上下工夫，而要注重产品的质量，这才是公信力树立的根本。

以上是从我个人的角度，也是从一个普通受众的角度谈了一下对媒体树立公信力的建议。或许以后我也会成为一名媒体工作者，希望能在具体工作中贯彻这些原则，以一个普通媒体工作者的身份为媒体公信力的树立贡献一分力量。

168 对于“留守儿童”和“用工荒”的矛盾，你有什么看法

以往我国背井离乡外出打工的农民工特别多，要在工业发达的沿海城市找农民工是比较简单的事。如今情况发生了很大的变化，春节前许多农民工返乡之后就不再回来了。长三角、珠三角“用工荒”的背后，是国人生活观念的转变，也是中国产业转移和中西部大发展的必然。而通过调查，导致“用工荒”还有一个重要的原因，就是“留守儿童”问题。

“留守儿童”长期亲情缺失，再加上代管不力，引发了很多问题。不认识父母、性格内向、古怪，甚至充满仇恨、离家出走、自杀等等，“留守儿童”问题已经引起身为农民工父母的严重关切并开始采取行动。

河南一位农民工春节回家后，发现孩子的性格变得古怪，好像心里充满了仇恨一样，对任何事情只要一不顺心就会大发脾气。原来，幼儿园的小孩子一直在嘲笑他，说爸妈不要他了，而爷爷奶奶对他又过于宠爱，什么事都顺着他。这位农民工表示：“我这辈子就这样了，不能让娃再跟我一样，宁愿少挣点，也要培养好他！”春节刚过，虽然原来工作的企业承诺把他的工资加到 2600 元，可他根本就不为之所动，铁了心要跟 4 岁的儿子在一起。社会上像这样的案例并不少见，实在让人感到担忧。

现在，一方面我们对“留守儿童”问题得到社会普遍关注感到欣慰；另一方面，东部企业的“用工荒”问题也得想办法加以解决。我认为要解决这个矛盾，企业应该主动去解决职工的后顾之忧，比如农民工的住房问题、子女的上学问题等，只有这些问题解决了，职工才能安心、踏实地为企业贡献力量。当然，政府的配合必不可少，需要出台政策去帮助、扶持企业解决这类问题。只有这样，才能从根本上缓解“留守儿童”和“用工荒”的矛盾。

169 你如何看待网络上热议的“警察跳街舞”视频

一提到警察，给我们的印象都是刻板严肃、整齐划一甚至有些“不近人情”，这都是警察的工作形象。可是无论从事何种工作都有业余生活，即使工作性质有些特殊的警察也不例外，警察也有活泼亲切的一面。我觉得，如果在警察的日常工作中，适当地表现他们活泼亲切的另一面是很好的，因此公安微博发“警察跳街舞”视频值得尝试，甚至是一种值得鼓励的时尚表现。正是借助这样一种时尚、亲民的形式，警察完成了一次与市民的情感共振。

近年来，警民矛盾比较突出，在全国舆情监测中，各地发生的严重负面新闻中涉及的主体首当其冲就是公安部门。因为他们直接与百姓接触，处于社会矛盾的前沿，而且警察的工作性质让他们习惯于保持严肃、理性甚至有些不近人情的形象。因此，这些矛盾中，相当一部分并不是因为工作本身，而是与缺乏警民沟通有很大关系。公安部门传统的宣传方式过于理性，面孔过于“正经”，虽然说的都对，也是为了民众负责，但这种缺乏感情的说教，难以被公众接受。从宣传效果看，这次的民警街舞拜年有着非常积极的意义。在春节期间，抓住传统宣传的症结所在，改用跳舞拜年这种老百姓喜闻乐见的形式，引起了大家的兴趣与关注，顺利地完成了一次民警与百姓的情感互动，拉近了警民的距离，有助于增强相互间的信任，实在是可喜之举。

170 请谈谈你对民间艺术、文化发展的看法

我国是一个历史悠久的文明古国，有大量的非物质文化遗产，其中的民间艺术更是丰富，对此我们感到自豪，但同时也有担忧。随着全球化程度越来越高，社会的发展速度超出我们的想象，这让我国的非物质文化遗产受到越来越大的冲击，一些依靠口授和行为传承的文化遗产正在不断消失，许多传统技艺濒临消亡，因此加强我国非物质文化遗产的保护已经刻不容缓。

对于这种现象，不管是专家还是百姓都很关心，也一直在呼吁：“弘扬民间艺术，和谐

文化发展”。那么为了达到这个目标，我们又该如何去做呢？我以有限的经历和思考来提几点建议。

首先，我们可以推广青年学生的实践教育，组织他们接触民间艺术，让更多的学生了解民间文化艺术结晶，让更多爱好民间艺术的学生走进民间艺术创作，创新出富有时代气息又具有专业水准的新品种，使民族传统的文化艺术在当今社会经济大潮中有更大的生存空间，并能发展壮大。

其次，我们还可以在专家的引导下、在政府的支持下，把民间艺术发展为文化产业。这样不但可以展示民间艺术的独特优势和强大魅力，使这些祖辈们的智慧结晶得以流传下去，而且可以活跃城乡人民的精神文化生活，以非物质生产的方式分流农村富余劳动力，使当地农民脱贫致富，从而成为一种双赢的文化产业模式。

171 请评论网络流行语“我爸是李刚”

网络流行语“我爸是李刚”着实火了一阵子，这句话刺激着国人早已麻木的神经。“我爸是李刚”既反映了当前中国社会中客观存在的特权阶层“官二代”的嚣张跋扈，也表现了草根阶层的愤怒与无奈。而媒体新宠网络无疑在这场维护正义、批判新式权贵的事件中充当了急先锋的角色。

“我爸是李刚”并不是时下流行的炒作，也不是有人刻意为之，而是真实地发生在我们面前的恶性事件，折射出的是中国社会存在的深层问题。

类似于“我爸是李刚”的案件现在已经不在少数。究竟是谁赋予了他们这种目空一切，嚣张狂妄的权利？家庭教育的失败显而易见，但真正让他们有胆量当着众人的面作奸犯科却又堂而皇之的却是特权的存在。正常的人即使做坏事也不会当着大庭广众的面，因为他们知道有风险，顶风作案是作茧自缚。但是这些人无所谓，因为年轻气盛的他们知道，他们背后有一个可以摆平任何事的“爹”。新出炉的“四大名爹”正是这种观念的真实写照。有了这样的爹，还有什么需要畏惧的？在屡试不爽之后，目无法纪也就成了他们生活的一种正常状态。综观社会，这种一人得道、鸡犬升天的现象早已不是“官二代”的专利，而成了相当一部分“富二代”、“名二代”的群体特权。

无论是李刚的儿子，或是李双江的儿子，他们都忘记了他们的爹原本也是平民中的一员，忘记了他们的爹也是通过努力获得人民的认可后才有了如今的地位，但这种地位是人民赋予的，而人民大众才是这个国家真正的主人。“王子犯法与庶民同罪”。现在已经不是“王侯将相宁有种乎”的时代了。感谢有高科技的网络，它让世界上的任何丑态都无法瞒天过海。在人民的力量最伟大的今天，请那些自视为“官二代”、“富二代”、“名二代”的群体还是要收敛些，否则不仅丢了“爹”的脸，还输了大好人生。

172 新中国60华诞选出的100位“人民英模”，给你带来什么样的思考

新中国60华诞之际，选出了100位“人民英模”，缅怀历史，激励斗志，号召全党全国各族人民紧密团结在以胡锦涛同志为总书记的党中央周围，满怀信心地沿着中国特色社会主义道路奋勇前进。“人民英模”是为新中国的建立和建设作出了杰出贡献的人，他们坚定了我们爱党、爱社会主义、爱改革开放、爱伟大祖国、爱中华民族的意志，成为立志为祖国复兴、人民进步努力奋斗的最强音。

这些英雄模范为新中国谱写了一曲曲优美乐章，我们不能忘记也永远不应该忘记他们。是他们怀着解放民族、解放全中国的崇高信仰，不畏艰难险阻，抛头颅洒热血，为我们争取到一个和平、民主而自由的新社会；是他们践行着复兴中华、建设新中国的忠贞理想，甘当铺路石，奋斗在第一线，为我们今天能屹立在世界东方鞠躬尽瘁。他们对美好生活的执著追求点燃了千千万万个国人崛起的希望，也成为那个时代无数个为理想信仰而奋斗的先辈的缩影。那一个个闪光的名字：毛泽东、李大钊、方志敏、陈延年、赵一曼、董存瑞、王进喜、雷锋、焦裕禄……每一个伟人名字的背后都是催人奋发的感动。

我们不能忘记历史，不能忘记这些我们今天幸福生活的缔造者。对今天得来不易的富足生活，不忘本、饮水思源有着更加重要的现实意义。当经济社会的铜臭让民族集体麻木的时候，这100位“人民英模”让我们重新找到了信仰的力量。史可以明智，中华民族的优良传统决不能丢弃。在我们国家建设和谐社会的关键时刻，我们希望涌现出更多感动中国的人物，为中华民族的伟大复兴而奋斗不息。

173 暴力拆迁时有发生，你怎么看待这个问题

近年来暴力拆迁的事频频出现，引起全社会的广泛关注。当“不拆迁就没有新中国”、“老百姓与政府作对”的提法屡屡挑战着众人底线的时候，反暴力拆迁就成了普遍认可的群体行为。那么暴力拆迁究竟折射出什么样的深刻问题呢？

不可否认，正当的拆迁可以改善我们的住房条件，美化我们的城市。但当这种拆迁演变成为一种用暴力手段野蛮强制执行的时候，也就等于把政府推到了社会公众的对立面，不仅不利于政府公信力的塑造，也会影响社会的健康发展。暴力拆迁的背后反映的是部分官员权力的滥用和淡漠的法律意识。这些领导官员无视群众的正当权利，肆意践踏道德和法律的底线，把片面追求政绩、满足虚荣私欲作为目标，势必与社会主义价值观格格不入。暴力拆迁也暴露了有关部门监管不力的现实。在国家三令五申要依法行政、维稳求新的口号之下，依然会出现如此多的暴力行为，实在让人惊叹不已。在把中央政策当作“一纸空文”的背后，各级权力机关都应该认真地反思。

人民的利益高于一切。我们的政党从成立那一天起就本着服务大众、为民请命的原则，在人民群众的拥护下建立了新中国，走进了新时代。在全体人民享受改革开放的硕果时，“以人为本”依然是新时期我们的政党必须常抓不懈的正确选择。暴力拆迁带不来社会的长治久安。当某些官员畅想着由暴力拆迁创造政绩而平步青云的时候，请想想国家和人民的利益。多行不义必自毙。只有真正把人民群众的利益作为各项工作的出发点和落脚点，我们党和国家的事业才能不断向前推进。

174 你如何看待各地陆续取消特权车牌

在治理交通拥堵的社会大讨论中，“特权车牌”成为焦点。特权车牌享有道路优先通行权等“特殊权利”，因此，一些政府部门和相关单位也争相使用特权车牌，一度造成特权车牌泛滥。但有些特权车由于某种特权不遵守交通规则，乱用警灯，乱鸣警笛，乱闯信号灯，严重影响了正常交通秩序，降低了党和政府的公信力，也因此受到社会各界的诟病。取消特权车牌是大势所趋，是一项利国利民的举措，我们不仅要取消这种非正常车牌，更要根除隐藏在背后的特权思想。

取消特权车牌对促进政府廉政建设，进一步密切政府与民众之间的关系，维护政府机关声誉起到一个很好的带动作用，是实现法律面前人人平等、端正作风、和谐社会、顺乎民意的一件大好事。取消特权车牌，不仅仅取消的是一个牌照，更是将人们置于一个民主平等的环境，人人都能参与社会公平建设。因此，“小小车牌”的改变反映的却是社会的一个大进步。

让特权还俗是普通大众拍手叫好的举措，但是否能落到实处，而不只是换汤不换药，则是关键。既然是有着特殊权力的车牌，那么就一定有特殊势力的存在。因此，若想彻底取消特权车牌，除了需要政府相关部门加大监管力度，还需要从思想和制度的源头入手，在全社会树立起平等意识，摒弃特权观念，切断一切用不合法的手段办理特权车牌的路径。同时要对顶风违法人员执法必严，违法必究。

取消特权车牌是政府向特权宣战释放出的一个积极信号，显示了党和政府打造阳光形象、时刻为人民服务的雄心斗志。这种措施顺应时代发展的要求，深得民心民意，因而应成为政府其他部门效仿的对象。

175 谈谈你对食品安全的看法

网络上有一个话题，说中国的食品安全问题已经教给大众许多化学知识。这个话题反映的是中国当前社会中出现的一个非常令人担忧的问题，而这个问题的核心是人类生存之本的食品安全。“民以食为天”,“人是铁,饭是钢,一顿不吃饿得慌。”当大头娃娃、三聚氰胺、苏丹红、瘦肉精、火锅底料、过期食品超越了人们对化肥、农药的担心之后,我们想象不出还有什么食品是安全的,生命健康又能怎样得到保障。

接连不断发生的恶性食品安全事故让人“谈食色变”。造成这些触目惊心事件发生的原因很多。商家道德缺失,利益诱惑是其一。面对滚滚财源,商家对经济利益的追求同时早已忘却了公众的健康。而法律部门在食品安全问题上的盲点及政府在监管和执行方面的相互推诿,则助长了不法商贩的造假气焰。另外消费者食品安全意识的淡漠也让假冒伪劣食品有了可乘之机。

食品安全是全社会都需要重视的大事,关系到中华民族的繁衍生息,全社会都需要行动起来,拒绝和抵制一切有违食品安全的行为。但仅仅意识到这个问题的严重性是远远不够的。国家和政府必须采取强硬措施取缔一切可以发生食品安全问题的源头。首先要加强执法力度,提高监管食品安全的相关部门的管理能力,加大监管和处罚力度。其次要强调行业自律,强化对食品污染源头的治理。再次要加大食品安全的舆论宣传力度,增强老百姓的食品安全意识,不让任何非安全食品有生存的空间。

在提倡绿色食品、健康食品的今天,在以人为本,人民利益高于一切的今天,口号并不能使我们获得长治久安。只有全民行动起来,揭露违法、遏制一切造假行为,才能让食品迎来真正的安全。

176 科学大师钱学森提出“为什么我们的学校总是培养不出杰出的人才”的问题,这让你想到了什么

“为什么我们的学校总是培养不出杰出的人才?”病榻上的钱学森问前来探望他的温家宝总理。钱老所指的人才指的是能为中国科技领域作出卓越贡献的人才。其实这个问题自从中国被西方列强轰开国门的那一刻就一直萦绕在国人的心头。

“犹太人的口袋,中国人的脑袋”,是说犹太人口袋里装的是钞票,中国人脑袋里装的是大智慧。灿烂辉煌的中国史可以证明中国人的聪明才智。但到了近代,我们却落后了,而身处于新世纪新中国的我们为什么仍然看不到杰出人才的出现?中国的教育究竟出了哪些方面的问题?杨振宁先生在谈到中美教育方式的比较时认为,中国传统教育提倡按部就班的教学方法,认为认真的学习态度,有利于学生打下扎实的基础,但相对来说缺乏创新意识。而正是这种创新意识和独立思考能力的缺乏,让我们只能出专业领域的人才,却出不了大师级的人物。另外应试教育、学术腐败等制度上的缺陷也让我们离杰出人才的培养存有差距。

我们经常能看到拖着沉重的书包,迈着蹒跚的步履往来于学校与住处之间的孩子。我们也经常能看到大小各式辅导班在学校附近或网络上的宣传信息。还有屡禁不止的“奥数班”以及越演越烈的出国低龄化趋势。无数的案例让我们为这个国家的下一代担

心，更为我们这个国家的未来担心。

我们拥有着世界上任何一个国家都无法比拟的众多硕、博点和研究人员，却没有一个可以称霸科学界的诺贝尔奖获得者。只有一流的教育才能培养一流的人才，才能建设一流的国家。当近亲繁殖与学术腐败大行其道，当应试教育束缚了我们最宝贵的创造力的时候，教育改革势在必行。

177 当看到日本发生9级大地震的新闻，你的感受是什么

当日本发生9级大地震的新闻传来的那一刻，我为之兴奋不已。日本侵华的暴行闪烁在我的眼前，日本当局对历史的冷漠，对于侵华没有任何的内疚也让我愤恨。这是对他们恶行的惩罚。但随后的一条条新闻、一张张图片却让我陷入深深的悲痛。大自然对人类毁灭性的破坏让人痛心，日本灾区人民受到的人身伤害让人揪心。在可怕的自然灾难面前，狭隘的民族仇恨显得是那样的不合时宜。

人世间再也没有什么比生命更宝贵的东西了。其实不管是日本、中国或是其他国家，人的生命都是最宝贵的。我们对生命的尊重应该是无国界的。日本的大地震让我想到了之前发生在汶川和玉树的大地震。那两次惨烈的大地震夺走了成千上万我们同胞鲜活的生命。那些幸存者绝望的眼神、家破人亡的痛苦至今还让我记忆犹新。也是那场地震，让我看到了全世界人民对我们受灾地区的支援，不仅是物质上，更是一种道义上的支持。这其中就有日本的援助人员。他们的认真、敬业和爱心曾经让许多中国人感动。

屈辱的历史难以忘记，日本曾经给中国人民带来的苦难一定要铭记于心。但我们需要正视历史，需要冷静地分析当前的客观情况。“有容乃大”，只有拥有宽阔的胸怀才能让我们更加自信、自强，这也正是中华民族生生不息的一种优秀品质。面对人类自身力量无法控制的大灾难，不管这种灾难发生在哪个国家，我们需要做的应该是传递爱心，为百姓祈福，需要做的是全世界同心协力，共渡难关。

178 谈谈“申博热”

近些年来，“申博热”一直高烧不退，蔚为壮观。一方面，广大学子对能成为一名博士生趋之若鹜，另一方面，众多高校竞相申请博士点。两方面的需求促成了今天的申博热潮。作为高级人才的培养，博士热随着中国教育体制的改革、升学率的提高而成为一种必然。但如果将博士教育变成一种功利化的手段，而不是与当前中国实际相结合，那么不仅难以保证培养质量，还会带来诸如就业难等一系列社会问题，造成国家资源的巨大浪费。

博士是高等教育的顶尖人才，博士教育不仅反映一国的教育水平和科研水平，也影响着国家的知识创新能力。有资料显示，自从 1982 年我国第一批 6 名博士研究生毕业到现在，规模已经实现了“赶美超英”。但令人费解的是，众多的科研人员至今鲜有可圈可点的研究成果。很多博导一人需要指导几人甚至十几人的博士生大军。有的博导还要带为数更多的硕士研究生，或是身兼社会其他头衔。如此繁重的劳动量让博士生与导师的交流成为一种奢望，更别说耐心指导。

我们不否认有许多认真负责，对专业领域执著追求的高水平博导，也有为数众多的想在专业方面有所建树的莘莘学子。但是我们也要看到“申博热”背后的利益驱动。博士点不仅是学校考评的重要指标，也意味着不菲的经济价值。因而对博士点的评审自然也就变成了众多高校争相“破蛹化蝶”的一道坎，也因此容易沾上功利的气息。

教育是一国之本，直接关系到祖国的未来。让“申博热”降降温，让我们的高等教育留有一片神圣的净土，是我们共同的理想。

179 请评论日本大地震后，中国有些地方群众囤盐的现象

日本在地震，中国在抢盐。这是日本大地震后，中国有些地方的真实写照。不少民众听信了吃盐能防辐射的谣言，以迅雷不及掩耳的速度将超市的食盐抢购一空，甚至酱油和咸菜也不放过。而不少商贩则是乘机抬高盐价牟取暴利，扰乱市场秩序。一时间“盐如玉”风靡全国。

日本是重灾区，但日本人的生活依然井井有条。反观我们中国，原本平静的生活却让一条谣言弄得全体人民惊慌失措。即便有专家迅速辟谣，政府迅速采取一系列措施遏制事态蔓延，但“盐荒”还是搅得国人心烦意乱。这种鲜明的对比不能不让人深思。纵观近些年来陆续出现的一系列“抢”。2003 年非典时期，醋和板蓝根被一抢而空，当醋和板蓝根还没派上用场，非典就已远去。还有“蒜你狠”、“豆你玩”、“糖高宗”等一些耳熟能详的网络新词，无一不证明国人的“抢”功很厉害。为何这种令人费解的现象总是发生？在其背后，我们看到的不仅是不良商贩的暴利和国人脆弱的神经，也看到了国家对造成这种现象的控制力度不够。

巨大的利润让部分商贩铤而走险，不惜造谣生事。政府则需要完善法律法规，加大监管和处罚力度，动用各种手段铲除这种非正常的产业链条，杜绝此类现象再次发生。但是光有政府的努力是远远不够的。我们的民众必须要提高辨别能力，冷静分析，不要轻信谣言，不给不良商贩可乘之机。只有全社会各司其职，那么类似于囤盐这样的现象才能避免出现。

180 北京大学招生办公室主任刘明利特别指出，北大自主招生将不招收生活中不孝敬父母的学生。你如何看待此事

北京大学招生办公室主任刘明利提出："北大自主招生将不招收生活中不孝敬父母的学生"，在社会上引起了很大争议。有些人认为北大此举是将学生德育推到一个重要地位，无疑会促进社会的进步。但有些人也对北大的这一提法表示了担心，他们认为，孝顺父母是每个人都必须具备的品德，因而不应该单独列出来，况且孝顺的标准并不统一。如果由于此提法的实施造成了人才的流失，那么，此举显然违背了教育的公平性。

百善孝为先。我认为北京大学的这一提法有其合理性。自古以来，孝顺父母都是中华民族的优秀传统。一个不孝敬父母的人，很难想象他能对其他人、对国家以及对社会作出贡献。大学是为国家和社会培养人才的地方，这种人才应该是德智体全面发展的全才。其中德育无疑是最重要的内容，牵涉到整个民族的兴衰。一个有德之人必然是一个能身担重任，懂得荣辱，对家庭和社会负责任的人。只有这种有德之人才能真正为民族和人民的利益殚精竭虑。有德之人这种正确的人生观和价值观不仅会指导他一生的志向和行为，更会通过言传身教影响下一代。反观我们的社会现实，生活富裕了的表象下，人情却相对冷漠了，一些不忠不孝的现象时有发生，特别是一些拥有高学历的年轻人不懂孝道、伤害父母的事情更让人心寒。因此我们有必要将以孝顺为首的民族美德再次提到世人面前，让这种百善孝为先的传统美德在国人之间发扬光大。

我赞成北京大学的这一做法，但我们也要注意，不能让这种提法走了样，变了味。我们需要对学生孝不孝顺有一个客观评价，对不孝背后的原因多加分析，而不是一棍子打死，否则造成人才的流失也是一种损失。

第六部分　时政话题热点

181 对于温总理在《政府工作报告》中提出“要让人民生活得更加幸福、更有尊严”的表述，你如何理解

“要让人民生活得更加幸福，更有尊严。”当国务院总理温家宝在《政府工作报告》中提出这一表述后，其中的“尊严”一词立即成为社会热词之一，激起老百姓对幸福、尊严的重新审视。

幸福无法用数字量化，但每个老百姓心中都有自己的一杆秤去衡量。尊严是幸福的前提，没有尊严，何谈幸福。要让人民生活得更有尊严，是对我党执政为民、以人为本的执政理念做出全新的诠释。住有所居、病有所医、老有所依，这些最基本的民生问题若得以解决，那么人民最基本的生存权将会得到保障，人民生活才能更有尊严。稍微了解中国政治的人都清楚，温家宝是在代表执政党向中国人民做出承诺。改革开放 30 多年来，我国的经济发展迅速，社会保障更加完善，中国老百姓也基本告别了“温饱”时代，向小康社会迈进。

仓廪实而知礼节。人民的生活尊严是由物质和精神两方面组成，两者不可或缺。只有衣食无忧，人才会开始追求精神上的提升。党赋予“以人为本”新的内涵，更加重视人的全面发展，更加重视人的内心和精神感受，也就是所谓的“尊严”。公民尊严的保障，依赖于各级政府机关、审判机关、检察机关依法行使权力，保障公民基本权利，依法合理理清公民之间、公民与政府之间的权利纠纷。

当政府权力健康积极地被运用保障公民权利，当政策施行更加透明，当社会公共服务更加健全均等时，一个更有尊严、更加公正、更加和谐的社会也将随之来临。

（资料来源：中国广播网 http://china.cnr.cn/yaowen/201003/t20100311_506137359.shtml）

182 温家宝总理来到国家信访局来访接待室亲自接待上访群众，你对此事如何评价

温家宝总理来到国家信访局接待室亲自接待上访群众，了解上访群众的困难，并悉心听取群众意见。这在新中国历史上为首次共和国总理与上访群众进行面对面交流。

我相信温总理此举并非作秀，温总理是来听取群众的意见，切实来解决群众需求的。古往今来，国家与人民的关系从来就是相依相偎，共同进步的。共和国总理首次与上访群众面对面交流，是用自己的行动给各级领导干部做出了执政典范。

临近春节，温总理与来京上访群众面对面交流，不仅展现了他心怀群众的情怀与作风，更彰显了共产党全心全意为人民服务的一贯宗旨，不失为一堂践行为民宗旨的好党课。这同样是一堂朴实的法制课，依法治国，是党领导人民治理国家的基本方略，是国家长治久安的重要保障，办事依法、依政策进行，处理信访问题同样也应该这样。

现在社会矛盾较多，有些偏远落后的地方群众怨气比较大，有困难找政府是正常的，也是合法的，温总理此举还可在某种程度上缓解社会矛盾。可能有的地方领导同志对于群众上访不高兴、不理解，对群众反映的问题熟视无睹，采取躲避群众，回避矛盾的处理方式，然而这种躲避行为，有可能使小事变大，矛盾上升乃至激化。总理现场解答群众意见，表明政府的态度，这既可以向群众做出庄严的承诺，也可以督办国家行政机关工作人员落实工作，这对于我国各级行政机关了解民意，改进工作，抓好落实必将产生重要的促进作用。

（资料来源：中国政协新闻网 http://cppcc.people.com.cn/GB/45853/13823066.html）

183 《中国国家形象片》在美国纽约时报广场播出，你认为这有助于让美国观众更加了解中国吗

自北京奥运以来，中国展示“软实力”的工作开始加强：放宽外国记者在境内采访的限制，借助国际媒体的影响力来客观报道中国。而国家形象广告也成为展现“软实力”的另一渠道。《中国国家形象片》在美国纽约时报广场播出，有助于让美国观众更加了解中国。

据报道，一抹亮丽的“中国红”在高楼林立的时报广场电子屏上格外显眼，6 块电子显示屏同时播放这段 60 秒的宣传片，显示屏的侧面还有“感受中国”的英文字样。宣传片的开头以醒目的红色为背景，以白色书写中英文“中国”两字。中国各行各业的杰出代表如谭盾、郎朗、袁隆平、杨利伟、姚明、邓亚萍等在片中依次登场，不断吸引路人驻足观看，有助于美国观众更好地了解中国的文化，感受中国独有的含蓄而大气的文化品格。

纽约时报广场，原名“朗埃克广场”，又称为“世界的十字路口”。时报广场被美国人

评为“财富与艺术牵手疯狂的三角地”。平均每天约七万人次的高密度人流，跻身广场，涌动的是世界不同肤色、不同国家、不同民族的人流；展示的是一个没有舞台，没有导演但比导演导得还要绚丽的世界时装模特秀。这里又同是百老汇剧院集聚的中心地，无数演员都以能在百老汇剧场一展演技为荣。

我国国家形象片在这里播出，无疑能让更多的美国人了解中国，感受中国的热情，见证中国的发展。自打我国经济高速发展跃居世界前列以来，越来越多的国家开始关注中国。国内外媒体高度关注此事，认为这标志着中国开始更加自信，主动地展示自己的“软实力”，争夺国际话语权。相信中国国家公关时代已经来临。

184 嫦娥一号卫星在北京航天飞行控制中心科技人员的精确控制下，准确撞击月球，为我国探月一期工程画上圆满的句号。请评论

“嫦娥一号”是中国自主研制并发射的首个月球探测器。它是由中国空间技术研究院研制，以中国古代神话人物“嫦娥”命名。嫦娥一号探月卫星发射成功在政治、经济、军事、科技乃至文化领域都具有非常重大的意义。

从政治领域来看，嫦娥一号发射成功可以充分显示我国综合国力，也展示了我国航天技术发展水平，是中国发展软实力的又一象征，提升了我国在世界上的影响力。

从经济领域来看，航天事业的发展能促进我国经济的可持续发展，美国、俄国等发达国家的信息、生物等高新技术，很大程度上是来自于航天高新技术的优化。我国月球探测工程带动了基础科学和高新技术的进步，对于促进中国社会经济的发展和人类社会的可持续发展具有重要意义。随着我国空间技术的进步，对相关材料的需求必将对相关行业、产业起到更大的推动作用。

从军事领域来看，航天技术对于我国导弹研发、远距离卫星控制等技术具有技术牵引作用。目前我国的导弹攻打卫星、激光摧毁卫星的技术已经随着军事科研的完善而日臻成熟。

从科技领域来看，“嫦娥一号”发射成功将促进我国航天技术实现跨越式发展和中国基础科学的全面发展。月球探测工程促进宇宙学、空间材料学、环境学等学科的发展，而这些学科的发展又将带动更多学科的交叉渗透。

从文化领域来看，月球探测工程给人类本身带来了社会发展理念的“颠覆性改变”，思维与身躯可以同时挣脱地心引力的束缚，实地接触了月球表面，紧跟发达国家的探月步伐，使摸索出的各种科学理论在实践中得到验证或反证。

（资料来源：网易博客 http://hbliujie.blog.163.com/blog/static/70596649200891792129 30/）

185 为什么要进一步加强“三农”工作

温家宝总理在《政府工作报告》中指出：要进一步加强“三农”工作。温总理指出，解决好农业、农村、农民问题，仍然是现在工作的重中之重。要适应我国经济发展新阶段的要求，实行工业反哺农业、城市支持农村的方针，合理调整国民收入分配格局，更多地支持农业和农村发展。要围绕提高农业综合生产能力，实现粮食稳定增产、农民持续增收，从多方面加大支持力度。进一步加强“三农”工作，对于我国政治、经济和社会文化意义重大。

中国近现代历史证明，“三农”问题是一个绕不过去的坎，从孙中山到毛泽东，谁赢得了农民谁就赢得了中国。农民问题是中国近现代政治发展的首要问题。建国后“三农”问题依然是关系国家政权稳固和政党安危的大事。当今时代，党中央更是强调“三农问题是我党全部工作的重中之重”。

近代农民土地问题还是中国现代化进程中的首要问题，解决了农民土地问题就解决了中国最大的经济问题，是中国进入现代化的基础性工作。土地改革、农业集体化和家庭承包是关乎整个中国经济发展的三次革命性实践，是中国近现代经济史中的坐标。以土地问题和农村其他问题为代表的“三农”问题依然在中国经济各方面扮演着最重要的角色。当今拉动内需和增长方式转型的历史重任，也依然要在“三农”领域取得突破，才能算有所成就。

农村社会的变迁和农民的流动是中国两百年现代化进程中最波澜壮阔的画卷，是决定中国社会未来发展方向和文化延续的大问题。现代文明和乡土文明的交汇，城市和农村的互动，农民和市民的转化是当今中国社会变迁的主要方面，这条路经过怎样的过程，达到什么地方，有什么运作结果，也就决定了中国的未来在哪里。

186 加大我国产业结构调整力度的意义是什么

产业结构调整包括产业结构合理化和高级化两个方面。产业结构是当代世界各国发展经济面临的重要课题，既能促进社会经济的发展，又能改善人民物质文化生活。调整和优化产业结构，合理利用资源，创造就业机会，推广先进产业技术，使经济效益最大化，必须加大我国产业结构调整力度。

首先，加大调整产业结构力度，有利于更快更合理地配置产业资源，是我国实现经济稳定可持续发展的一个根本条件。自新中国成立后，历史经验反复证明：产业结构是否合理直接影响到经济的稳定持续发展。调整产业结构，加强制度创新、结构创新，利用市场机制配置资源，激活各行业生产要素，可以调动生产者的积极性和创造性，借鸡生蛋，把蛋糕做大，提高投入产出率。

其次，加大调整产业结构力度，有利于提高产业综合效益。同时，这也是提高经济效益的一个重要途径。产业结构失衡意味着经济效益的大幅下降，加大调整力度，有利于我国经济健康发展，效益得以增长。

再次，加大调整力度是促进经济增长方式转变的重要因素。只有合理调整产业结构，由低水平的工业生产向多种经营发展，由粗放型经济向集约型经济发展，才能真正做到产业致富，满足人民群众日益增长的多元化需要。

第四，加大调整力度，能更快地解决失业率加剧的问题。调整产业结构成为扩大就业的重要渠道，国内现在大学生就业难、公务员考试热等问题都将得到缓解。

最后，加大我国产业结构调整力度，对于改善人民物质生活、减少环境污染等方面都有重大意义。加大调整力度，在夯实农业基础的同时，加速发展第三产业，利国利民，提高了我国的国际影响力。

（资料来源：王海波.调整产业结构的重要意义[J].领导文萃，2010，15）

187 在大力发展社会主义市场经济的同时，也应扎实推进节能减排与环境保护，谈谈你的认识

节能减排出自我国“十一五”规划纲要，节能减排目的在于降低废气排放和能源浪费。此举既能贯彻落实科学发展观，又能推动构建和谐社会的进程。在大力发展社会主义市场经济的同时，扎实推进节能减排和环境保护不仅是建设资源节约型、环境友好型社会的必然选择，也是推进经济结构调整，转变经济增长方式的必由之路，更是维护中华民族长远利益的必然要求。

近年来，党和政府通过开展大规模节能减排行动，在能源资源节约和生态环境保护上取得了显著成就，我国的经济实力大幅提升，人民生活得以显著改善。另一方面，由于我国产业格局短期内未能得到有效改善，经济增长依然依靠很多重工业的生产，各项建设虽取得巨大成就，但生产所造成的环境污染代价巨大，节能减排仍然是我国当前经济发展中的突出矛盾。

我国经济自改革开放开始，一直快速增长，环境污染指数与日俱增，经济发展与资源环境的矛盾日趋尖锐，群众对环境污染问题反应强烈。解决这种状况需采取各种有效措施，加强节能减排工作。首先，应该推行节能减排工作的深远意义，从思想上提升认识。很多人会认为环境污染仍然事不关己，喊喊口号即可。殊不知这些浪费及污染会带给子孙后代无穷隐患。节能减排须从个人抓起，全民参与。其次，领导组织带头，健全环境保护考核机制。建设节约型社会工作机构，健全科学管理模式。将降耗减排指标纳入政府目标责任和干部考核体系之中。第三，需加大产业调整力度，大力发展第三产业。另外，要加快组织培育科技创新，切实增强全民创业，提升生态环保责任感和使命感，形成良好风尚。

坚持节约发展、清洁发展、安全发展，才能实现经济又好又快发展。进一步加强节能

减排工作，是你我应该承担的责任。

（资料来源：散文网 http://www.sanwen.net/article/31407/lvshuiqingshan-zuguo-jieneng-dadi-ganshou.html）

188 国家将进一步促进教育公平，大幅度增加全国教育支出，其意义何在

教育公平是社会公平的重要基础，促进教育公平是中国共产党的崇高理想，是中国共产党始终不懈的历史追求。《教育规划纲要》把促进教育公平作为国家基本教育对策，具有探索和发展中国特色社会主义道路的制度创新意义，具有建设和谐社会政策定位意义，还具有促进社会公平和正义的工作指导意义。

公平正义是人类永恒的追求，教育公平是一种重要的社会公平，在整个社会公平体系中处于基础性位置。教育公平反映了现代化大生产的客观要求。现代化科学技术大生产促使现代公共教育成为可能，大幅度增加教育投入，不仅扩大了教育机会，更为人人享受平等的教育权利提供了物质保障。同时，教育公平也是现代政治民主化的重要内容。围绕着教育权利和教育公平进行的斗争不仅具有教育意义，还具有更为广泛的社会政治意义。教育公平也是教育领域内现代社会文化价值体现。古有“女子无才便是德”，体现出男女接受教育的严重失衡。随着现代社会提倡“男女平等”、“女子能抵半边天”等口号，男女个性得以解放。从此意义上看，现代人的独立和解放为教育公平从理论走向实践提供了文化基础和思想条件。

十年树木，百年树人。教育的根本价值，就是为国家培养具有崇高信仰、博学多才的人才，为社会创造物质财富，从而推动经济发展，振兴民族事业，推动世界和平和人类发展。

（资料来源：中国新闻网 http://www.chinanews.com/edu/edu-jygg/news/2010/02-28/2142744.shtml）

189 文化是一个民族的精神和灵魂，《政府工作报告》中强调要大力加强文化建设，你对此有何建议

文化是一种社会现象，也是一种历史现象，文化是一个民族的精神和灵魂，可以深刻影响一个国家发展的进程，改变一个民族的命运。所以说国家发展、民族振兴，不仅需要强大的经济力量，更需要强大的文化力量。没有先进文化的发展，没有全民族文明素质的提高，就不可能真正提升国家形象，增加民族自豪感。

要加强文化建设，首先，必须加强我国的政治经济建设，即为提高“硬实力”，夯实文化“软实力”。其次，必须加大基础文化建设，弘扬解放思想、改革开放的时代精神，激活中华民族的文化创造力。大力发展公益性文化事业，加快推进文化体制改革，加强公共文化服务体系建设，繁荣文化市场，有效扩大内需。第三，吸收和借鉴其他国家的优秀文化成果，在继承和弘扬中华民族优秀传统文化基础上，积极借鉴多国文化，融

合多种文化特质，推陈出新。积极开展对外文化交流，增强中华文化国际影响力。第四，政府要更好地履行扶持发展公益性文化事业的责任，保障人民群众的基本需求和权益，发展文化产业，鼓励文化创新。第五，立足于中国特色社会主义实践，着眼于人民群众不断增长的精神文化需求，坚持先进文化的先进方向，发展中国特色社会主义文化。

正如温总理所期许的，只要勇于付诸实践，相信中华民族不仅能够创造经济奇迹，也一定能够创造新的文化辉煌。

（资料来源：中国新闻网 http://www.chinanews.com/edu/edu-jygg/news/2010/02-28/2142744.shtml）

190 公务员报考人数居高不下，甚至有些职位竞争比例甚高，你对这一现象如何评论

公务员热一直是众人谈论的话题，公务员考试已经成为高学历人才竞争最为激烈的"中国最难的考试"，考试试题难度逐年加大，报考人数也是逐年递增。在创业和入仕的比较之下，应届毕业生虽缺乏工作经验，但仍然有越来越多的学生选择后者，看来"铁饭碗"这极具诱惑的法宝，已将众多社会精英吸纳过去。但这样的"热"以及导致"公务员热"的理由，在我看来，并非社会福音。

"公务员热"的社会背景主要源于社会就业压力加剧与社会创业环境恶化。大学生就业难是不争的事实，对很多毕业生来讲，毕业即失业。"僧多粥少"的窘境随着每年高校毕业生人数的递增而更加明显。当高校扩招的恶果再碰上金融危机，公务员招考想不热都难。

"公务员热"还来源于父辈们的影响。相信很多学生的父母会从小告诫子女，唯有公务员、教师、医生等职业具有保障性，有了稳定而且待遇颇丰的工作，这辈子就不用犯愁了，恰巧公务员也相对比较体面和轻松。年少的时候，子女们或许不会接受老辈们这样的认知，但随着社会阅历的丰富，现实生存压力的加大，子女已经慢慢接受"稳定才是王道"这一理论，公务员又何愁不热。

考生追求"铁饭碗"和"金饭碗"固然正常，但公务员成为"铁饭碗"甚至是"金饭碗"却极不正常。这种现象是对尚不完善的公务员制度所提出的警钟。若是不打破"铁饭碗"，不以限权来遏制官场腐败，公务员仍旧会继续这样心惊胆战地热下去。

（资料来源：腾讯博客 http://blog.qq.com/qzone/604657/1288566121.htm）

191 公务员考试，大部分职位都限定了"两年工作经验"，这一门槛让不少应届大学毕业生望而却步。你认为这个变化说明了什么

近年的公务员考试，大部分职位都限定了"两年工作经验"，虽然这一门槛让不少应

届大学毕业生望而却步，但我认为这个变化带来的更多是好的一面。

首先，近几年来，公务员考试热高烧不退，有些岗位甚至出现几千比一的录取比例，其中参加公务员考试的大部分是应届毕业生，对于公务员工作环境的盲目热衷以及仕途晋升的迷恋，成为大部分大学毕业生选择国考的重要因素。而作为优化政府职能部门的办事效率、为人民群众办好事办实事的公务员队伍，需要的是有理想、有素质，乐于奉献、乐于服务的实干型人才。公务员职位对工作经验的新规，为大学生盲目参加国考打了一剂退烧针。

其次，这一要求表明，政府对公务员的实践能力越来越看重。一个公司、一个部门的成长与发展，越来越依靠员工的实战能力。日本著名管理学家大前研一先生有本书就叫做《即战力》，书中提到了世界通用人才的概念，即可随时投入到行业战斗中，具备无与伦比的核心竞争力的专业人才。两年相关的工作经验一来可以节省政府职能部门的人力成本，少花培训费用；二来具有更好的社会经验，提升政府部门的办事能力和效率。最终受益的还是人民群众。

应届大学毕业生是刚出象牙塔的青春血液，社会磨炼是给予他们的第一次洗礼。任何行业、任何岗位的磨炼都是一种身心的进步，一种技能的提升。若公务员岗位真的是梦寐以求的，先去相关行业锻炼几年再来应聘也不迟，到时候，应该更加有自信和说服力。并不是应届大学毕业生能力不够，目前社会上已有越来越多的学生找不到合适的工作，社会出现了摩擦性失业。对应届大学毕业生来说，摆正心态更为重要，积累一定的经验，避免眼高手低，多锻炼自身，风雨过后一定会有阳光。

192 埃及动乱之际，中国政府紧急动员，全力以赴，成功接回 1800 余名滞留同胞。你对此事如何评论

埃及全国发生大规模的动乱，动乱趋势迅速蔓延，并危及在埃及外国人士。中国政府紧急动员，全力以赴，用最快速度，增派八架航班，在 45 小时内接回 1800 名滞留同胞，此举博得国内民众热烈拥护，并在国际社会形成美誉。无论是滞埃旅客在困难面前守望互助的温馨，还是公务人员全心全意为人民服务的赤诚，抑或政府部门以人为本的务实和执政为民的高效，都那么令人难忘。

“人民的利益高于一切”，这是在整个接回同胞行动中，国人感受到的最显赫、最深刻的一句话。从果断决策，第一时间启动应急机制，到克服重重障碍完成艰巨任务，到以人为本让 70 多个孩子优先登机的细节，到 24 小时全天候国内外沟通协调昼夜不停的执政为民的关怀行为，到接回人员中对港澳台同胞一视同仁的中华家族情怀，到以“人民利益高于一切”为铁打原则全力以赴的整个行动等等，让在埃及的同胞切身感受到了祖国同心相连、党和政府的真情关怀，更让国内民众、全世界看到中国的“人民的利益高于一切”的思想观念和强大政府力度。

“感谢祖国”——这句首都机场大厅里最常听见的由衷表达，在一位位回国同胞的口中不断地重复着。“什么时候祖国最亲？什么时候身为中国人最自豪？这时候祖国最亲，这时候身为中国人最自豪。”一位回国同胞激动地说。国外媒体评论：中国是所有自埃及接返国民的国家中相关工作启动最早、速度最快、效率最高、规模最大的国家之一。如果没有国家的强大，没有政府对人民的重视，结局难以想象。

要让“人民的利益高于一切”不仅仅是一句口号，就必须用行动来表现，并在行为细节里透见这一执政理念。“患难见真情”，在这次从埃及接回同胞过程中，我们看到了共产党和中国政府永远心系人民的真情实意，看到了为实现“人民的利益高于一切”这一执政理念而百折不挠的意志力与强大的执行力。

193 为了迎接亚运会，广州政府实行免费公交政策，导致地铁爆满，引起部分市民的批评。之后市交通委员会负责人向公众道歉，宣布取消免费公交。你对此事有何感想

广州亚运会期间，政府实施的全民免费乘坐公共交通的举措对老百姓而言肯定是件好事，也是政府惠及于民的好政策。但在实施的过程中市民出行时间却大大延长，候车、乘车人增多、堵塞带来的安全隐患等问题逐步显现出来，说明政府在采取这一措施前缺乏前期调研，对公共交通的运营能力也没有合理的评估。虽然在一周后市交通委员会负责人向公众道了歉，宣布取消免费公交而改用发放交通补贴的形式来惠及于民，但还是引起我们对有关部门的质疑。如果真正想解决老百姓的出行问题，真正想把惠民的事做好，那应该在措施实施前去认真调研，实地考察百姓出行的情况和状况，去相关运输部门了解运营情况和运营能力。只有通过分析各方面汇总来的数据，相关职能部门才能做出最好的决策。

事件发生后，政府相关职能部门及时出来道歉和改正。虽然朝令夕改削弱了政府权威，但是敢于直面问题同样也是政府应有的姿态。百姓出行难，交通负担重，是当前不可逃避的问题。政府提倡人们绿色环保出行，减少尾气排放，舒缓市内交通，创造一个舒适的环境，其出发点是好的。但要在认真规划的前提下加强管理，出台可行的办法，并且通过宣传来引导市民选择最佳出行的路线和乘坐的交通工具。通过有效地实施交通补贴与地面交通相挂钩的举措，让老百姓在出行时可以选择更多的交通工具，而不是单一的集中。

免费乘车是一个小插曲，但是反映了早已广受诟病的中国城市交通设施建设问题，应当引起政府深思。毕竟衣食住行是民生之本，解决好“百姓出行”的问题，是职能部门的首要任务。

194 你是怎样看待大学生就业难问题的

不断膨胀的高校毕业生数量，让大学生就业难题变得尤其严峻和突出。当代的大学生就业问题是由培养机制与市场需求脱节产生的。目前国内许多大学的培养机制落后于市场需要，总是社会上某种行业“热”了，学校的某个新专业就应运而生。当“计算机热”、“英语热”之后，这些专业的众多毕业生却很难找到符合自己期望的工作。因此，教育部门以及学校在制定专业以及人才培养方案上，要有高瞻远瞩的眼光，要有行业发展前景的判断力，不要一味追求热门，形成同质化竞争，这样才能既满足了各行各业的实际需求，又避免了毕业生出路难的问题。

大学生眼高手低也是造成该问题的原因之一。菁菁校园砺霜刃，莘莘学子写峥嵘。在校大学生们被称作是“象牙塔贵族”，他们砺剑如征、奋进如歌、信念如磐，他们中的大多数都怀揣着改造世界、改变命运的理想和抱负。然而当他们迈出工作的第一步，常常发现不能找到与专业对口的工作，或是职位起点低、薪水福利不如意，或是工作环境与想象中不符等。面对理想与现实的差距，有些毕业生不愿从低做起。因此好的工作不愿招应届毕业生，而工作条件差、工资低的工作，应届毕业生又不愿干，这个矛盾也是大学生就业难的成因之一。

要解决此问题，学校与学生要同时发力。当然，面对这种现状，国家也在逐渐健全完善保障机制，铺路搭桥，促进大学生就业。一方面鼓励大学生到西部和基层就业，鼓励参加“三支一扶”工作，选聘高校毕业生到村任职，给予大学生自主创业政策倾斜等一系列的积极措施。另一方面，解决社会问题总是少不了主流媒体的正确舆论导向。通过宣传引导大学生形成正确务实的就业观。下基层，寻发展，优秀大学生村官事迹被称作是“笔墨添香”；响应号召，孔雀西北飞，大学生支持大西北建设被冠上“槐花初放”；自主创业，找出路，大学生创业致富被刻上“初露峥嵘”。思路决定出路，八零后的他们开始戒骄戒躁，摒弃失落和彷徨，重新去追逐自己的光荣与梦想。

195 “禁烟令”的失约，怎么看待

中国作为《烟草控制框架公约》的缔约方，承诺在2011年1月9日前在室内公共场所和室内工作场所实现100％禁烟，然而失约已成定局。我认为这是必然的结果，原因如下。

首先，从中国经济来看，烟草的税收已经成为中国财政收入不可忽视的一部分。因此，我们并没有感受到政府对于禁烟的决心。我很少看到相关的公益广告，对于在公共场所吸烟的人，相关条例也是形同虚设，根本没有人去制止或惩罚他们。

其次，禁烟并没有写入法律条文中，缺乏一系列的惩治规范。从目前来看，我国不仅没有一部专门针对公共场所禁止吸烟的全国性法律，连《广告法》和《国家烟草广告管理暂行办法》也并未全面禁止烟草广告。不仅没有禁止烟草广告，许多烟草商的触角还伸向了公益领域。

对于许许多多的百姓而言，禁烟利大于弊。当前，二手烟受害者每年成几倍的增长，还健康的公共环境给百姓，是所有国人理应去努力做到的方向。我们的政府和企业需要制定一些措施和办法，不论在烟草税的增加上，还是在法律条文的制定上，抑或在禁烟队伍的长效建立上，都应担负起应有的责任。中国是世界上最大的烟草生产国和消费国，但是我相信政府有能力去改变烟草流行的局面。我希望在未来的几年内“实现无烟中国”，特别是能够实现公共场所完全禁烟。

196 对于食品安全问题，谈谈你的了解和认识

有一句古话说得好，“君以民为天，民以食为天，食以安为先”。食品是人类赖以生存的最基本物质，其安全问题关系到人身的健康，乃至生命的安危。但是近些年来，我国食品安全方面问题不断，苏丹红、瘦肉精、三鹿奶粉、地沟油等引起国内外一片哗然。就当前而言，我国的食品安全形势日益严峻，解决食品安全问题迫在眉睫。

探究食品安全问题屡屡发生的原因，一方面是由于部分黑心老板道德缺失，在经济利益的驱动下铤而走险；另一方面则是由于我国目前关于食品安全的相关法律不完善，政府监管存在漏洞所造成的。因此，面对日益严峻的食品安全形势，我们要采取更加积极有效的措施予以应对。

首先，要建立一套完善的法律法规体系。相关部门要明确食品安全问题的界定标准，让食品安全管理有法可依。

其次，要加强政府食品安全问题的监管力度。在这方面我们可以借鉴德国政府实行的食品安全监管制度，地方政府要加大经费投入，提升监管技术能力，提高资源配置利用效率。

再次，要强化企业第一责任人意识。从食品安全市场准入制度入手，严格落实生产许可证吊销条件。

最后，加大宣传力度，积极培养消费者的维权意识。有关部门要多举办食品安全法律培训班、宣讲会，让基层百姓知法懂法，形成自我保护的观念意识。

食品安全关系着经济的发展和社会的稳定，关系着全人类的健康问题。因而，我们要坚决打击制售各种危害人类安全的违法行为，建立起符合我国现阶段国情的食品安全卫生及食品企业市场准入法律体系，这些对促进人类身心健康起着重要作用。

197 如果在“两会”期间你参加新华网论坛的“我向总理说愿望”活动，作为一名学生，你有没有建议和愿望要对总理说

作为一名学生，我想向总理说出一个与我自己息息相关的愿望，就是能够加快高考制度的改革步伐。

高中三年，一直为了高考而学习，从个人的亲身体会而言，能折射出当前我们国家的教育体制存在许多问题，改革之举势在必行。我建议在若干年后可以调整高考这种单一形式的考试制度。尽快让高考制度改革成功，首先应该加大力度来推广我们国家的素质教育。如果说我国的基础教育是一驾马车，那么素质教育就是驾辕的骏马，高考改革是决定马车速度的两匹骏马。教育实践证明，素质教育才是当前我们国家基础教育的必由之路。由于应试教育的惯性思维已经在众多中学的管理者脑海中根深蒂固，因此，作为校长及其他管理人员，要站在“面向现代化、面向世界、面向未来”的高度，对我国基础教育进行一次全新的规划，在借鉴发达国家的经验和做法的同时，要一切从我国的国情出发，从我国基础教育的现状出发，避免揠苗助长，盲目冒进。

同时，高考改革必须充分发挥对新课改的推动、引领作用，确保对素质教育良好的导向意义。根据我国的国情，在相当长的时间内，高考不能或者说不可能废除，我们只能精心研究、规划、实践，确保中国基础教育这艘航船，在素质教育的航道上，在高考改革的驱动下，乘风破浪，勇往直前。

198 你怎么看待“房屋限购令”

中国房价如同坐上了火箭，飞一般的增长。疯狂的房价一边催生了无数的富豪和政府政绩，一边也造成了不在少数的房奴和社会问题。国家在三令五申限制房价效果不利的情形下，出台了强制性的“房屋限购令”，旨在通过强制手段，抑制炒房现象，让高价房市场冷却下来，形成房价的理性化回归。

从主观角度来说，“房屋限购令”显示了政府治理房价过高现象的决心，并在吸取他国经验之后，做出了进一步的具体行为，这将有利于限制炒房、控制房价。可以说，“房屋限购令”一定程度上可以起到抑制房价的作用。因为“房屋限购令”最直接的效应就是“禁止炒房”。通过法令，房屋买卖被限定在“刚性合理需求”以内，投机倒把之流便失去了“作案”的土壤。

虽然“限购令”的出台对于火热的楼市交易是一针降温剂，遏制住了房价的快速上涨势头。但我认为，调控楼市的目的显然不应该是“限购”，出台“限购令”并不能一劳永逸，要促进楼市健康发展，还应打出不同的组合拳。例如土地政策的细化，政府征地以及房产

公司竞拍土地的公正透明，一系列保障性住房的建设等等，这些都是调节市场供求平衡以及维护市场公平健康运行的重要因素。

一个条令的出台，肯定有一批国家最优秀的经济学家、社会学家在背后反复论证、大胆谋略。我想，真正有效的，能受到百姓欢迎的条令，为的不仅仅是解决某一个具体问题，更重要的是缓解民生和经济的双重压力，维护整个社会的安定团结，最终落实到每一个国民的幸福生活中去。

199 你对中国即将进入“老龄化”社会有何建议

21 世纪是人口老龄化的时代。目前，世界上所有发达国家都已经进入老龄社会，许多发展中国家正在或即将进入老龄社会。1999 年，中国也进入了老龄社会，是较早进入老龄社会的发展中国家之一。

中国是一个人口大国，目前尚处于社会主义初级阶段，人均收入水平属于中等偏下国家的行列，城乡二元结构尚未得到根本扭转，经济发展水平和综合国力还相对落后，实现现代化还有许多重大问题需要解决。面对老龄化带来一些新的矛盾和压力，以及对经济和社会的发展提出的新挑战，我对此有以下几点建议：

首先，要完善适应社会主义市场经济要求的社会保障制度，尤其在养老、医疗等社会保障方面，要加快健全各种条例的步伐。

其次，要建立满足庞大老年人群需求的老年人社会服务体系，加快社会资源合理配置，增加为老服务设施，健全为老服务网络。

第三，在处理代际关系方面，尤其要注意解决庞大老年人群和劳动年龄人群的利益冲突。

第四，为了协调城乡和谐发展，要重视解决农村老龄问题，特别是中西部和老少边穷地区老龄问题。

当然，与此同时，中国政府和社会还必须付出巨大成本来调整消费结构、产业结构、社会管理体制等，以适应人口年龄结构的巨大变化。

200 中国内地约有 70%的家庭存在自我用药不当问题，你对此现象的看法是什么

中国内地约有 70%的家庭存在自我用药不当问题，超过一半消费者不知道自我药疗首先应选择非处方药(OTC)，很多人把去痛片等处方药和非处方药混淆。在我国医药卫生事业快速发展的当下，按理说，自我用药不当现象应该不会大面积出现，但它偏偏成为

普通公民家庭最为缺乏的用药常识问题。

人们患病了自我用药，说到底也与当前看病难、看病贵等实际问题密切相关，许多人不得不“被迫”为自己看病。以我自己为例，从懂事时起至今，从来没有接触过任何有关用药知识的书籍，“小病自己看，大病进医院”，恐怕是包括我自己在内的绝大多数人的真实写照。

其次，人们对用药知识的匮乏，关键在于政府部门对医药知识的宣传很不到位。有些地方几乎成“真空区”，偶尔遇上“全国卫生宣传日”、“世界卫生日”这样的日子，许多地方也只是搞形式、走过场，真正参与的人极少，更谈不上普及用药知识了。

用药知识的普及直接关系着人民群众的生命安全。政府职能部门应该积极行动起来，利用新闻媒体、网络、现场讲座等多种形式，真正深入每一个城市、社区、农村、家庭。只有多途径、多方法地宣传，用药知识普及才不会成为一句空谈。

201 你如何看待“高水平大学自主选拔学业能力测试”

新闻报道称高水平大学这项以联考形式进行自主选拔的探索，实现了“招”“考”分离，保证了选拔的公平公正性。我认为高水平大学自主选拔学业能力测试确实代表了我国教育制度的进步。

首先，“一次考试定终身”有望被打破。高水平大学的核心任务是培养创新人才，大学和中学要打通由于应试教育造成的隔离，利用专业考试机构提供的社会化终结性评价和中学校内评价进行综合评价是非常合理的。一方面，利用高信度的社会化考试监测校内评价的可信性；另一方面，利用社会化终结性评价的结果调整校内评价的结果，增加不同的学校评价标准和尺度不一的校内成绩在选拔中的可用性。可信性和可用性保证了测试的可行性。

其次，自主选拔测试注重学生的能力考察。例如，文科测试的内容和形式将有新的突破，更看重学生的阅读量、思考问题的深度和多学科知识的应用能力，纯粹记忆性的内容将继续缩减。这一点突破了高考“高分低能”的桎梏。

再次，为了推动自主选拔的机会公平，上海交大等高校将继续减免部分考生的考试报名费，资助部分考生面试交通费，让不同区域、不同背景的学生都有机会展示自己的才华，此项举措促进了教育的公平性。

最后，测试既注重学生的学业能力，又突出全面发展；既有笔试，又有面试；既有专门的自主选拔测试，又有效运用中学过程评价。通过“自主选拔”的机制，除了能力考试，还有面试、心理测试等环节，这样就可以保证比较科学、全面地选拔到适应大学需要的人才。

综上所述，高水平大学自主选拔学业能力测试，小而言之，大学可以选拔到满足本大学要求的学生;大而言之,它引领着中国教育改革的方向,对中国基础教育改革必将产生极为深远的影响。

202 你怎么看待"人肉搜索"呢

"人肉搜索"本身不是问题,但要规范管理,可搜索,不可侵权。

有了互联网这个平台,挖掘某人的隐私似乎越发容易,"人肉搜索"的初衷是通过求助、发问的方式获得很多网友的帮助和回答。但是有人在搜索中,通过自己的一些手段,将别人没有发布在网上的信息公布出来,造成了"人肉搜索"被指侵犯隐私,侵犯名誉,成了变味的"人肉搜索"。有的网络"哄客",更是借大众批判之名而行恶意攻击之实。执行"人肉搜索"的"网络侦探"们往往是借着"行善、寻找真相"的名义去追究别人的过错,却在这一过程中越过了道德界限,其性质类似于"执行一种私刑",从而违反了另一种更大的正义,演化成为"网络暴力"。

让"人肉搜索"成为人们生活中的"良师益友",要靠社会的共同努力。首先政府相关部门要及时制定相关的法律条文,规范指导"人肉搜索"的行为权限;其次营运商要具有良好的商业道德,不能唯利是图,利用、歪用"人肉搜索"发展"旁门左道";最后网民要有良好的公共道德和网络道德,不能利用"人肉搜索"去攻击他人,制造事端。

总之,"人肉搜索"只有规范、正面、良性应用,才能成为真正的互联网的"最大卖场",成为生活的"好帮手",否则,就会成为人们讨厌的第二个"信息垃圾制造厂"。

203 你对于建设服务型政府有什么建议

党的十六大报告第一次把政府职能归结为四个方面:经济调节、市场监督、社会管理和公共服务。其中服务型政府引起了我的兴趣和关注。文件中指出,服务型政府是一个能够公正、透明、高效地为公众和全社会提供优质公共产品和服务的政府。而建设服务型政府是一项比经济体制改革更加艰巨的任务。这里,我想通过我的学习,提几点对建设服务型政府的建议:

第一,加强公用基础设施、公共卫生设施、公共教育设施、公共文化体育设施等方面的建设。这些设施能够方便公民生活,保证教育和生活质量,切实使公民感受到政府的关怀,感到生活有保障,品质有提高。我认为这是体现服务型政府的基础。

第二,建立适当的公共服务模式。从公共服务消费来讲,应当做到覆盖面广,这样才能保证公民受惠的范围;要做到水平适度,这样才能既有保证又不浪费资源;要做到兼顾公平与效率,这样才能最大程度地保证公民平等享受权利。从发展过程来讲,应当优先完善教育与科技公共服务，科教是可持续发展的源泉和保证，我们要继续走科教兴国的道路。

第三，要建立完善的公共服务制度。制度是所有目标实现的保证，这些制度主要包括义务教育制度、社会保障与社会福利制度、公共医疗卫生制度、科技补贴制度、公共基础设施建设制度、公共收入与公共支出制度、公共服务参与制度、社会合作制度等。

以我尚短的人生阅历和对制度浅显的理解，提出以上几点稚嫩的建议。我想，“国家兴亡，匹夫有责”，即使是后生晚辈，也应该关心国家发展、人民疾苦，从而贡献自己的力量。

204 你对“教师之歌”的歌词填写有什么建议

师生之间的感情是真挚的、生动的、热烈的，一首好的教师之歌应该由师生共同谱写、共同演唱，才能把师生间的热爱和感恩之情表达得淋漓尽致。

教师之歌的第一部分由学生们完成。人的一生会遇到很多老师，并得到老师们的指导和关爱。这一部分要表达对老师们的感激，感谢老师不但教授我们知识，还教给我们什么是有意义的人生，教给我们人生的哲学和智慧，让我们在今后的人生道路上知道该如何取舍，如何为人处世，如何乐观地面对挫折等等，感谢老师多年来对每位学生的付出，感谢老师的辛勤、奉献和坚持。

另外，歌词中我想单独感谢一下多年坚守的乡村教师们。他们在异常艰苦的条件下，坚持着教书育人，在落后的条件下培养出了许多人才，这是非常值得敬佩的。

教师之歌的第二部分由老师们完成。作为一名人民教师，他们心头奔涌着青春的热血，深知自己肩上担负着光荣的使命：脉搏连着民族的兴旺，事业攸关祖国的蓬勃。他们的信念坚定执著：生命之灯，要永远为孩子们照亮。作为人民教师，他们看到了一双双渴求知识的眼睛，看到了希望在人们的心中闪烁，因此他们要用真诚与爱心，在苍茫的土地上耕耘收获。作为新时代的人民教师，他们要前进、要跋涉、要奋斗、要开拓，相信他们都愿意做一片无声的绿叶，让世界呈现出多彩的颜色。而这就是一个普通人民教师唱出的心歌。

205 当代官员“微服私访”，借此了解百姓真实的生活情况。你对此有何看法

《韩非子》里记载“齐桓公微服以巡民家”，古代一些刚到任的地方官也常先“微服”一番，以便了解当地情况，施政时才能做到有的放矢。“没有调查就没有发言权”，这样的工作方法现在也并不鲜见。我相信曾经“微服”的各界官员肯定不在少数，因为就“技术”层

面而言，当代官员有天然的优势，官服与平民的家居服装毫无差别，只要眼睛不是只会朝上看，只要手中的笔不是只会画圈圈，只要心中真的装着老百姓，那么就时时可微服，处处可微服。

英国诗人莉莱说："赢得好射手的美名并非由于他的弓箭，而是由于他的目标。""微服"体察民意，掌握第一手材料，这样的"弓箭"当然很好，但有了好箭若不把它搭在弓弦上，瞄准目标发射出去，箭是好箭，射手却终究成不了好射手。网民们力挺当代官员"微服私访"的做法，深层的原因在于他们知道这些官员是有了好箭就会拿它射中目标的好射手，所以没有人说"作秀"，没有人认为是"形象工程"。

人们常说"人生如戏"，原是感慨人生客观上有虚幻的一面，由此引申出的"官场如戏"、"粉墨登场"之类，则更是指官场主观上的弄虚作假、虚应故事。正因如此，官员与百姓的距离才会越来越远，民意表达常常会被一层层"修正"，一个高层官员想从官场本身了解底层百姓的真实情况，变得越来越难。被这样的"戏"包围其中，自然会"不识庐山真面目"。因此，当代官员不时"出戏"看一看真实的人生，掌握真实的民意，不被浮云遮望眼，是至关重要的。

206 谈谈你对政府开微博提议的看法

如今，微博是最为短、平、快的网络信息传播平台，而政府部门掌握着重要的稀缺信息，如果二者能有效地整合起来，官方微博将成为最受欢迎的传播工具。就大环境而言，互联网已经与我们的工作和生活密不可分。既然躲不开，与其做鸵鸟，不如投身其中试一试，了解究竟网络是什么，有什么机会和陷阱。

只有对网络世界有了很好的了解，我们才能与它友好共处，趋利避害。这是一种缓解社会压力，很好地沟通、交流的方式。政府开微博应该逐渐赢得公众的信赖，吸引更多的人关注，不能仅仅是官方对政策或事件的一种宣传，要允许批评意见的表达，否则难免会"流产"。

本质上，政府微博与电子政务、官方网站、官方博客这些平台与渠道一样，包含两个内在问题：一个是政府对信息时代趋势的态度是什么，怎么看待网络技术与手段；一个是政府在信息公开、公共服务上的基本品质与形象。微博使得基层部门可能存在的欺上瞒下行为变得更加困难，上级领导更容易掌握下面的实际情况，降低了上下级之间的信息不对称，更加有利于社会治理。同时，微博在一定程度上拓宽了自下而上的基层民意表达渠道。政府微博在畅通官民对话渠道、拉近官民距离、塑造政府机构亲民形象方面的无形收益也相当可观。作为融合多种媒介形态传播特点的新型传播工具，官方微博以其信息发布的权威性、便捷性、实效性和信息的综合性、互动性的特点，亮点频现，优势凸显，成为政府发声的新渠道。

微博只是一种沟通方式、一种工具，政府部门和公务员开微博，目的是为了做好工作，让市民满意。如果政府部门工作做得不好，说得天花乱坠也不会赢得尊重。政府开微博是一个值得肯定的尝试，必将有助于民意的畅快沟通和及时反映，有益于和谐社会的建设。

207 调查显示公众希望缩小行业收入差距，你对此问题怎么看

如果行业收入差距的拉大是平等条件下市场竞争的结果，自然是公平合理的，也是有利于社会发展与进步的。即便收入差距的拉大会影响社会的稳定与和谐，也可以通过收入分配制度的改革进行调整和完善。但现在的问题是，我国出现的行业收入差距拉大问题，并不是简单的收入分配体制不合理、机制不健全，更多的是因为垄断、收入分配行为不规范甚至违法乱纪造成的，如果仅仅局限于收入分配体制的改革和完善、收入分配机制的调整与健全，很难从根本上解决行业收入差距过大的问题。

社会存在行业收入差距无法避免，但是这种差距一方面要确保是在社会公平的基础上形成的，另一方面要有一个合理的尺度。而我国当前的收入差距不断拉大，并且呈现愈演愈烈之势，这无疑令人深感担忧。民众渴望的，只是将这差距控制在合理的范围内，也就是说，有个临界点和渠道的合法性问题。引起质疑的，正是行业收入中的不合理差距。这主要来自两方面，一是垄断部门获取不正常的高收入；二是权力常常会在分配过程中转化成个人利益，为一些人带来大量不正常收入。

行业收入差距拉大问题绝不仅仅是简单的分配不公，也不是仅依靠调整和完善分配体系就能解决的，而必须从改革行政管理体制、打破垄断、从机制上铲除不规范性收入产生的土壤、调整和完善现行税收管理体制和收入分配机制等各个方面入手。只有这样，才能消除那些不利于收入公平分配、财富公正流转的因素。

208 北京市有关部门正在调研制订新的标准，拟提高对见义勇为人员的奖励额度，谈谈你对北京这项政策的看法

对于见义勇为者的义行，政府应当给予奖励，以示好人有好报，以期鼓励见义勇为者继续替天行道，多做好事善事，同时树立英雄榜样，激励更多人民群众见义勇为。如此，乱者得治，不义者得罚，便可以形成“谋闭而不兴，盗窃乱贼而不作，故外户而不闭”的良好社会治安以及道德风范。

北京市拟将见义勇为奖励金提高，这无疑是一个值得称道的好消息，奖励见义勇为者，为好人提供物质保障是见义勇为的护航船。但是，从中亦反映出当今社会道德

的缺失已经是不可回避的社会问题，提高见义勇为奖励金恰恰折射出社会道德的沦丧。试看当今社会，有多少道德冷暴力，路见不平冷眼相看的事件。据报道，某公交车上，坐在司机身后第一排的老妇声称遭遇抢劫，当场被抢走价值9000多元的黄金首饰。老妇称自己当时大喊抢劫，司机显然听到了，但胆小怕事的他在车进站之前，揣着明白装糊涂，开门放走了歹徒。诸如这样的事例比比皆是。在社会道德缺失的情况下，即使提高见义勇为奖励金，只能是对见义勇为者的奖励和补偿，并不能弥补社会道德的欠缺。

北京市拟提高见义勇为奖励金，对鼓励人民群众见义勇为、弘扬见义勇为精神能够起到积极作用，却不能弥补社会道德的沦丧。钱的确能使鬼推磨，高额的奖励金相信很多人垂涎，但当见义勇为与金钱挂钩时，见义勇为就变味了，前者是高尚道德正义感使然，后者已经变得有铜臭味，与政府在社会招募见义勇为者毫无区别了。

209 温总理说当前最大的危险是腐败。你认为呢

温总理对当前社会现状进行深刻洞察和思考后，指出当前最大的危险是腐败，显示了以温总理为首的政府坚决反对腐败的决心和信心。

反腐败是关系党和国家生死存亡的严重事情，关系着人心向背，而人心向背则决定着一个政党、政权的兴亡。温总理的这句点睛之语与邓小平曾经指出的“中国要出问题，还是出在共产党内部。说到底，关键是我们共产党内部要搞好，不出事”思想一脉相连，是中国政府对人民对社会负责任的体现，令国人敬佩，也令世人感受到了温暖。

温总理认识到了当前反腐的形势很严峻。总理曾多次就反腐这个问题与网友交流，对当前部分地区和部门出现的腐败现象及由于腐败激起的民愤民怨心感忧虑。温总理深知腐败带来的严重后果，清楚腐败破坏公平正义，对党和政府有极大的腐蚀性，对社会主义建设事业有极大的破坏性，对人民利益有极大的危害性。腐败是全世界各国普遍存在的现象。正因为腐败之害猛于虎，因而治理腐败成为我们政府必须紧抓不懈的重要工作。

以温总理为首的中国政府面对社会主义建设进程中存在的一系列问题，不回避、不遮掩，决心下大力度治理腐败，显示了一个国家领导人正视问题，勇于改正的宽阔胸怀和“以人为本”，为人民服务的优良传统。我们为能有这样负责任的领导而感到幸运。同时，我们也相信我们的政府一定能将腐败治理好。

210 请评论一些地方用刷绿油漆冒充绿化的现象

政府想为城市添绿，为老百姓营造一个绿色生态环境，这本来是好事，无可厚非。改

造生态环境可以通过多种树、多养花，倡导一种绿色生活方式达到理想效果。但现实中，我们看到的却是有些部门不惜劳民伤财，用大桶大桶的绿油漆洒遍光秃秃的山头，制造一种绿色满目的假象。那些在阳光的折射下时常闪烁着异样光芒的“绿”山头，气味刺鼻，假象丛生，“绿”了山头，却败坏了政府在人们心目中的形象。

绿化不是一天两天的事，需要有关部门当成一件大事长期重视。当中央一再号召要为人民利益着想，节能减排，美化我们的家园的时候，一些地方官员却存在对中央指示精神执行不力，应付上级的心态。另外，搞面子工程，错误的政绩观也是导致这一怪异事件发生的原因。的确，用绿油漆冒充绿化省了时间，保住了面子，光秃秃的山头一夜之间就变了模样。但是，假的永远变不了真的。造假瞒得了一时却瞒不了一世。当真像被揭穿后，无异于搬石头砸自己的脚。面子、政绩全部毁于一旦，而且还成了世人的笑柄。这种损人不利己的行为还是不要做得好。

我们不得不佩服个别领导的聪明才智，居然连这个办法都能想到。但如果能将这些聪明才智用在为民谋福、为民服务上面，多为老百姓做些实事，那么我们的社会也就离和谐不远了。

211 某地一县委书记的秘书给干部群发短信，要求他们不能私自接受记者采访，你是怎么看待此事的呢

领导干部是人民推选出来的，为人民群众服务，接受人民群众的监督，这是一种正常现象。如果自己工作做得好，身正不怕影子斜，那么有什么需要刻意不接受记者采访的呢？

新闻媒体是党和政府的喉舌，是舆论监督的一种手段。记者客观公正的报道可以净化社会风气，有效遏制不法事件的发生，为政府大政方针的制订和实施起到保驾护航的作用。明智的领导欢迎这种来自媒体的监督，懂得利用这种民主监督，建设一支清正廉洁高效的管理队伍。因此，本着对党和政府的高度负责，彰显舆论监督的正义力量，切实为人民的利益着想，应该是政府官员和媒体记者的共同愿望。

而从这一事件来看，当地领导显然是在用政府行为阻碍新闻自由。回避问题，群发短信要求干部不能私自接受采访，不仅破坏了政府的公信力，同时从另一个侧面恰恰反映了媒体舆论在匡正祛邪、民主监督方面的重要作用。

任何一个官员没有权利要求下属干部回避接受记者采访。与其群发短信，不如直面大家的监督，化被动为主动，积极应对各方面的质疑，下大工夫将自己的本职工作做好。有则改之，无则加勉。当领导干部能以身作责、大公无私，切实为人民办实事、办好事，那么老百姓的怨气自然就没了，而媒体记者的采访也就无需再躲闪。

212 中央纪委颁布条例遏制公款出国旅游，你对此事如何评价

近些年，变相公款出国的现象越演越烈，造成了财力、人力、物力的极大浪费。国家三令五申限制公款出国旅游，但一些领导干部并未在思想上引起足够重视，仍顶风违纪，通过形式各样的方法公款出国旅游，甚至还出现公款出国后再也没有回国的案例，造成了人民财产的巨大损失，严重损害了党和政府的形象，在人民群众中产生了很坏影响。中央纪委颁布条例遏制公款出国旅游，此举表明了中央对公款出国旅游的高度重视，彰显了中央打造透明政府，真正实现政府信息公开的决心。

中央纪委颁布条例遏制公款出国旅游，是依法执政的一个重要举措，显示了政府在治理国家方面的进步，是一项利国利民的好事。有效遏制公费出国旅游，需要做到对出国行程、人员、目的、花费等信息的透明。加强对“考察效果”的判断与“考察清单”的审核，有助于从源头上杜绝此类事件的再次发生。有效遏制公费出国旅游还要保障公民的监督权力，加大对违纪人员的处罚力度，追讨出国费用，并让公众获知处罚结果。

遏制公款出国旅游，减少或取消不必要的出访考察活动，不仅节约了财政，还能把精力集中在谋划本地区、本部门的科学发展上来，切实维护群众最突出、最直接、最现实的利益。另外，遏制公款出国旅游对抑制腐败，密切领导干部与人民群众的联系能起到积极作用。因此，中央纪委颁布条例遏制公款出国旅游于国于民都是值得拍手称快的事。

213 建立官员财产申报制度是反腐败的重大举措，你对此有何建议

建立官员财产申报制度是反腐倡廉的一个重大举措。官员财产申报制度已被各国在反腐实践中公认为有效的“阳光法案”，至今已经在美国、英国、法国、日本等将近 100 个国家实施，其作用有目共睹。

腐败是公认的世界性问题。在我国，由于长期的制度缺失，不仅增加了反腐败的难度和成本，而且诱发了腐败分子的侥幸心理，使得反腐斗争变得越发艰巨。近些年在一些地区实施的官员财产申报制度试点揭开了在全国范围内建立官员财产申报制度的序幕，引起了强烈的社会反响，支持建立官员财产申报制度的呼声此起彼伏。

建立官员财产申报制度，需要从人们的内在认知和外在条件两方面不断强化和推进。建立官员财产申报制度并不是要揭露隐私，更不是应付瞒报，而是要彻底颠覆我国传统的“官念”，把人民和国家的利益放在第一位。为此，我们需要建立严格意义上的官员财产申报制度。首先要完善立法。让官员财产申报做到有法可依，有法必依。其次要认真落实官员财产申报制度。一是公示环节；二是对于申报内容进行审查的环节；三是对于谎报、瞒报行为进行惩治；最后要制订官员财产申报制度的一系列配套措施，为制度

的正常实施保驾护航。所有政策措施及实施过程要在人民群众的监督下进行，对人民负责。

建立官员财产申报制度是有效遏制腐败，营造社会公平正义环境的一大进步，也是中国政府反腐倡廉工作的重要举措，对于我们建设社会主义事业有着积极的作用。

214 成都的“妈妈城管”以失败告终，你对城管执法有何建议

成都的“妈妈城管”曾红极一时。这些上了年纪的妈妈级城管大清早就开始出入于大街小巷，对于占道经营的小贩进行温柔劝说、倡导文明。市民对这些身着统一灰绿色马甲，头戴帽子，佩戴“文明劝导员”工作吊牌的城管妈妈表示了赞赏，但商贩却并没有因为“妈妈城管”耐心细致而多买账。有些占道经营的商贩经不过“妈妈城管”的温柔念叨退出了占道经营，转向正规市场，但更多的商贩却将冷眼和粗暴抛向了这些年逾五十的“妈妈城管”。压力过大，薪水又低，人身安全得不到保障，导致首批“妈妈城管”仅仅上岗2个月后，就纷纷辞职。

对于在人们心目中已经形成的城管一来商贩就跑，城管与商贩暴力冲突等印象，成都的“妈妈城管”无疑为改善城管“蛮横”的形象送去了一股春风。但事实证明仅有温柔劝导也是不够的。在中国的城市化进程中，“城管”是一个充满着争议的字眼。城管与商贩的对立情绪也由诸多事件被推向了风口浪尖。我们不否认许多商贩为了养家糊口，迫不得已占道经营，但一个城市若没有城市管理者，那么这个城市无论从交通秩序还是市容市貌都将一片混乱。

城市离不开管理者，但是城市管理者的方式方法却至关重要。首先要提升城管队伍的素质和形象，引进优秀人才，对于聘用录取环节严格把关。其次要讲求服务质量，文明执法，杜绝一切不理智的行为发生。再次要增强法律意识，严格按照执法条例进行城市管理。另外，对于流动商贩的管理应该人性化，采取分别对待和分别管理的措施，对家庭经济困难户要正确引导、合理安排。可以在不影响交通、市容和市民正常生活秩序的前提下划时间划地段经营。

城市化进程中，我们并不能简单地分析城管与商贩的对立，但城管执法本身的改进却是必须的。若能做到既能维护市容市貌又能兼顾民生，那城管执法的有效性则会大大增强。

215 谈一谈和谐文化与和谐社会的关系

和谐文化是一种以和谐为思想内核和价值取向的文化。建设和培育和谐文化是建设和繁荣中国特色社会主义先进文化的重要组成部分，是构建社会主义和谐社会的重要

内容和迫切需要。构建社会主义和谐社会，建设与之相适应的和谐文化，不仅可以强化全社会的共同理想信念，而且能够提高人们的思想道德素质，培育和谐精神，为民族的伟大复兴创造良好的文化基础。

当前，我们正处于社会转型、体制转轨、社会阶层重新调整的关键时期。社会形式、组织形式、就业方式及分配方式的日益多样化，使得人们的思想观念发生了翻天覆地的变化。通过建设和谐文化，不仅能够积极引导各种思潮，整合人民内部不同利益诉求，化解各种社会矛盾，而且能够指导人们抓住机遇和挑战，克服各种艰难险阻，建设我们和谐美好的家园。

和谐文化是和谐社会的反映和升华，并为和谐社会服务。而和谐社会则是和谐文化繁荣和发展的基础，为和谐文化提供物质保障。和谐文化从和谐社会中汲取营养，通过人民群众喜闻乐见的电影、电视剧、音乐、舞蹈等形式将社会生活中的好人好事表现出来，树立榜样、弘扬和谐。和谐文化还能提升人们的精神境界，丰富人们的精神生活，满足人们的精神需要，为建设和谐社会提供精神动力和智力支持。而和谐社会则是和谐文化生存和发展的土壤。一切文化都来源于社会生活，是社会生活、时代特征的真实写照。没有了人类生活，文化便是“无源之水，无本之末”。因此和谐文化离不开和谐社会，而和谐社会则需要和谐文化的建设和引导。

我们要辩证地看待和谐文化与和谐社会的关系，继承中华民族和谐文化的优秀传统，批判地吸收国外先进文化，为促进社会主义和谐社会而努力奋斗。

216 谈谈央企与民企

央企与民企是中国经济建设的主力军。央企是由中央政府监督管理的国有企业，是国民经济的支柱。民企是非公有制企业，是在中国经济体制改革过程中产生的重要经济类型，是国民经济的重要补充。央企与民企在中国的经济发展中共生共荣，相互促进，是一种优势互补的竞合关系。

央企这些年的发展有目共睹，在全民经济发展中贡献很大。对于众多关系国计民生的领域，央企享有独占垄断的地位。凭借着雄厚实力，以及国家政策的大力倾斜，央企在涉及国家安全保障、基础设施等领域纵横驰骋。特别是对于民营资本不愿进入，或是根本无能力进入的高投入、高风险、少回报，或是回报较缓慢的领域，央企所发挥的作用是显而易见的。而另一方面，随着中国经济社会的快速发展，民企以其灵活性、包容性、创新性和高效率在丰富人民群众的物质文化生活中则扮演了央企无法替代的角色。特别是在国家大力发展第三产业的政策推动下，民营资本涉及的领域日益广泛，成为以服务业为龙头的第三产业迅速发展的主力军。由于民企吸纳大量的社会劳动力，民企成为国家解决就业，繁荣经济的重要力量。

央企和民企差别互补，各有优势，也各有弊端。近些年来，国家一直积极采取措施对央企和民企暴露出来的诸多问题进行调整和改革，促进有效竞争和合作共赢。合理分配央企与民企的准入范围，合理调整分配利益格局，使得央企和民企在不影响公有经济比例的前提下规范竞争、优势互补、协调发展，共同为国民经济发展作贡献，是央企与民企的未来发展方向。

217 请评论交管部门“钓鱼执法”

钓鱼执法，在英美叫执法圈套。由于当事人原本并没有违法意图，是在执法人员的诱导下，才从事的违法活动，因此钓鱼执法和正当防卫一样，是当事人无罪免责的理由。钓鱼执法是以政绩摧毁道德的表现，如果运用不当，将致人犯罪，诱发严重的社会问题。

近些年来，钓鱼执法屡屡见诸媒体网络。发生在上海的“张军事件”更是让交管部门的“钓鱼执法”因触及了人们的道德底线而饱受质疑。无辜私家车主张军好心搭载了自称胃痛要去医院的路人，而那名“路人”正是交管部门的“鱼钩”。结果张军被城市交通执法大队认定为载客“黑车”司机，遭扣车与罚款 1 万元处罚。一时间，许多私家车主为防被钓，纷纷贴出类似于“禁止钓鱼”、“防止钓鱼，拒绝搭乘”、“本车拒绝一切搭载求助，临盆产妇、车祸、中风、触电、溺水都不关我事，尤其是胃疼的”等标签，在社会上造成了非常恶劣的影响。

众所周知，法治秩序的建立并不是一朝一夕的事。而执法者公正严明的执法行为所树立起来的不仅是执法者的权威和形象，更是法律和权力机关的权威和形象。交管部门的“钓鱼执法”不但让公众陷入了违法和守法的模糊境地，动摇了人们心中的法治观念和信心，而且对社会道德和公民信任造成无法挽回的损失。中国自古以来形成的公平正义、互助友爱的朴素情感也将在这种“钓鱼执法”的肆意践踏下荡然无存。

行政执法需要的是公平执法、正义执法。一切利诱、胁迫和暴力的执法行为都是法治社会所不允许的。由“钓鱼执法”造成的全民信任危机以及随之而来的公权力与公信力的下降，需要我们的执法部门进行深刻反思。

218 各地政府部门纷纷建立网络发言人制度，你对此有何看法

网络发言人制度是政府为充分表达民意，积极把握主动权，落实政府决策，加强网络监督而建立的一种网络行政制度。它通过互联网，在民众与政府之间搭建一座桥梁，就民众中出现的问题及时答复，以达到更好地服务民众、引导社会舆论的作用。

网络的迅速崛起让人们的思维方式和生活方式发生了翻天覆地的变化。人们通过网络反映社情民意，参与民主监督，影响政府行为的情况越来越普遍。诸如“躲猫猫”、

“天价烟”等事件，都是通过网络引起了全民关注，进而得到有效解决。相对于以往通过信访渠道反映问题而言，现如今的网络发帖不仅方便省时，而且可行有效。因此在“全民上网”的今天，网络也就成为最重要的舆论阵地。但网络的发达、网民的炙热却与政府的集体“失声”形成了鲜明对比。对于网民的质问与不解，政府如果选择缄默，不仅会丧失在工作和社会舆论上的主动权，而且会造成社会矛盾的激化，对事态的好转百害而无一利。

与其被动挨打，不如主动出击。政府部门建立网络发言人制度，是转变执政观念，赢得舆论主动权，与网民互动，增进了解，解决问题的有效途径，是尊重公众知情权和监督权的表现，对于提高政府执行力和公信力有很大的帮助。针对网络传播路径的杂乱多变，适时建立网络发言人制度，及时、客观、公正地回答网络上的各种质疑和问题，变被动为主动，是政府科学执政、执政为民的一个重要举措。

第七部分 影视栏目热点

219 《2012》这部电影说的是地球在2012年面临毁灭，整个人类为此挣扎求生，你对此有何感想

电影《2012》是一部关于全球毁灭的灾难电影，电影讲述2012年世界末日到来之时，主人公一家逃难求生的传奇经历。画面中地球被地震、海啸摧毁的逼真特效所带来的震撼力，吸引了全球无数狂热的影迷。这部电影是根据古玛雅人末日的预言拍摄的，部分影迷信以为真，开始默数倒计时，另一些人明明知道这种依据并不科学，但还是在心中存在不同程度的疑虑，主要原因在于人们对灾难的恐惧。

艺术多少有些夸张，玛雅预言成真的可能性有多大我们不去探讨，但可以肯定的是，若人类继续毫无节制地掠取资源，肆无忌惮地排放污染物，破坏大自然的生态链，任环境继续恶化，而不联合起来采取行动加以治理，那么电影中特技所营造出来的超级大灾难，将不再是导演创造出来的虚幻，而会变成活生生的现实。粮食匮乏、全球变暖、能源危机等等正是银幕上各种灾难的缘起，我们无法否定电影中所呈现的是未来的一种可能，科幻与记录之间区分或许没有这么大，但是《2012》无疑再一次拉响了环境污染的警报。所以，为了不让地球变成地狱，为了我们的子孙后代有个美好的家园，那么就让你我从爱护环境做起。

透过影片，我们还能看到人类在灾难面前所表现的坚强。“人生在世，不如意十有八九”，人这一辈子所面临的挫折更是不胜枚举，但也正是因为这样，才让我们变得更加坚强。自新中国建立起，我们国家经历了60多年的风风雨雨，新中国在风雨中也变得越来越强大，这或许就是温总理“多难兴邦”的内涵。人生在世不可能十全十美，但可以圆满。若我们始终怀有一种热爱生活，直视灾难，坦然面对挫折的心态，我们的生活才能更加美好，我们的国家方可更加富强。

（资料来源：刘娜.《2012》：一部冲击全球的电影[J]. 金融博览，2010，1）

220 你怎样看待现在的电影、电视剧中经常出现的植入广告

植入性广告俗称“软广告”，是把产品或具有代表性的品牌符号融入电影、电视、音乐、舞台剧等文化产品中，通过情景再现，让观众留下对产品及品牌的印象，从而达到广而告之的目的。随着电影、电视剧中植入性广告的快速发展，植入广告的比例日益加大，受众的反感情绪也在加大。“请不要在广告中插播春晚！”海派清口文化的发起人周立波的这一句揶揄，无疑最好地表明了部分观众对植入式广告的态度，我认为这已然证明植入式广告发展亮起了红灯。

植入式广告的优势在于媒体以大众喜闻乐见的文艺形式，灵活、直接地将企业品牌植入电影、电视剧中，在不经意间传递广告信息，潜移默化地将观众转化为消费者。成功的植入广告会拉动植入品牌的产品销售，提升企业影响力。如 2010 年上映的《变形金刚》中大黄蜂便是雪弗兰卡马诺系列跑车，影片的成功造就了雪弗兰汽车的销售奇迹。可见一部商业作品的成功所折射出的商业价值是无限的。

相反，失败的植入广告案例屡见不鲜，越来越多的电影、电视剧制片商为了个人私利，在剧中胡乱插入广告，不仅破坏剧情，更激起了受众的抵触情绪。在国内，对很多企业来说，植入式广告尚属新鲜事物，缺乏系统性运用模式，专业人才匮乏。所以国内植入式广告要健康发展，仅靠单方面的努力是不够的，完善生态链建设十分重要。现阶段需要更多发挥专业广告公司的力量，由这些广告公司搭建平台，进行专业化运作，让广告主和影视剧制作方实现充分交流。当今世界已经走进了多元信息时代，植入性广告为广告产业经营突破迈出了一大步，具有不可替代性。看来，只有不断完善广告营销产业链，营造优质的循环环境，方能引领我国植入式广告走向正轨。

（资料来源：罗星．“中国式”植入广告诊治[J]．苏州工艺美术职业技术学院学报，2010，4）

221 江苏卫视的婚恋交友真人秀节目《非诚勿扰》开播后，各台都纷纷推出婚恋交友节目，你如何看待节目克隆现象

“克隆”一说最早出现在生物界，上世纪末，世界上最热的词可算是“克隆”。如今，电视节目也流行起“克隆”。近年来，《超级女声》、《我型我秀》一火，《快乐男生》、《加油好男儿》就纷至沓来；《我爱记歌词》一热，《谁敢来唱歌》、《挑战麦克风》便如雨后春笋；《非诚勿扰》一红，各大卫视纷纷推出相亲速配节目，制作水准不一，电视行业热闹有余，原创性严重缺失。

越来越多的选秀节目，早已让观众产生审美疲劳，由此可见，“克隆”之路易学却难以长久。造成我国内地电视娱乐节目“克隆”现象原因有以下两点：其一，国内缺乏电视版

权意识。湖南卫视《我们约会吧》与江苏卫视《非诚勿扰》的版权之争一时闹得沸沸扬扬。对于电视栏目结构形成的保护，我国目前还没有与之相应的法律，可谓处于法律盲区。从国际上看，迄今世界尚无一个国家达成共识的电视节目版式版权保护法。其二，我国内地缺乏娱乐节目原创专业人才。节目发展离不开专业人才的推进，发展和培养节目专业人才已是迫在眉睫。这一点何不学一学许多外企招纳管理培训生的模式，舍得投入，才能有所回报。

毫无疑问，全盘“克隆”他人节目版式是不可取的。因为这是窃取他人的脑力劳动成果，违背了公平的原则。然而，在媒体竞争日益激烈的21世纪，任何行业的发展都有一个继承的环节和过程，要想完全创新是不可能的。制作节目需要学习和继承，需要适当合理地借鉴优秀的节目版式。倘若同类节目在国内外其他地方极受欢迎，就说明节目形态本身是有价值的，这些节目形态的某些因素值得学习吸收。立足于我国的国情，电视业整体欠发达，人力物力资源有限是不争的事实。任何一家媒体尤其是电视媒体要想谋生存、求发展，就必须形成自己独有的核心竞争力，拥有自己的品牌，不断地学习、创新，在竞争中寻求突破。

（资料来源：林丽臣. 电视节目应学会合理“克隆”版式——关于电视节目版权之争的再讨论[J]. 新闻记者，2007，2）

222 2012年“春晚”的舞台上，出现了“大衣哥”朱之文，“年画娃娃”邓鸣贺等“草根”演员，他们的表演受到了观众的好评和喜爱，并且为他们的精神所感动。你怎么看待“草根”文化

我想世界上，恐怕没有一个国家有我国电视这样的魔力，有那么多的草根拼命想在电视上露脸，特别是想上央视春晚。2012年“春晚”舞台上，“年画娃娃”和“大衣哥”等“草根”演员备受瞩目，身价倍增。草根文化从2011年开始就成为热议的文化现象之一。

所谓“草根文化”，是在民间产生的大众平民文化现象。“草根”这一说法源于十九世纪的美国，彼时正值美国淘金热。据当时淘金人士称，草木茂盛的下面蕴藏着黄金，后“草根”被社会学赋予“基础民众”的内涵。看来，“草根文化”也意在指其具有强大的生命力。以我之见，对2012年“春晚”出现草根明星现象不必大惊小怪，因为春晚毕竟是一台综艺节目，专业艺人不拥有“专利权”。草根文化，是相对于御用文化、殿堂文化而言的。引“草根”进春晚，可以增加普通人的参与性。在2011年电视春晚的舞台上，早已出现了“旭日阳刚”、“西单女孩”等草根演员。至于草根明星背后是否有商业炒作，我看亦不必计较，春晚走红后，不论“草根”还是专业艺人，哪个不是带来巨大“商机”。

“春晚”如此，前几年风靡一时的超女等选秀节目又何尝不是呢？“超女”就是一场平民精神创造的奇迹。民众之所以如此全情投入，原因就是舞台上不是专业意义上的艺人，而是他们身边的普通人，可以说，超女比赛就是一场彻头彻尾由“庶民”参与的狂欢。“草根”并非就不专业，他们中许多人的成就是很可能超越专业人士的。看看超女李宇春、张靓颖的发展，足以证明草根明星生命力的强大。

然而“草根文化”的兴起实际上对于一些主流文化的普及也是一种挑战。健康积极的“草根文化”是对主流文化的补充，运作的不好难免对主流文化造成冲击。总而言之，对待“草根文化”现象，我们应该以“三个代表”重要思想为指导，践行“科学发展观”，以“批判吸收的鉴赏态度”，取其精华去其糟粕，让“草根文化”真正成为主流文化的重要补充，成为构建和谐社会的精神财富。

（资料来源：陈云发. 看“西单女孩”上春晚风波[J]. 世纪，2011，2）

223 教化还是娱乐，请谈谈你对我国电影功能的理解

国外的电影起源于记录，注重娱乐。而从我国第一部电影拍摄京剧《定军山》可以看出，虽具娱乐性，但更多还是蕴含教化目的。可以说，一个国家、一个民族对于电影功能的理解，总是与其所处的国家与民族的文化背景有着莫大的关联性。

我国的电影与文学等其他文化一样，沿袭了进步文化的传统，同时也受到了社会政治的影响。中国文化向来对“娱乐”讳莫如深，视之为“玩物丧志”。早期的中国电影具有极强的政治性，当时的电影是非娱乐的，不具商品性，而承担宣传教育功能。21世纪，科学技术迅猛发展，全球一体化的进程加快，改革开放不断深化，世界经济、文化相互交融。新时期，我国的电影越来越放低姿态，淡化政治色彩，增加娱乐性，使电影兼具娱乐、教化功能，极具中国特色。

相反在西方，电影以其独特新奇的形式以及区别于其他艺术的集体性观赏方式吸引了大量观众。加上资本主义文化独特的商业品性，使得电影从产生之日起便具备了强烈的观赏效果和娱乐性，电影的娱乐功能在西方尤其是美国得到了强化。

我认为，无论是教化还是娱乐，对于电影的创作者来说，首先应该让观众在观赏影片中获得真正的视觉快感和心灵的愉悦，而不必强行输入多少深沉的思想，否则，“教化”与“娱乐”将两败俱伤。须知，电影是艺术，文以载道，艺以赋质，电影在娱乐的同时仍可以寓教于乐。

（资料来源：陈晓云. 教化还是娱乐——对电影功能的一种理解[J]. 浙江师大学报，1993，4）

224 你怎样看待公益广告

公益广告是以为公众谋利益和提高福利待遇为目的而设计的广告，是企业或社会团体向消费者阐明它对社会的功能和责任，表明自己追求的不仅仅是从经营中获利，而是过问和参与如何解决社会问题和环境问题这一意图的广告，它是不以盈利为目的而为社会公众切身利益和社会风尚服务的广告。

公益广告隶属非商业性广告，是社会公益事业的一个重要部分，和其他广告相比具有相当特别的社会性。这成为企业愿意做公益广告的一个重要因素。公益广告的主题具有社会性，其主题内容存在深厚的社会基础，它取材于老百姓日常生活中的酸甜苦辣和喜怒哀乐，并运用创意独特、内涵深刻、艺术制作等广告手段，用不可更改的方式、鲜明的立场及健康的方法来正确诱导社会公众。

公益广告的诉求对象又是最广泛的，它是面向全体社会公众的一种信息传播方式。例如在提倡戒烟、戒毒的公益广告中，直观看仅仅是针对吸烟、吸毒者，但是烟、毒的危害已经伤及到环境中的其他人和其后代了，无论是直接受众还是间接受众，它是社会性的，是整个人类的。所以说，公益广告拥有最广泛的广告受众，从内容上来看大都是我们的社会性题材，从而导致它解决的基本是我们的社会问题，这就更容易引起公众的共鸣。

因此，公益广告容易深入人心。一条公益广告就好像是一盏灯，灯光亮一些，我们身边的黑暗就会少一些。

225 你觉得《新闻联播》式的播报方式已经过时了吗

央视《新闻联播》作为国内最具权威、收视率最高的名牌栏目，在我国政治、经济、文化生活中起着极其重要的作用。每天 19:00 播出的《新闻联播》成为广大人民群众了解国家大事的重要渠道，同时也是国际社会了解中国改革开放的重要窗口之一。从某种意义上说，《新闻联播》的播音员代表着国家的整体形象，其播报方式一直强调“字正腔圆”、“嗓音洪亮”。我认为《新闻联播》式的播报方式应该继续保留原有专业素养，顺应时代发展稍作修改即可。

新闻播报要求严肃、大气，《新闻联播》式的播报方式虽有些刻板，但说服力巨大，符合新闻平稳的气质。然而，一些播音员随着时间的推移，确实存在年龄、知识日益老化的问题，在屏幕上表现出的是播音风格颇显陈旧、沉闷，缺乏新闻固有的新鲜感与快节奏，让观众感到缺乏朝气和活力。目前以《新闻联播》为首的新闻类节目也在放开步伐推进改革，相信通过合理的调整和发展，新闻类节目会展现更为鲜活的生机。

另外，随着时代的要求，一些重大突发事件经常会采取直播的方式报道，此时最能发挥播音员的综合实力。可惜几乎每次重大事件的直播，我们很难看到《新闻联播》这几位国内最具影响力的播音员的身影。反倒是央视一些年轻播音员在节目中表现得更加出色，他们的播音风格更加清新、自然，更符合当今观众的审美趋向与信息要求。

所以说，新闻主播也需要践行科学发展观，学会与时俱进，以新闻背景为基调，播报时懂得调整气氛和情绪，给予观众起伏感，这样才能更好地吸引观众，使新闻达到最好的接受效果，从而为传统新闻播报谋得更好的发展。

（资料来源：中国经济网 http://www.ce.cn/xwzx/gnsz/gdxw/200606/06/t20060606_7229998.shtml）

226 最感动你的一部影片

《天水围的日与夜》是最让我感动的一部电影。

这是一部淡如熏衣而又让人感动的以社区为背景的小成本电影，导演许鞍华视野关注的焦点是这个曾经一度为传媒争相报道的“悲情”社区——天水围。《天水围的日与夜》描写了单亲家庭、孤寡老人、中学生成长等问题，整部影片洋溢着一种淡淡的人情味，颇显温情。

影片中让我感动的是代表着天水围里最为普通的三代人的角色原型。儿子张家安，单亲家庭长大，成绩普普通通，无聊时会与朋友相聚打牌、玩游戏度日，对老师产生若隐若现的早恋情愫。虽过得简单清苦，但张家安并未因单亲变得抑郁，虽有些内向，但却极听母亲的话。伴着影片缓缓的叙述，淡淡的配乐，心里不时被家安的孝心滋生起小小的感动。

感动于影片中鲍起静扮演的母亲。张母代表着中年一代的香港人，尽管在日常生活里面临着各种各样的问题，但喜怒哀乐早就溶解于她的坚强里。她规矩而平静地做好自己力所能及的事情，并试图帮助别人，始终保有一份平和的心态面对生活。感动于张母年轻时早早放弃学业出来工作并供养家里兄弟们读书，安安分分地在超市做着简单繁琐的水果销售的工作。即便是生活水平与弟弟们相差甚远，仍旧自我感到满足。

让我最感动的应该是老人梁欢在家中独自一人两次炒菜的场景，同样是肉炒青菜，一份肉分两次炒，步入晚年，孤身一人，很难不牵动观众联想到家中的长辈。可以说这个人物是悲情的，但影片叙事方式很难让观众产生可怜之心，更多的还是感动。最让人欣慰的莫过于影片结尾时，简单的聚餐，相互依偎，相互扶持，三代人的故事就像是一次生命的轮回，没有悲情，有的只是让人感动的人情。

（资料来源：百度百科《天水围的日与夜》）

227 《中国达人秀》为许多有梦想的普通人提供了秀场，你如何评价这类选秀节目

2010年由东方卫视主办的《中国达人秀》来势汹汹，缔造了国内大型电视活动的又一高潮。主办方宣称该节目将致力于打造“零门槛”的选秀节目，让怀有梦想的任何一个普通人，拥有一个展示其天赋和才能的舞台。没有任何门槛，不限任何才艺。种种迹象表明，该节目不能算是传统意义上的选秀节目，这只是一场选秀类真人秀的狂欢。

自从湖南卫视《超级女声》火了之后，每年夏天各大卫视都成了选秀节目的主战场。因国家广电总局的政策制约和选秀节目的“克隆”泛滥，选秀节目面临前所未有的重大冲击。选手荒、评委荒、创意枯竭等因素造成国内选秀节目无论在选手水平、群众参与性和社会影响力上，都无法重复当年的盛况。《中国达人秀》参赛人员的职业五花八门，有个体商户、拾荒者、退休大妈、破产的千万富翁，更有咿呀学语的小朋友，唯一相同的都来自草根阶层。表演内容千奇百怪，杂技、舞蛇、表情秀、腹语、气功、肚皮舞、饶舌，无所不包。新鲜出炉的“达人”不仅创造了高收视率，同时也营造了诸多热点话题。

如果说先前的选秀节目立足于要将草根包装成明星达人，那《中国达人秀》则另辟蹊径，直接让这些草根达人来一次彻底的原生态展示。每一位出现在舞台上的选手，仿佛就是生活在我们身边的邻居、朋友、同事，而这些普通人身上所表现出来的真挚情感，足以震撼人心。

不管《中国达人秀》是一场以选秀为目的的选秀抑或是单纯的电视真人秀节目，只要节目积极健康，能带给老百姓真正的欢乐，就是如今的观众需要的单纯的快乐表达。

（资料来源：凤凰网 http://ent.ifeng.com/tv/special/chinadarenxiu/news/detail_2010_09/13/2498194_0.shtml）

228 现在的很多电视节目都有娱乐化的倾向，你怎么看

在当前中国的电视荧屏上，电视节目的泛娱乐化倾向已经是一个不争的事实。每个地方台几乎都要选一次秀，相一场亲，面一轮试，炖一碗养生汤，编一段离奇人生，凑一场亲情恶斗。娱乐的成分已经渗透到每一种节目形态中，这种局面应加以遏制。

电视节目中添加适当的娱乐元素是必要并且有益的。在社会竞争愈演愈烈、百姓生活节奏大幅提速的时代环境中，观众希望大众媒体能够为他们的精神生活带来缓解压力、释放心情的功效。同时，随着文化艺术领域逐渐走向形式内容多元化、与国际潮流融合的趋势，市民也更加被娱乐的、新颖的文化产品所吸引。我们看到湖南卫视在娱乐为主旨的引导下，推出了一系列大家喜闻乐见的节目，如《快乐大本营》、《天天向上》等，这些优秀的娱乐节目获得了收视与口碑的双赢。

娱乐的手段运用不当，过度娱乐、浅薄的娱乐，则让电视节目陷入到了肤浅、庸俗的境地，更有甚者，单纯地为了娱乐而牺牲社会责任与文化担当，对整个社会的精神文明建设造成消极的影响。我们看到一些节目不顾新闻的真实性，随意在网上、报纸上摘取一些捕风捉影的八卦新闻来吸引眼球，某些主持人靠挖苦、讽刺嘉宾来引人发笑，这些都有碍于先进文化的传播，也并非是能够长久扎根在观众内心的行之有效的方法。

对于电视工作者来说，首先要摒弃娱乐至上、收视为王的偏颇观点，要意识到娱乐有度才是正确的电视制作理念。所谓娱乐有度，就是要处理好娱乐的思想内容和艺术表达关系。在内容上，多选取与百姓生活息息相关，当今社会人们普遍关注的主流话题、热点事件。在形式上，多元性与艺术性并重，趣味性与思想性共存。这样，在娱乐大众的同时，又能为观众们奉上一道色香味俱全的视听大餐。

229 一部你最喜欢的影视剧，并阐述一下喜爱的理由

“明知不敌也要敢于亮剑，狭路相逢勇者胜，这是中国军人的军魂。”这也是电视剧《亮剑》所要向观众传达的一种“亮剑”精神！这是我最喜欢的一部影视剧。

《亮剑》是一部战争艺术和传奇色彩融会贯通的主旋律作品。剧中，爱国精神与英雄主义、铁血丹心与人世常情、斗智与斗勇、友情与爱情交相辉映，人物生动传神、细节精彩细致、情节跌宕起伏、战争场面真实。这些都是这部电视连续剧令人喜欢的魅力之处，但全片最成功的亮点是塑造刻画出生动传神、个性显赫、骁勇善战的李云龙及其“亮剑”精神。

剧中的李云龙有血有肉、性格多面、打仗勇猛、鬼点子特多、不按照战争游戏常规作战、敢于抗命、有点歪邪鬼主意，但他也是一个注重情感的人，更是一个精忠报国、视死如归、赤胆忠心的真实的中国军人形象的再现。在李云龙身上有一股“匪气”和“霸气”，他酗酒、骂娘，脏话常挂在口头，“老子”不绝于耳，看上去不符合革命军人的作风行为，可他不失为一个真正的军人，这都是在特定的战争环境下产生的一个军人的毛病。用“高大、完美”的眼光来塑造真实历史下的人物是可笑的，电视剧也应该尊重现实生活，更要尊重人格的发展与人性的张扬。李云龙身上的缺点并不会掩盖他身上熠熠生辉的中国革命军人的光芒，同时更增添了令人信服的真实性和生动性。

“面对强大的对手，明知不敌也要毅然亮剑。即使倒下，也要成为一座山，一道岭。这便是‘亮剑’精神，也是中国军人的军魂。”这一段铁骨铮铮的话是主人公李云龙在军事学院的毕业论文答辩会上对中国人民解放军之军魂的总结。“亮剑”精神是我们的军魂，首先体现了一种魄力和勇气，“亮剑”精神是一种敢于战斗，永不服输的精神，是一种坚毅果断、锲而不舍的精神，是一种谋定而动、坚决执行的精神，有了这种精神，军队才能始终保持一种气势，勇往直前。事实上，中国革命先驱正是有了这种“亮剑”精神，才能从小到大、从弱到强，实现创建新中国蓝图。

230 你是否喜欢风头正劲的"韩剧"？请阐述观点

1997年，央视引进了第一部韩剧——《爱情是什么》。这部不寻常的电视剧有着温暖的爱情主题，叙述方式也是娓娓道来，像是看见邻居真实的生活在眼前徐徐上演。这部剧也成为韩剧侵袭中国的先锋。随后，《蓝色生死恋》、《宫》、《豪杰青春》、《浪漫满屋》、《看了又看》等一部部精彩韩剧像一颗颗强力炸弹，在各大电视台的晚间荧幕上激起火花。从那开始，韩剧的种子，慢慢在中国观众的电视土壤中生根发芽。如今韩流不仅牵引着中国观众的喜怒哀乐，甚至正在影响着东亚大文化的审美标准。我也不可避免地加入了"韩流"的浪潮中，成为韩剧的追随者。

视听手段是电视剧的表达方式，而韩剧在画面视觉与电视配乐方面做足了功课，力求画面的丰富唯美与音乐的渲染助力。从出演韩剧的演员到剧中人物的化妆服饰，从室内的设计装饰到外景地的精心挑选，无不让观众感受到和谐的色彩搭配以及时尚元素的充分点缀，给人赏心悦目的感觉。韩剧的音乐也是一大亮点，朗朗上口的旋律加上与剧情恰到好处地贴合，已经成为经典韩国电视剧的鲜明标签。韩剧对视听效果不遗余力地营造，让每一部作品都给观众带来无限的审美愉悦。

在华美的视听语言之下，更能打动观众的，是韩剧中跟大家讲的一个又一个故事。韩剧的题材往往都离不开这样一些内容：家庭伦理、年轻人的爱情、婆媳相处之道等等，而这些与我们的真实生活格外贴近，容易让我们内心产生强烈的共鸣。有的则是灰姑娘式的童话，让为生活压力所困的人们在虚幻的故事中实现自己美好的愿望，这种情感补偿让我们的情绪得到缓解，在别人的故事里流着自己的眼泪。

所以，我喜欢看韩剧。电视传播的艺术作品就是要为观众带来真善美，带来正面的能量，优秀的韩剧可以做到这一点。

231 媒体对受众应以娱乐为主，还是导向为主

媒体是大众公器，电视作为大众传播的媒介之一，首先要实现它积极的社会功能。其中包括传播先进的文化、营造和谐的社会氛围、创建符合主流价值观的人文环境等。惊艳猎奇、哗一时之宠的低俗娱乐哪怕再吸引观众眼球，也无法真正让受众内心愉悦、产生共鸣，反而会让人反感、厌恶，促使其自身更快走向灭亡。传递给观众正确的价值导向比娱乐更为重要。

由于大众对快乐生活的追求与电视追求收视率的两相推动、交互刺激，当前的综艺节目很多都走向娱乐的极端，表现得粗俗、猎艳。例如主持人矫揉造作，嘉宾的言语出格。然而荧屏中，他们的一言一行虽然只是自我展现，却以光速在众多的受众视野中传

播开来，造成公共影响。他们的低俗娱乐，污染了追求健康、品位的电视文化产品的受众视线，同时因为我国的电视综艺节目尚不存在分级制度，这也让许多没有分辨能力的人盲目跟风，精神被麻痹。

想要看到更多观众喜闻乐见、有口皆碑的优秀综艺节目，首先要让节目工作人员在意识上认清综艺节目的传播目的，在观念上树立正确的观点导向；要让他们明确，娱乐只是手段，不是目的，只有在正确的导向下，才能为观众奉献优质的精神食粮，而不是文化垃圾。

232 电视选秀节目让一夜成名成为可能，谈谈你的看法

中国内地掀起的选秀热潮，观众热议，媒体热捧，选手热衷。不可否认，轰轰烈烈的选秀之后，确实成就了一部分少年英雄，使他们一夜成名，梦想成真，特别对于没有背景的草根阶层，给他们铺就了一条通过努力和竞争就能成名的道路。

选秀时代曾经的辉煌，也是一个毁誉参半的文化现象。选秀的一夜成名，也可能成了一梦南柯。据印度媒体报道，16 岁的印度少女辛吉妮·塞古塔在参加一次电视台歌舞比赛时，被评委批评为“表演差劲”。羞愤难当的辛吉妮当场昏倒，被人送往医院抢救。此后，辛吉妮不仅丧失语言能力，甚至连家人和家中所有物品的名称都回忆不起来。失败的故事不胜枚举，结果导致个体在这个过程中构建的自我期待和价值体系迅速瓦解，理想化以另一种极端形式代替，要么自我贬低，要么仇视社会。希望和失望的巨大反差使自我出现分裂和危机，具体表现为人际交往障碍、情绪障碍等。

“选秀浪潮”来得快去得也快，大部分是因为内地对明星文化的误解。中国内地的明星行业还处于粗糙的初级阶段，所谓的“一夜成名”误导了很多年轻人，这也是为何各种各样的选秀在红火之后停滞不前的主要原因。明星不是一个一夜成名的职业，而是靠勤劳、天赋和机遇合在一起成功的典范。比如周杰伦的长红不衰，就不是一两首歌决定的，而是他的才华、人格魅力、气质和努力等多方面因素铸就的。

“一夜成名”或“迅速夭折”都是快餐文化的表现。在这个意义上，选秀节目也给人们带来不利的一面。电视作为大众传媒的一种重要手段，不仅为人们提供各种文化娱乐服务，更重要的是传播社会主导价值观念。年轻的一代更多时候是“社会学习者”的角色，媒体只有提供多元的文化、价值观而不是“成者王、败者寇”的思想，才能让每个人更好地成为自己。

233 你怎样看待影视剧中方言的出现

影视剧中方言的出现似乎成为当前电视剧中的一个流行元素，例如赵本山主演的

《乡村爱情》，以及曾经风靡一时的情景喜剧《武林外传》里面都有大量的方言。从这些观众喜闻乐见的电视剧作品中，我们可以看出，方言的运用使角色更加真实、更加贴近生活，并且方言比起普通话更具有民间性的语言样态，其中出现的俚语及固定的腔调也能为电视剧增添不少乐趣。例如《媳妇的美好时代》中要表现南北两家人在家庭文化上的差异，因此当演员说着带有本地口音和地方俗语的台词时，观众觉得里面的人物特别真实，特别有信任感。

与此同时，我们也应注意到，电视剧作为最受百姓欢迎的文化作品，应该尽量为大多数的受众服务，因此，电视剧中方言过多过滥，显然不利于作品的传播。我认为广电总局新闻发言人朱虹在接受媒体采访时说的一段话还是很中肯的。她说："目前，使用方言拍摄电视剧的数量有所增加，其中一些剧目存在使用方言失度、过滥的现象，这种制作倾向不符合国家大力推广普通话的一贯精神，违反了总局的相关规定，在作品传播上也影响了广大观众的审美收视效果。"

因此，在电视剧中如何兼顾本土化和大众化，既能展现方言文化中的幽默、生动，又能让更多的受众轻松感受到优秀艺术作品的魅力，这是我们的电视剧从业人员要去平衡的问题。

234 娱乐节目应该是单纯的娱乐还是应该有内涵

对电视娱乐节目而言，文化内涵永远是第一位的，无文则行之不远。然而有了较丰厚的文化内涵，还得有与之匹配的表述样式，方能相得益彰，受到观众欢迎。就这些年综艺娱乐节目的变化与各频道推出的娱乐节目来说，中国的电视娱乐节目总体呈现出娱乐的多样性与文化内涵的丰富性，当然在形式创新的同时，不可否认存在着某些方面的低俗性。

俗话说"以文化人"，同样，有深厚人文关怀的娱乐节目也可以化人。央视青歌赛评委徐沛东曾这样评说一位唱功并不特别出众，却时刻透着纯朴、甚至羞涩之气的选手："演员不是在演唱，而是在创作，有时候怕一专业了，反而把最自然和纯朴的状态丢了。技术不应该暴露在外，而要为高尚的目的服务，才能打动人。"娱乐节目亦是如此。如果说只有灯光、舞美以及主持人的圆熟技巧而没有人文内涵，这种娱乐大抵也就昙花一现了。

我们生活在一个全球化、多元化、游戏化的时代，面临"杂语共生"、"众声喧哗"的文化生态环境。尼采说："如果我们要永远幸福，那么除弘扬文化外别无他途。"如果说娱乐是一种狂欢，那么文化是一种力量，娱乐与文化联姻，用老百姓喜闻乐见的娱乐方式传播文化，在娱乐中不断地去发现人类"游戏"本质的"真"，让人与人之间的关系在娱乐中得到发展，营造社会的"善"，最终作为人类最高精神追求的"美"也将获得实现。

传播学里有一句名言说得好，没有传播的文化是死文化，没有文化的传播是死传播。电视人需要以虔敬的态度，在优秀文化传统中寻找、挖掘和探索，不仅要把住市场和观众需求的脉，更要引导一种积极健康的文化与社会氛围，让电视娱乐节目既成为抵达市场狂欢的通道，也成为感受文化风采的窗口。

235 现在娱乐节目的同质化现象严重，你是怎么看的

现在电视节目的同质化现象严重，“同质化”指其在性能、外观、营销手段等方面互相模仿，日渐趋同的现象。

娱乐电视节目同质化主要由于收视率、广告收入、缺乏创新精神、原创节目得不到有效的保护所造成的。在市场经济的大背景下，经济效益竞争越来越激烈，娱乐节目以取悦广大观众为目的，使大家在闲暇时，通过观看娱乐节目放松身心。目前国内的优秀娱乐节目都是模仿英、美、日、韩优秀的电视节目，结合本土色彩应运而生的。但现在国内大部分娱乐节目，尤其是省级电视台，为了自身的发展和追求经济利益，互相抄袭已成为常态，大范围模仿收视率高的节目，甚至是照搬照抄。

这样发展下去，会造成观众审美疲劳，造成传播信息过量及资源浪费，而且节目内容单一，没有形成有效竞争机制。反言之，如果电视台在节目内容上多加创新、挖掘历史、结合本土，那么节目就会很新颖也很容易让观众接受。做好娱乐节目既娱乐身心，也要让观众受益，不然媒体就丧失了需要发挥的作用。借鉴优秀的节目形式无可厚非，但一定要加以改变，不可生搬硬套，全盘接受。我们国内娱乐节目若想更快、更好发展，必须有良好的保护原创节目的法律规范出台，才能从根本上抑制同质化，创作出更多风格娱乐节目。

让竞争呈良性发展，让娱乐无处不在，那么广大观众才能真正受益。

236 谈谈你最喜欢的一则公益广告

央视有这样一则公益广告：小男孩的妈妈端洗脚水给小男孩的奶奶，小男孩看到这一幕后，跌跌撞撞地跑进屋子，不一会儿也端了一盆水跑出来，给自己的妈妈。“妈妈洗脚”这则广告虽然没有用什么语言叙述应该怎样教育孩子、怎样孝敬老人，但年轻妈妈的行为已经为孩子做了示范，她是孩子最好的老师。

每次看完这段广告，都有不少感触，都会很感动。每一个孩子从呱呱落地到长大成人，父母的教育方式和行为，深深地影响着他们。从父母那里我们懂得了要孝顺老人、学会做人，做一个正直的人。但是随着社会快速发展，生活节奏日益加快，人们每天为工作

和生计忙碌，对父母的关心减少了，回家的次数也越来越少。甚至有的人感觉父母老了、脏了，不愿照顾病重的老人。造成这样的后果不仅仅是个人的原因，父母也有无法推脱的责任。正因为父母没有做好榜样，也没有教会孩子如何孝敬老人，所以才招致凄凉的结果。

父母的言行，一直深深地影响着我，使我懂得在追求自己目标的同时，不会忽略身边的幸福，学会感恩。人生短短数十载，我们既要实现自己的价值，又必须抓住现在拥有的幸福，在平凡的生活中学会感动。父母的行为或许是一件小事，但折射出的却是我们生活中的行为准则。因为父母在我们心中就像一面旗，我们时刻都将为之努力和完善。一则小小的公益广告给我们上了一堂意味深长的人生哲理课。

237 你对成功的影视作品拍续集有何看法

所谓成功的影视作品指的是以良好的社会效益为基础，遵循艺术规律和经济规律拍摄出来的作品。而续集则指的是在原作的基础上再创作，并与原作相互独立的作品，它通常与原作在人物、情节、特定时空等要素上具有一定的关联性。为成功的影视作品拍续集，是影视作品消费者与生产者的共同需求。成功的影视作品应该拍续集。

第一，对于影视作品的消费者及观众而言，拍续集符合其心理需求。心理学的研究表明，有些观众具有惯性心理和好奇意识双重特质，惯性心理使得观众倾向于欣赏自己所熟悉的艺术世界和表现方式，而好奇心则使观众渴望了解人物、情节的后续发展。

第二，作为影视作品的生产者而言，拍续集有助于实现经济和社会双重效益。首先，就经济效益而言，成功的影视作品具有名片效益，拍续集可以借助规模经济以获取较为稳定和良好的预期收益。其次，就社会效益而言，拍续集可以使已成功树立起来的典型形象和道德意识进一步深入人心，从而更好地发挥其社会教化功能。其实，从卓别林到斯皮尔伯格，从黑泽明到吴宇森，诸多影视大师都已经认识到了这一点，并做出了有意义的实践。有关部门用统计学中的回归分析，对美国最大的电影数据库艾美森数据库进行了研究，其结果显示，续集在世界影片中的比例出现明显的上升趋势，而且这个趋势在70年代后期明显加速。

如今文化的多样性、多元化已成为时代的主题。续集的世界并不无奈，续集的世界很精彩。

238 谈谈你对民生新闻的看法

民生新闻就是以民众的日常生活为主要内容，以民众的人生诉求为基本出发点，以民众的生存状况为关注焦点，以民众的视角表现民主价值和人文关怀的理念，从民众的生存空间开拓资源的新概念新闻。

在民生新闻中，批评性报道占了很大比重，批判性思维方法的重要作用在这里有着更明显的体现。民生新闻的批评性报道大都关注百姓日常生活琐事，但这些琐事却反映出了关系国计民生的大问题，诸如小区水管漏水无人修理、劣质生活用品危害市民健康、城市公共设施安全等，都能够折射出百姓的住房、医疗、卫生、教育、社会保障等大的民生问题。针对这些问题所展开的批评性报道，记者或主持人的评论是整个民生新闻报道的点睛之笔。评论如何一针见血、合情合理、让观众信赖、让被批评者信服以促进问题的解决，运用批判性思维，强化民生新闻的影响力是问题的关键所在。而批判性思维彰显的是批判与反批判的统一，能使评论既是主流意见的表达，又不乏辩论。所以，批判性思维的正确运用在民生新闻的评论中有助于提升节目品位和节目的核心竞争力。

目前，民生新闻的同质化倾向严重，伴随着新闻媚俗化、娱乐化倾向，已经使民生新闻变成了主持人或记者简单的个人意见的表达空间和发泄空间，这就使民生新闻节目的品位大打折扣。

239 《百家讲坛》栏目开播以来，受到很多观众的喜爱，但也有专家学者对《百家讲坛》提出批评，认为其中有很多心得式的解读，是对公众的误导，对此你怎么看

《百家讲坛》栏目开播以来，受到很多观众的喜爱，但也有专家学者对《百家讲坛》提出批评，认为其中有很多心得式的解读，是对公众的误导。例如中山大学等国内十余所知名大学的博士生就曾联名在网上发表文章，反对于丹在《百家讲坛》中对孔子等论著的解读，题目是《我们为什么要将反对于丹之流进行到底》。

这十几位博士指出："中国传统文化是凝聚中华民族精神的最有力的武器，也是世界未来能够走向大同的重要思想资源。然而，任何妄图通过吃快餐的方式去了解传统文化的想法都是荒谬的。世上没有哪一种知识不需要经过自己的阅读、思考和实践就可以被掌握。"

不过与此同时，支持于丹的声音也不绝于耳。以新华网为例，有网友称："感谢于丹做了功德无量的好事。她在那么少的时间里，让那么多的中国人知道孔子以及《论语》。试问，此前有哪一位学者、专家做到过？她讲的也许并不符合专家们的期待，但这有什么呢？她给你们铺了一条简易公路，各位学者、专家，可以放心大胆地从你们的学术殿堂里出来，把它铺成更宽、更平、更好的大路不就行了吗？"

看过网上专家和百姓们的论战，我认为，其实于丹已经把"心得"定在比较低的位置，只是想把自己的感受拿出来与大家分享，分享的结果也是好的、正面的、积极的，那就够

了。如果没有这类浅显易懂的知识的普及，相信百姓也很难去找来原文一读。如此说来，即使没有文化价值，仅作为百姓茶余饭后的消遣，也不是不可接受。

240 你怎么看待"诙谐抗战剧"

最近一些抗战剧用诙谐幽默的手法来表现那段残酷的岁月，作品中随处可见的黑色幽默，使那段历史和那些故事弥漫了一层荒诞的气息，至于这种荒诞的气息是否能正确地反映历史的真实性，是仁者见仁智者见智。我认为诙谐抗战剧趣味性十足，能引发年轻人对历史的兴趣，并且能起到很好的引导作用，最终起到很好的传播效果。

《祖上光荣》的幽默是内涵的，是冷幽默的那种，更准确地说是黑色幽默，也许这才更让人开心，而带来的快乐才不会空洞，才有意义可寻，这种特质恐怕在同类题材的文学作品中是很少见的。草莽英雄的真性情拉近了与观众的距离，比传统抗战片更有趣味。除了趣味性，其实细品这部被逼成山大王的草根英雄打鬼子的故事，就不难发现其比以往任何一部历史军事题材的作品都要沉重，因为它不仅关联到了"抗战"这个民族大义的诠释，还关联到那个战乱时代人们的命运转合，更关联到了中国传统道德观念上的"信"和"义"两个字。

再比如《举起手来》这部电影，虽然有些情节比较荒诞，牛也吹得有点离谱，但从另一个角度重新演绎了抗日战争，突破了传统的表现战争的手法，不失对侵略者的痛恨及对击溃侵略者后的解恨与兴奋。

抗战题材电视剧的内容可以多样化，但让观众看了之后要激起爱国之情，要热爱祖国的山河、热爱民族的历史、关心祖国的命运。诙谐抗战剧经常面对"不严肃"的质疑，一位导演的回应我认为很有道理："我们只是换了一种形式来讲故事，这不是娱乐，让大家笑着看电视，笑着感动，我觉得挺好！"的确，从诙谐抗战剧受到观众欢迎的效果来看，我认为这种尝试和改变是值得肯定的。"笑着开始看，哭着看到完"，心中的感动反而更加历久弥新。

241 打开电视，历史题材的电视剧非常多，而从《英雄》到《汉武大帝》，几乎没有一部剧不篡改历史，对此现象，你的观点是

历史题材的电视剧是指取材于历史事件、历史人物的电视剧。顾名思义，历史剧所叙述的主要事件，描写的主要人物要求历史上有其人其事。这就意味着历史剧不等同于古装戏，历史剧是古装戏之一，与一般古装戏不同的是，它的讲述不可任意为之，而应以历史为取材来源。同时历史剧又是以剧为本体，这决定了历史剧不是严谨的教科书，而

是一种艺术形式，是基于某种视角对历史某一片段的审视、渲染、发挥，应该凸显它的戏剧本色。历史剧作为大众文化时代的精神消费品之一，提供消遣和娱乐是它义不容辞的责任，但历史剧更重要的使命在于提供娱乐消遣的同时，挖掘深藏于历史之中能够启迪当下、昭示未来的内蕴，吸取前辈教训，揭示往昔智慧，将历史书写成为对当代社会具备启发性的潜文本，以史为鉴，从而赋予历史鲜活的面孔、崭新的生命。

历史题材电视剧应该在尊重历史的基础上进行改编，可是“戏说”与“正说”的分寸很难把握。可有可无或无定论的历史部分可以充分发挥艺术想象去加工创作，“戏说”增加了情节设计上的随意性、娱乐性，但“戏说”一多，历史岂非变成一笔糊涂账了？

对具体的历史事件和人物，每个人都可以有自己的见解，对一些“定论”也可以存疑。只是，所有这些都必须建立在尊重历史真实的基础之上。例如，对毛主席诗词和书法，不论专业领域还是历史实际都有很高的评价，有人却信口贬损、全盘否定，实在匪夷所思。再比如，近代革命史已成事实，有人却大肆否认共产党在抗日战争中的历史功绩，还说解放战争是“一场民族悲剧”，充分显示了对客观历史的无知和对历史潮流的无视。马克思曾说过，历史是自然史的一个现实部分。将严肃的历史当作“任人打扮的小姑娘”，将历史教研混同于编剧、导演的工作，既是专业人士的耻辱，也是大家所不能接受的。

严肃地对待历史，除了对学科对象负责外，还包括对社会效果负责。私人交际场合提到一些历史概念，在表述上不够科学和严谨，应该说问题不大。但历史题材电视剧作为一种传播方式，传播甚至故意散布不实的材料、荒谬的结论，很可能会谬种流传，误导公众。一些惊世骇俗却并不正确的观点，经过一演再演，一播再播后，更容易造成严重的负面影响。

242 你喜欢的一部励志影片是？你从中学习到的精神是什么

我最喜欢的一部励志电影是《当幸福来敲门》。

主人公 CHRIS 战胜各种挫败，最终在竞争激烈的证券公司成长为一个专业的投资人，情节不复杂，通过一些让人感动的细节让我学会了“CHRIS 精神”：

1. 促使他进入这个行业的是一件小事，有一天他路过证券公司的时候，看到证券业界人士脸上挂着的微笑，他说“在那一瞬间，看到了一种会心的微笑。”

——我猜想，那种鼓舞人心的东西，叫做兴趣。

2. CHRIS 无时无刻不在为自己创造争取面试的机会。包括亲自上门递交申请书，故意说自己与负责人同路而坐上同一辆的士絮叨自己的特点与长处，这让他有机会卖弄了一番他在家玩得烂熟的魔方。

——有一天我也发现，无论是哪种技能，即使是最微不足道的技能，都会有它派上用场的时候。

3. 在获得面试机会后，CHRIS却因为停车罚款而被警局拘留。在那之前，他还被房东勒令搬出房子，他只有自己刷墙而得以延迟一周交纳房租。所以当他还穿着沾满油漆的工作服出现在各位西装革履的面试官面前时，他一直在想如何撒一个谎来解释为什么他会以这样一个面貌出现在考官面前，但最后还是只能说实话。当面试官问："如果你是考官，你会因为什么原因而去录取一个衣服上沾满油漆的人？"CHRIS低下头叹口气说："那一定是因为他有一条漂亮的裤子。"

——懂得自嘲，是可贵的品质。

4. CHRIS每天要去接孩子放学，于是要比其他竞争对手更努力地争取时间去联系潜在的客户。他说他不会停止打电话，不会去饮水机喝水——所以也不用去上厕所。他拼命地挤出每一分钟去与他人竞争。

——残酷的竞争，是在你经历的每一分钟里体现出来的。

5. 当每天还要被为办公室经理端茶送水、出门买外卖等等琐事缠身的时候，CHRIS也会想："我感觉我可以做一些更有价值的事情。"

——每个人在不如意的时候都会这么想，我可以做些更有价值的事情，但是目前，还是把这些做好吧。

6. 在和儿子打篮球的时候，CHRIS说："你有梦，你就要去保护它……你想要什么，你就去努力得到它"。

——激情与行动并重。

7. CHRIS经常说这么一个句式：那是我生活中的一部分……包括"乘巴士，奔跑……"还有一个小小的瞬间，那是他生活中的一部分，叫做"幸福"。

——为了这样一个LITTLE PART，只因为IT'S CALLED HAPPINESS，即使是瞬间的，一切努力就显得值得，因为它就叫做"幸福"。

243 谈谈你对重拍"四大名著"的看法

新版四大名著轮流走上电视荧屏，引起网友的热议，但同时，收视情况却没什么热度。这不仅要让人思考，四大名著到底有没有必要重拍？在这里，我也要对四大名著的重拍表示几项质疑。

首先，耗费大把大把的银子，重拍早已搬上荧屏且已获得巨大成功的古典名著值吗？据说，仅拟重拍的《红楼梦人物系列》，每部的投资就高达1500万元，重拍四大名著的费用加起来，无疑更是一个天文数字了。如果这些钱能切实用在改善人民精神和物质生活方面，是不是效果会更好呢。

其次，艺术家们为什么都热衷于重拍名著？难道不翻来覆去地折腾祖宗留下来的这点儿家底儿就没辙了？有关部门也应该引导、支持和帮助艺术家们勇于创新，创作出无愧于时代的作品，而不该鼓励人们向后看，不该鼓励人们一而再、再而三地从老祖宗的锅里舀饭吃。

再次，老版四大名著影视剧基本上都忠实于原著，历史人物的荧屏形象也伴随了几代人的记忆。但是新版四大名著剧集中，故事情节和人物形象都有翻天覆地的变化。在张纪中的新版《西游记》中，孙悟空将从猴子变成帅哥，唐僧成了果断干练的硬汉，而沙僧则具有冷幽默。名著改得更现代了，可观众们并没有买账，这从另一个角度说明了翻拍名著的意义甚微。

有人说，就算技术提高了、社会进步了，重拍也注定无法超越，因为现在的人太浮躁，太市场化，名著都被当成了生意。

244 你怎么看待屏幕上穿越剧的流行

穿越剧是近几年流行起来的一种影视类型剧，其显著标志是剧情或人物有穿越，经过穿越时空颠倒众生，使该剧发生意想不到的收视效果。从早期的《寻秦记》、《穿越时空的爱恋》到近期的《神话》、《步步惊心》，穿越剧以其另类风格获得了“穿越迷”的热捧，但同时也因其人物剧情设置随意，无思想无艺术，不尊重历史，误导观众而备受争议。

穿越剧满足了一些人对理想超我的幻想，带给观众一定的审美惊奇。面对现实中充满欲望与竞争的社会，面对生活中平庸而辛苦的自我，许多人乐于暂时逃避一下现实的压力，转而去幻想，从而找寻一个能力非凡的自我。比如带着打火机穿越到远古成为燧人氏；带着维生素穿越到航海时代成为殖民者；带着手机拍下和刘邦结拜的过程。这些夸张另类的拼贴剧情从历史和科学的角度来说毫无根据，甚至荒唐可笑，却也为身心疲惫不堪的人们找到了一处可以短暂释放压力的虚幻之境。

在穿越剧为影视剧开启了一扇窗的同时，我们也看到该类型剧存在重大缺陷。因为内容肤浅、挑战科学、思想性艺术性不高、对历史文化的亵渎，穿越剧一经面世就饱受诟病。另外，故事雷同、艺术表现手法单调也是观众指责的一个方面，特别是随着审美新奇感的消退，对穿越剧的质疑声日益强烈。在中国电视剧导演委员会上，广电总局电视剧管理司司长李京盛，就时下泛滥的穿越题材电视剧进行了反思。他指出：“现在穿越剧毫无历史可言，整体思想内涵没有提升，只是好玩好看、新奇怪异，而人物设置更是天马行空，这类穿越题材对历史文化不尊重，过于随意，这种创作主张不足以提倡。”

毋庸置疑，文化作品真正能打动人心的是文化内涵和艺术品质。穿越剧的出现尽管丰富了创作形式，但若想超越以往某些类型剧昙花一现的宿命，还需要在思想性和艺术性方面下大工夫，通过真正的艺术创新满足观众的审美需要。

245 从若干年前的中央电视台独占鳌头到现在各大卫视各领风骚，这说明了什么

许多年前中央电视台在政策、资金、人才、技术设备等方面所拥有的得天独厚的优势随着中国经济的大发展及各大卫视的崛起已不明显。相反，各大卫视凭借着地方优势、创新能力以及品牌特色，积极走出了一条适合自身发展的“专业化”办台思路，丰富了节目类型，赢得了众多收视群体的青睐。

与各大卫视相比，中央电视台要兼顾所有收视群体，办台风格较为中规中矩。倡导主旋律，宣传社会主义先进文化是中央电视台的主要任务。在频道设置与栏目编排上，央视力求全面，虽然一直在改革创新，但步子迈得并不大。而各大卫视相对于中央电视台而言则具有较大的自由空间，创新能力非凡。只要政策允许，观众爱看，这些卫视都愿意尝试。通过几年的群雄逐鹿，各大卫视已经形成了相对固定的杀手锏，利用品牌保障在某一领域的优势，挑战中央电视台的霸主地位。由于人才引进机制灵活、栏目政策宽松、广告收入大增，各卫视陆续走集团化管理模式，把电视作为一种产业来运作，突破地域限制，形成全国性影响，不仅扩大了各卫视的运营空间，而且带动了整个产业链的大繁荣。

从购买电视剧集的价格豪赌到综艺节目的轮番厮杀，中央视台一枝独秀的年代一去不复返。但观众信赖的中央电视台的权威性和庄重性依然如故，并与其他卫视形成了优势互补。

246 谈谈你对偶像剧的看法

青春貌美的偶像演员、流行的造型服饰、细腻的爱情、华丽的场景是偶像剧的主要元素。偶像剧不断推出青春偶像，也不断影响着青少年的成长。“偶像崇拜”是个体成长当中带有普遍性和必然性的现象，一味要求青少年拒绝偶像剧是不现实的。因此，将偶像剧一棍子打死的做法并不可取，而应该从把握内涵入手，为青少年多塑造一些不仅有亮丽外表，更重要有积极拼搏、吃苦耐劳等优秀品质的偶像，从而对青少年的人生产生一种积极的导向作用。

偶像剧对青少年的影响不容忽视。许多偶像剧因为过多的商业气息以及虚幻爱情引起家长的担心和不满。如早些年的《流星花园》。剧中四个俊男全部家庭殷实、衣着光鲜、出有名车、入有豪宅，整天不思进取，只懂得泡妞。而女主人公家庭条件不好，却是灰姑娘类型，其间出现多角恋情，整天吵吵闹闹、要死要活，最终嫁入豪门。这些荒诞的情节在成人看来完全不切实际，但对于心智尚未发育成熟的青少年来说，却可以让他们沉浸于一种“一夜暴富”、“爱情至上”的虚幻中不能自拔，或是由于被灌输了一种错误的价值取向而走上互相攀比、不劳而获的歧途。

享受青春、爱情是每个人都向往的，但并不是人生的全部。学生时期，最重要的事情应该是励志求学。现实中，既具有偶像气质，又催人奋发进取的偶像剧其实并不在少数。从《十六岁花季》到如今的《奋斗》，都在向青少年倡导一种积极的为人生理想不怕挫折、勇于拼搏的精神。这些电视剧中，主打仍然是青春亮丽的偶像，仍然有缠绵悱恻的爱情，但剧情更贴近现实，人物也更具有个性魅力，因而，对青少年的正面影响也是必然的。

偶像剧比起老师和家长的说教，生动而具体，形象而鲜明，但偶像剧需要以现实为基础，更需要以偶像的感召力去塑造青少年艰苦奋斗、乐观向上的精神品质。

247 谈一谈目前的婚恋节目低俗之风

婚恋交友节目在中国的荧屏上广为流行，受到观众喜爱的同时，也因其庸俗、低俗甚至恶俗的内容而遭到世人批评。

婚恋节目的出现本身其实是件好事，是社会上单身青年增多、大龄化日益严重的真实写照。节目通过电视的放大功能可以更好地宣传正确的婚恋观，引导单身或大龄青年找到一条通往婚姻的途径。但是，好的节目初衷却并没有带来理想效果。有些婚恋节目以嘉宾身份造假、出语低俗、公开讨论性内容、宣扬拜金主义、混淆是非善恶、宣扬不正当的婚恋观来博得受众眼球，传递的是一种负面情绪和不健康的价值观，严重误导了广大观众，损害了电视媒体的公信力。

造成这一结果的原因很多，但放弃媒体职业操守，蔑视媒体道德规范，对经济利益过分追求是主要原因。许多媒体为了提高收视率，迎合受众需求，甚至不惜用一些低俗化的东西满足部分人的"偷窥癖"和"暴露癖"，虽然会带来不菲的广告收入，但对电视媒体来说，那就是"媚俗"，是对最可宝贵的核心价值观和审美理想的抛弃。当一些演员冒充嘉宾，使婚恋节目变成"连续剧"的时候；当思想道德败坏的"主人公"不断炮制出雷人言论，赢得收视率的时候，电视行业无异于"自掘坟墓"。

过分追求收视率，"以收视率为王"，容易造成一切围绕经济转，而忽略了节目的思想性和艺术性。文化是经济和政治的反映和升华，文化要有相对独立性。电视人在考虑经济价值的同时要更多兼顾社会价值，要秉承一种职业良知，为时代多创作一些积极向上、振奋人心、体现真善美的精品。

248 中国有必要实行电影分级制度吗

中国实行电影分级制度是大势所趋。电影分级是国际惯例，即使像伊朗这样宗教氛围十分浓郁的国家都有电影分级制度，并产生了像阿巴思这样纯粹艺术的电影大师。电影分级不仅是社会经济文化发展的需要，是创作人员的需要，也是规范电影市场的一种手段。

当前我们实行的“电影审查制度”决定了电影能不能拍，而“电影分级制度”则反映的是生产出来的电影究竟给谁看。分级是一个不可回避的话题，是对电影事业的负责，也是对创作者和观众的尊重。比如《满城尽带黄金甲》，其中的暴力血腥和性暗示镜头让许多观众不满。还有轰动一时的《色戒》更是让许多家长视为雷区。有资料显示，近年来我国出现的一些青少年犯罪，实际上很多是受一些暴力、色情电影的影响。由于没有分级，成人和孩子都可以观影。对于尚处于人生观、世界观和价值观形成期的儿童，过多的凶杀、暴力与性爱镜头势必会导致儿童模仿，从而影响到儿童身心的健康发展。而对于成年人来说，一些遭封杀的所谓“不健康”影片也是在用青少年甚至儿童的视角来审视成人世界，对成人来说也是一种不公平。所以无论从保护儿童还是保护成人的角度来说，电影分级制度都是有必要建立的。

另外，电影分级制度的建立还能够营造一种更宽松的创作环境，可以大大丰富创作的多样性，有利于我国电影市场的大繁荣。不管是“阳春白雪”还是“下里巴人”，电影创作者满足的是人们多元化的审美需求，因而也就更需要一个宽松自由的创作空间。而这种相对宽松自由的创作空间可以通过分级制度的建立来实现。

当然，电影分级制度的建立必须有足够的配套法律、法规予以保障。而电影分级制度本身也需要与中国实际相结合。但不管怎样，电影分级制度能够以一种更加合理的方式促进国家、电影创作以及观众的共赢。

249 请谈谈“让娱乐文化起来”与“让文化娱乐起来”

娱乐和文化并不矛盾。“让娱乐文化起来”与“让文化娱乐起来”，是我们在经营文化产业，从事文化创作时必须遵循的原则。

“娱乐至死”是近些年学界常常提到的一句话。我们需要娱乐，娱乐可以使人愉悦精神，放松身心。但娱乐不等于文化，也不能代替文化。综观我们现在的文化市场，许多借助艺术表演开展的娱乐经营，被纯然异化为赚钱的工具。为了赚取利润，不惜迎合媚俗，内容和形式突出“养眼”而非“养心”、突出“性感”而非“美感”，全然不顾文化的尊严和娱乐的界限。我们的革命历史题材电视剧，严重背离艺术真实和生活真实，不少革命英雄都有情人，只懂得谈情说爱却缺少民族血性。还有那些整天斗来斗去的“权谋”剧和整天跳来跳去的文艺节目，我们将娱乐精神发挥到了极致，却唯独忘记了娱乐需要坚守的文化品质。我们可以娱乐，但娱乐必须有度。“寓教于乐”，将文化内涵渗透于形式多样的娱乐节目里，潜移默化地影响受众的思想，从而提升整个民族的审美趣味和文化理想，才是娱乐的真实目的。

另一方面，“让文化娱乐起来”也是必需的，但也要适度。从文化传播来说，文化需要以活泼轻松的方式表达出来，而不是一味说教，但文化过分的娱乐化，则会导致文化精神的分裂或缺失。文化可以而且应该通过普通大众喜闻乐见的方式予以表现，如此，我们的文化才能为最广大的人民群众所熟知和接受，而不是成为高雅阶层的特权。但一味地迎合大众并不可取，而是应该在普及中有所提升，让人们在喜闻乐见的形式中不知不觉而又轻松自然地接受文化品质和审美情趣的熏陶、洗礼和提高。

“让娱乐文化起来”与“让文化娱乐起来”是文艺工作者的努力方向，既需要把握娱乐的限度，也需要思考文化的表现方式。只有将两者恰到好处地结合起来，共同促进文化的大发展和大繁荣，共同促进民族精神的大进步，才能不断提高文化自觉，增强文化自信，使我们的文化沿着正确的发展道路不断前进。

250 赵本山蝉联 12 年“春晚”小品王，你对此如何评论

赵本山蝉联 12 年“春晚”小品王，与赵本山本人的努力不无关系，但同时也折射出当代中国文化的窘境。许多评论更是以“小品亡”来调侃“小品王”，以没有“最爱”只有“最恶”来表达对越来越愚弄大众的春节联欢晚会的一种愤慨。

央视春晚自从上世纪 80 年代初开始举办，以其喜庆祥和的大团圆风格和巨星云集、丰富多样的节目类型，成为全国人民在除夕之夜辞旧迎新的神圣庆典。但昔日在国人心目中占据的神圣地位却越来越弱化，陈旧的模式，换汤不换药的内容已让国人厌弃。特别是现如今央视春晚浑身散发出来的商业气息更是让观众视为“垄断＋低俗＝愚乐经济”的闹剧。而央视不顾民意，逆大众呼声而行，使得赵本山能够蝉联 12 年“春晚”小品王更是将这出闹剧推向了极致，令国人大跌眼镜。

我们不否认赵本山对中国小品事业作出的贡献。他成功地将东北二人转里的“说口”带入“春晚”，丰富了语言表演艺术，而且由于其浓厚的东北民间特色和生活气息，也一度给“春晚”小品注入了纯朴真实的民风民情。但是，赵本山不是春节联欢晚会的“救世主”，更不应该享有“本山春晚特权”。以歧视和侮辱弱势群体、贩卖低俗为特色的“愚民路线”以及令众人目瞪口呆的“本山经济”，将赵本山小品连同央视春晚一起带进了一个死胡同。

我们的文化需要推陈出新，我们的娱乐需要坚守精神家园。而央视春晚力排众议使得赵本山蝉联 12 年的“春晚”小品王，只会让文化蒙羞，令观众集体“大逃亡”。为什么我们的观众总在抱怨我们的“春晚”一年不如一年，质量越来越低，我想并不只是因为老百姓的审美趣味提高了，央视也应该反思一下。

251 你怎么看待错字频繁成为国产电视剧通病

伴随着文化市场的繁荣和媒体改革，国产电视剧如雨后春笋般进入了一个快速发展时期。大批量电视剧的制作满足了各大频道对节目安排的需求，但同时也滋生出由于时间短暂、制作粗糙而出现的种种电视剧质量问题，这其中，错字频繁是备受众人诟病的一种现象。

错字频繁出现在国产电视剧里与文化工作者态度不端正，缺乏责任心有关。电视连续剧《敢死队》中，敢死队的徐飞虎回答马烽说："我怎么能和他比，如果我是条鱼，他就是条海底的绞龙！"其中"绞龙"的"绞"显然是错别字，正确写法应该是"蛟龙"。而片尾曲中最后一句字幕"用无谓勇敢捍卫祖国的尊严"，此处的"无谓"是错误写法，应改为"无畏"。或许，这些错字只是工作人员一不小心打错了，或许审查人员并没有细致检查，但是不要轻视这些"个别字"的错误，这种对工作极不负责的态度反映的恰恰是对民族文化的蔑视。而这种对民族文化的不尊重通过媒体无限放大后，不但落得世人耻笑，也会对文化的传播带来不可低估的恶果，轻则混淆汉语言文化，重则颠覆民族传统。

造成错字频繁出现的另一个重要原因是我们的文化工作者基本功不扎实。很难想象一个传播文化的人却没有传播文化的基础和硬件。而现实中，这样的人却不乏少数。中国的汉语言博大精深，完全掌握确实难度不小。但对于专门从事文化传播的内行人员来说，这种错误却是可怕的。试想，一个文化素养不高的人怎么能将博大精深的民族文化很好地传播给广大受众呢？而我们的民众又怎能相信一个毫无文化含量的媒体传播出来的内容呢？正因为如此，文化的传承需要我们从点滴和根基做起，从纠正错别字做起。

252 南京某校规定学生周末不许看湖南卫视，你怎么评论

湖南卫视这些年以"娱乐立台"，不管是自制电视剧还是《超级女声》、《快乐大本营》，都赢得了众多粉丝青睐，获得了极大成功。但过度的娱乐化也让世人表现出了担忧。南京某校规定学生周末不许看湖南卫视就是教育界对娱乐泛滥，从而影响学生身心健康的有力反驳，也因此引起了广泛争议。

这种以一种规定的方式约束学生周末不许看湖南卫视的做法是有待商榷的。因为看不看湖南卫视是学生的自由，特别是在周末这个特殊时段，学校没有理由去限制学生观看湖南卫视。但为什么学校规定不许看的是湖南卫视而不是其他卫视呢？这里面有一个值得深思的问题。可以确信，学校出台的这则规定是本着对学生负责的态度而制订的，其中渗透着校方的良苦用心。我们不得不承认，湖南卫视的许多节目都是以揭人隐私、取笑他人来"愚乐观众"的，毫无思想性和艺术性可言。那些三三两两的"小丑"主持人，那些疯疯癫癫的表演嘉宾刺激着人们去追求"个人主义"、"享乐主义"和"拜金主义"。

部分节目粗制滥造、低级庸俗，引导和宣扬的人生观和价值观让人质疑，很难让未成年的学生学到知识，并领会人生感悟，形成积极健康的理想追求。

学校的这则规定，引发的不仅仅是该不该看湖南卫视的争议，更是对教育、对媒体、对众多社会问题的深刻反思。关注教育、关注我们的下一代，不仅仅是家长和学校的事情，更是媒体和全社会的头等大事。我们整天呼唤文化的传承、民族的进步，但是真正落到实处还需要全国人民的共同担当。这其中，文化急先锋的电视媒体，任重而道远。

253 崔永元历时 8 年打造的《我的抗战》因各大台担心收视率的问题而拒绝播出，就此谈谈“有意义”和“有意思”

崔永元自筹资金历时 8 年制作完成了 32 集大型历史纪录片《我的抗战》。这部大型纪录片以翔实、鲜活的人物访谈、历史资料以及木刻风格动画串联起 3500 位白发老人亲历的战争，是关于抗日战争真实历史的抢救性记录。这样一部具有传奇色彩和教育意义的纪录片在抗战胜利 65 周年之际出炉可谓恰逢其时，但各大台却因担心“无意思”，不能带来广告收益而拒绝播出。这种结局完全否定了电视媒体传播文化、引导舆论的基本功能，彻底沦为了市场经济下金钱的附庸，不仅令崔永元尴尬，更成为各大电视台的尴尬。

“有意思”不能等同于“有意义”，收视率也并不是满意度，“观众是上帝”更不能表示媒体要不加分析地一味迁就。在抗战真实记忆逐渐淡出我们视线的年代，《我的抗战》以尽可能完备的细节还原战争全貌，让生活在和平时期的人们缅怀历史的同时，珍惜今天得来不易的幸福生活。这样一部充满了人性化视角的历史巨作比起任何一档看似“有意思”，却完全不着边际的戏说剧、改编的面目全非的红色经典更具有现实启迪意义，也更能让人们震撼。

我们不得不承认有些电视剧整天斗来斗去，扣人心弦，很有意思；我们也不得不承认有些娱乐节目整天跳来跳去，耀眼炫目，也很有意思。但斗来斗去、跳来跳去之后，我们究竟从中收获了什么？恐怕收获的只能是肤浅与苍白，是历史记忆的空洞和民族尊严、文化自信的丧失。电视节目不是普通的商品，而是兼有经济价值和社会价值的特殊商品，其意识形态属性不容置疑。电视要走产业化道路，但是电视媒体对于社会导向的责任更加义不容辞。传播中国文化，弘扬民族正气，需要我们的各大电视台正确认识收视率，勇挑重担，多宣传“有意思”更要“有意义”的作品。

第八部分　文化娱乐热点

254 你认为国粹京剧将如何更好地传承下去

京剧，从徽班进京以来，已有二百多年的历史。一个多世纪以前，大多数人喜欢京剧，它是属于大多数人的艺术。现在京剧只能算是弱势艺术，虽仍是国人口中的国粹，但很少有人会自掏腰包去消费和享受京剧表演。没有市场，京剧自主发展就变得举步维艰，需要政府部门的政策扶持。如何传承和发展京剧艺术，重拾京剧的昔日风华，我觉得应该从以下几点入手。

首先，继承传统京剧艺术表演方式，弘扬京剧艺术的文化精神。300 多种地方戏曲中，京剧当属流传最广、影响最大的剧种。京剧艺术所表达出的爱国主义、英雄主义和以仁爱、和谐为宗旨的浓厚的文化底蕴，应得到更好的传承和发展。京剧以开放的姿态，吸收融合了徽剧、昆曲、秦腔等艺术营养，形成和谐、完美而又独特的表现方式，这种兼容并蓄的精神正是当代流行文化所需要和学习的。

其次，在继承传统的基础上，应该将京剧艺术置身于时代的洪流中，以人民群众普通生活为艺术创造源泉，捕捉新时代人民的精神风貌和思想情感，将新时代人民创造的经典故事和人物用生动的京剧艺术形式表现出来，以此发挥文化引导社会、教育人民、推动社会全方位发展的功能。

再次，培养京剧艺术人才方面，应投入更多的人力物力，加大扶持力度，提高专业京剧表演人员的待遇，鼓励京剧表演艺术家大胆地丰富演出剧目，变革艺术表现方式，做到普及与提高并行，专业性与群众性相结合。这样才能让京剧走入更多人的视野，做到博而不俗。

希望京剧艺术借着我国大力发展文化产业的强劲势头，充分利用京剧艺术传统资源，促进其健康繁荣发展。

（资料来源：北京市西城区官网 http://www.bjxch.gov.cn/pub/website/wzzt/xnwhj/whjdt/dtxw/201011/t20101112_1172894.html）

255 2011年春晚魔术引发虐鱼争议，动物保护组织要求停演。你怎么看

2011年春晚并没有摒弃魔术，傅琰东取代刘谦于央视春晚大秀魔术技艺，虽然借着春晚平台火速上位，却因表演的魔术《年年有鱼》而引发虐鱼争议。魔术中傅琰东用一个哨子就可以让水中的金鱼进行队列表演。节目虽然令人称奇，但动物保护组织愤怒难挡，并要求停演。作为当代大学生，我非常赞同动物保护组织的做法。

或许有的人会对动物保护协会的做法产生质疑，认为吃鱼可以，使用鱼表演魔术却不行，能在实验室解剖鱼做研究，却不能在鱼身上安装磁铁以供大众娱乐消费。我想动物保护协会的初衷在于反对虐鱼并非是拒绝吃鱼，更不是鄙视吃鱼的人，而是强调尽量给鱼减少不必要的痛苦。这种保护意识，是人道主义的一种延伸。吃鱼与虐鱼其出发点是不一样的，不能把吃鱼者都归为虐鱼者行列。而实验室中鱼被用作课题研究，目的在于获取研究资料，促进人类发展。因该事件而发出的反对虐鱼呼声，体现了我国动物保护意识的提升。虐鱼风波不会因为金鱼魔术的停演而停止，相关魔术界专家人士应主动道歉，平息众怒，给公众一个满意的交代，并保证此类动物残虐事件不会再次发生。

《年年有鱼》中的金鱼虽小，折射的人文关怀内涵却很大。央视作为国内最大的电视传播平台，加上春晚作为每年电视晚会的核心焦点，人们有理由对春晚中的节目提出更高的人文要求。人文关怀关系到整个社会的利益，关系到整个人类的利益，所以说娱乐消费不比人文关怀重要。

（资料来源：凤凰网 http://finance.ifeng.com/roll/20110217/3424579.shtml）

256 怎样看待明星代言虚假广告的现象

明星代言从来都是众多商家首选的宣传策略，随着近些年众多明星涉及虚假广告代言，普通大众开始关注明星代言道德诚信的问题。同时也掀起了一场又一场质疑明星代言的风波。出现虚假广告代言有以下几个方面的原因。

首先，当属社会原因。我国目前处于社会转型期，法制不健全，法制观念不强，价值观紊乱。政府管理广告的相关部门责任不明晰，广电部门管理电视、广播等传播虚假广告的平台，而明星代言虚假广告又归工商部门查办。由此容易产生责任不明，相互推脱，滋长虚假广告代言的风气。

其次，明星自身的素质原因。无论是国内明星还是国际大腕，其文化水平相对不高且文化素养参差不齐，高额的代言费也是诱惑明星不问青红皂白闷头代言虚假广告的侩子手。

最后，老百姓对明星代言的情感认同。普通老百姓对明星们拥有的物质生活充满向

往，而使用明星代言的产品正好满足普通大众的虚荣心，他们可以使用与明星一样的产品。有些高消费产品甚至成为身份和地位的象征，这些诱因正好满足了老百姓的需求。

明星应该自尊自重。“君子爱财取之有道”，明星代言为自己创收无可厚非。问题是有些名人为了多挣些“劳务费”，完完全全是按着商家的“剧本”把商品夸得天花乱坠，严重误导观众，殊不知也会因小利而忘了大义。因而，有关部门应采取一系列措施。首先，应该加强公民特别是商家诚信建设。仅靠监管是远远不够的，商家的诚信、明星的诚信、广告商的诚信，甚至是传播者的诚信，每一个当事人的诚信都尤为重要。其次，需完善《广告法》、《食品安全法》等法律条款。在现行法律框架下，只要查出虚假广告就应及时逐一追究责任，而非只责难代言明星。

相信从以上几个方面入手，广告宣传以及明星代言将会呈现良性发展。

（资料来源：华图教育网 http://www.htexam.com/a/ziliao/gwy/mianshi/2009/1116/35205.html）

257 三十年来，看“春晚”一直是中国人过春节的“重头戏”，而近年来，“春晚”却不断受到观众的非议，“春晚”的节目质量遭到质疑。你对“春晚”满意吗？如果满意，请阐述理由；如果不满意，请谈谈你心目中理想的“春晚”

中央电视台春节联欢晚会历来就是国人过春节的“重头戏”，虽然在近年来一直遭到质疑，但其生命力仍在，具有不可替代性。时至今日，“春晚”年年既有好评，同时也伴着骂声。我希望并相信“春晚”会在批评中成长，在时间中经受住考验。

伴随着我国的经济发展，群众精神文化生活日渐丰富，CCTV 春节联欢晚会尽管仍备受关注，但是已经不再是大年三十晚上唯一的“文化大餐”。而且，观众对于 CCTV 春节晚会的批评、争议也在增多，央视春晚面临的竞争压力正逐年增大。与此同时，各地方电视台也纷纷向央视“叫板”，推出了各自的“地方春节晚会”。地方春晚虽不敢与央视春晚正面打擂，但这股势力已初见实力，不容小觑。如此，央视春晚要想继续稳坐头把交椅，就必须不断推陈出新，制造经典，以满足观众日益增长的文化需求。尽管央视春晚面临着诸多挑战，但以央视春晚历史积淀来看，其具有的不可取代性是可以肯定的。

首先，“春晚”已经成为了一种过年民俗。每年除夕，全球华人都以不同形式在不同程度上怀着相同的热情关注着中央电视台春节联欢晚会。除夕夜，大多数老百姓仍会在家看“春晚”。特别是，海外华人春节集会，播放中央电视台春晚或者它的录像，成为一个必不可少的节目。

其次，春节联欢晚会所蕴含的艺术性不容置疑。专业的筹划团队，一流的创作水平，无与伦比的明星资源都证明了央视春晚是汇集了中华民族各种艺术形式的最高水平作品。不可否认，春节联欢晚会作为一个历经多年发展的重要文化事件，它的意义是重大的，影响力是不可比拟的。央视春晚的意义还在于作为一台电视晚会，它创造了一个文化奇迹，完成了一个电视神话。央视春晚无论是在演出规模、演员阵容还是在播出时长以及海内外观众收视率上，都创下了中国世界纪录协会世界综艺晚会之最，成为中国世界纪录协会世界收视率最高的综艺晚会。

我相信，“春晚”依旧会每年出现在大众视野中，也将一如既往的不卑不亢，不见不散。

（资料来源：百度百科 http://baike.baidu.com/view/629988.htm）

258 你怎么理解流行与经典

从概念上来说，“流行”是一种普遍的社会心理现象，指社会上新出现的或某权威性人物倡导的事物、观念、行为方式等被人们接受、采用，进而迅速推广以致消失的过程。“流行”涉及领域极多，包括服饰、音乐、美术、娱乐、网络等。“经典”是指具有权威性、典范性，既为经久不衰的万世之作，又是历经考验“最有价值的”，同时还可理解为最能表现本行业精髓的、最完美的作品。

经典与流行既有相同点也各具特色。两者的相同点在于都普遍受到社会关注。不管时代如何变迁，经典都会受到不同程度的追捧，正如舞台上永远会留有一束追光，发其光芒。于流行而言，其高人气毋庸置疑，流行一般会主动寻找关注度，并视其为生命，没有关注，何谈流行！不同之处是，经典即是永恒，它在两千多年间不断变化，自出现之日，便被高高托起，一直只属于各个时代的少数人。经典产生一种距离美，总是刻意地超越周遭一切，誓不与庸俗和另类为伍，在“经典”的词汇中只有高雅与出众。在时代更替过程中，新的经典会沉积在原有的经典之上，成为更加卓尔不群的高雅作品或群体。而流行则会成为时代的一个符号，流行也会复兴，相较于经典，表现力更强，但不及经典来的持久。

两者相互依托，并行不悖。然而现代社会有人推崇经典有人喜欢流行，从某种程度上来讲体现出社会文化已经进入思想多元化时代，由此流行与经典携手同行于时代大潮中是必要的。经典，就如古罗马的建筑，英国的哈姆雷特，意大利的比萨斜塔，老北京的京腔京韵和千百年来历代文人的诗词歌赋；流行，就是巴黎灯光闪耀的 T 型台，美国的好莱坞大片，镁光灯下的娱乐圈和全世界人们手中的 iPhone。身着时尚服饰的人们穿梭于古罗马的建筑群里，用手中的数码相机记录下建筑的经典，这就是经典与流行相互交融最有力的证明，在各自生存的空间里也能够给对方留下存在的空间，就如同生活在潮流尖端的人也会恋上经典的诗词歌赋。

所以流行与经典无需对立。试想生活中若只能身穿简单的服饰吟读庄子的《逍遥游》，生活难免沉闷。反之，若现实生活中只有流行音乐，话剧、歌剧等经典文化退出社会生活，那么，人类再无高雅可言。两者并行不悖，只需和谐相处。

（资料来源：人民网 http://www.people.com.cn/GB/wenhua/22226/34912/34914/2949939.html）

259 你如何看待全球化和民族化

全球化是一种过程，也是人类社会发展的诸多现象之一。一般情况下它是指世界联系不断增强，人类生活在全球规模基础上的全球意识的崛起。目前情况下，全球化更倾向指以经济全球化为核心，各地区政治、文化、信息、科技、军事、艺术、价值观等方面相互联系，相互制约的多元概念。全球化是世界发展的必然产物，以经济全球化表现最为突出。

民族化是指中华民族文化的广泛传播以及中华民族精神的大力弘扬。随着社会的不断发展，该解析不免有些偏颇。在我看来，民族化应当是随着中外文化交流，我国不断地吸取外来文化的先进成果，补充并丰富中国文化，建设新文化的过程。

全球化和民族化既有利于社会的发展，同时也存在发展的弊端。全球化的兴起必然带动各行各业的全面发展，然而在发展过程中，相关的法律法规不健全，不法人士容易钻政策的空子，甚至扰乱全球经济市场。对民族化而言，多种不同文化交流中，必然产生碰撞，有时甚至会发展成冲突。看来把握不好的话，民族化很容易成为一种固执己见的封建派，这显然违背了民族化的初衷。

两者既相互影响又相互制约。首先，全球化为民族化提供了机遇，我们必须合理利用这个条件，积极为民族文化注入新的营养，丰富新的内涵，使其焕发新的生机。

同时，只有不断地丰富和强化民族性，才能真正实现全球化。以文艺为例，艺术的创造最忌讳抄袭，最崇尚独创与个性。任何文化艺术创造，都必须以新颖独创为灵魂，而个性、创造力正是文化艺术的活力之源，这种活力正是民族性所具备的。

（资料来源：百度文库 http://wenku.baidu.com/view/cda793c24028915f804dc298.html）

260 艺术真实与生活真实的关系是什么

在文艺界，对于"艺术真实"和"生活真实"之间的关系一直以来都争论不休。一些自然主义学派注重客观性，排斥艺术的主观性。唯心主义论者则一味关注艺术主观性，甚至否定现实。我认为，两者之间既有紧密联系又存在区别。

两者的联系是：生活真实是艺术真实的基础，艺术真实是生活真实的提炼和升华。文学艺术家追求的终极目标是艺术真实，说明艺术真实高于生活真实。两者的关系是辩证统一的。一方面，艺术真实以生活真实为创作源泉，一切艺术创作都来源于生活。

2011年11月11日上映的小成本电影《失恋33天》收到意想不到的票房和口碑，原因在于影片定在光棍节上映，满足“天时”；剧情贴近生活，符合生活逻辑，具备“地利”；剧中演员表演到位“接地气”，凑成“天时、地利、人和”，所以票房口碑俱佳。可以说艺术真实可以高于生活真实，但一定紧贴生活真实。另一方面，艺术真实比起生活真实在文艺作品中显得更为重要，文艺作品更注重创作者的主观能动性，创作者所抒发的真情实感是艺术永恒的追求。社会生活难免粗糙、混乱。如果艺术完全照搬生活，必然不讨巧。因此，必须要对生活进行一番加工提炼，对生活进行美化再造，完成艺术创作的典型化过程。

两者之间的区别是：生活真实是社会生活中客观存在的人和事，必然符合生活规律；艺术真实是观念形态的东西，是主、客观的统一。比如《白蛇传》中的白娘子、《西游记》中的孙悟空，他们都不是现实生活中的人，只是具备人的性格与特点，因此，白娘子、孙悟空都是艺术典型。另外，艺术真实是生活真实典型化和审美化的反映。生活本身不能反映本质，社会生活繁杂无比，真假善恶混杂在一起，需要一双艺术之手分析鉴别，进行典型化加工，升华生活真实，留给大众以美的享受。

（资料来源：新浪博客 http://wenku.baidu.com/view/cda793c24028915f804dc298.html）

261 随着电脑的普及，键盘代替了纸笔，提笔忘字的现象愈来愈多，你怎么看

在中国，书法是一种传统的文化和艺术，中华五千年文化流传至今，基本上是依靠文字的传承。无论是写诗作词，还是鸿雁传书，都需要动笔。没有电脑的时代，多数人都能写得一手好字，他们用饱蘸的笔墨写信作诗，情感呼之欲出。名人题字、留言、雕刻成为一种时尚，流传下的作品传为经典之作。然而，当电脑步入社会生活后，改变了原有的写作方式。“提笔忘字”成为新时代的一个显著特点。电脑使用越多，对汉字的书写显得越陌生。时常出现这样的情况，普通一篇文章，似乎每个字都认识，然而，当我们书写最基本的言语时，经常会提笔忘字，卡在那里。这种现象在大学生中尤为明显，试想，考试的时候，若是因为几个简单的字而失分，这分着实丢的尴尬。现在考试并未完全自动化，总有一些题需要亲笔回答。经常使用手机、电脑打字，时间长了，不免会对拼音产生依赖，“提笔忘书”的情况不会少见。看来“提笔忘字”显然会直接影响到学习成绩。

自古以来，科技的发展从来都具两面性，科技的发展在促进人类进步的同时，也不可避免地带来一些负面影响，造成提笔忘字的两大“祸首”是电脑打字和手机短信。然而电脑与手机已然融入我们的日常生活，并与我们的工作、学习、生活息息相关，具有不可替代性。另一方面，手写在一定程度上已经满足不了现代社会快节奏、高效率的生活，要走出“提笔忘书”的窘境应该从以下两方面入手。

首先，应改善电脑输入法，提倡五笔打字，减轻对拼音输入的依赖性，这样有利于对汉字记忆的巩固。另外还可改进手机的手写输入技术，说到底手写输入对大脑来说相当

重要，经常手写输入，不但大脑会反应敏锐，思维也会相对更活跃。

其次，我们每个人都应该有意识地主动练习书写汉字。在学校，老师应该要求手写作业，而参加工作的朋友不妨在闲暇时间练习写字，毕竟日常生活中写字的用途还不少。写字也是一种艺术，有时候还象征着一个人的门面，练习书法还可以起到修身养性的作用。写得一手好字，不仅能提高修养，还可以陶冶情操，这大概是电脑永远不可能取代的。

（资料来源：新华网 http://news.xinhuanet.com/edu/2010－08/05/c_12414863_2.htm）

262 有人说电视传播的是快餐文化，你认同吗

快餐属性是电视的显著属性之一，电视主要传播的是快餐文化。例如，对最近发生事件报道的新闻节目，让观众笑过就忘的娱乐节目，把婚恋过程无限缩短放置于观众眼前的速配节目，用消解之后的经典历史文化来普及入世哲理的电视讲经节目，这些都是荧屏上的主流快餐节目。我认为电视传播的是快餐文化。

电视的现场性决定了电视传播的是快餐文化。电视能够迅速、及时地反映“现场”，电视中的“现场”对于电视观众可以说是具有一种“致命的诱惑”，也正是它构成了电视文化一种一次性消费的习惯，这些一次性消费累积就很容易形成电视的成瘾性。

电视传播内容具有通俗性，这让电视传播中快餐文化的属性更为突出。电视对受众的知识层次、文化素养的要求极低，它不同于报刊，要求读者首先必须识字，且能准确把文字信息翻译成语言信息，也不同于广播，全部刺激都依赖于听觉。电视通过声、情、图、文的综合手段来加深对所传播信息的认识理解，从而达到良好传播效果。电视是目前“门槛”最低的文化交流系统，成为人人都能迈进去的快餐店。

电视传播中的快餐文化已逐渐显现出其对受众的不良影响以及对社会主流文化的偏颇导向。当前中国正处于转型期，社会的浮躁性让人的内心也涌现了太多的躁动。电视快餐文化往往靠视觉的冲击性、话题的火爆性，迎合观众对电视文化即时消费的心理，以制造噱头、煽动视听来引发关注，实则对心灵并无太多滋养。它在很大部分上满足了现代人八卦、浅薄的心理，也迎合了低俗的大众口味。这样的文化显然对于大众的主流审美导向毫无意义，无法把真善美的普世价值传递给受众，对于民众精神世界的建构也显得力不从心。因此，如何在快餐文化的形式下，更好地融入主流价值观，更多地把生命的意蕴与内心的喜悦带给受众，这是当前电视从业人员所面临的难题。

263 中国电视传媒从“观众，听我说”到“观众，请你说”的转变说明了什么

纵观改革开放三十多年的中国电视荧屏，给人们最直接的感受就是，节目的形态越

来越丰富，从信息播音类的单一形式，直到现在综艺节目、谈话节目、真人秀节目大行其道。与此同时，镜头前的面孔也越来越多变，从二十多年前只有几个熟悉的主持人轮换在我们眼前出现，到现在普通百姓中做着平凡工作的小王、小李都能站在舞台，一展风采。这些事实无不告诉我们，中国电视传媒已经从“观众，听我说”逐渐迈向“观众，请你说”的时代了。

这一转变说明作为大众传媒的电视媒体更加以人为本，注重当前时代背景下老百姓的文化需求，让以前高高在上的电视节目更贴近百姓生活，在保持其艺术属性的同时，从最真实的生活土壤中源源不断地汲取养分。“观众，请你说”的姿态让电视节目有更广泛的群众基础，也更轻易地让观众产生情感共鸣。

媒体这一“华丽转身”，其深层原因当然来自于广大的受众。电视传媒所发出“观众，请你说”的呼唤，必然与观众内心想要表达、乐于倾诉的状态相契合。当一张张朴实而热情的脸出现在才艺真人秀节目《中国达人秀》中，当一对对青年男女在婚恋速配节目《非诚勿扰》中牵手离开，当越来越多的节目纷纷采用微博、短信与观众即时互动时，我们能强烈地意识到当今中国的电视受众审美感受方式已悄然发生着变化。他们打破了“电视在播出，观众在收看”的固定模式，不再安于坐在电视机前做一个接收者，而是走上荧屏、走上舞台，融入传播者的中心地带。他们热诚的参与、率真的展示，把节目带入到了寻常百姓家，把电视变成真正的大众传媒。

中国电视传媒从“观众，听我说”到“观众，请你说”，这一现象体现了观众在当前媒体中越来越凸显的核心作用，从另一个角度，也说明了我国的电视传媒从原来的专业化逐渐转型为现在的大众化和娱乐化。对于电视内容的这一趋势，对于现在电视节目中越来越缺少文化气息，我深表担忧，一些低俗的电视节目频频出现在电视节目上，导致了“泛”娱乐现象的出现。

264 你怎么看待“犀利哥”走红

宁波一位患有精神病的流浪者，因为忧郁、犀利的眼神，凌乱的头发，放荡不羁、不伦不类的感觉以及那原始版的“混搭”潮流受到成千上万网民的热捧，被尊为“犀利哥”，并迅速蹿红网络。“犀利哥”在短短一周内红透网络，同时被纸媒、电视、网络等媒体大肆报道，其后引起了当地政府层的关注。

因网络炒作而一夜成名的人越来越多了。这个现象的出现值得我们深思。一方面犀利哥走红，反映了我们社会发展越来越多元化，人们的视角越来越多样，开始关注自己身边的人和事，是对生活的一种回归。犀利哥被关注后，由于他是精神病患者，从而得到了精神病院的治疗。犀利哥的走红也从侧面激励了一批正默默地奋斗在前进道路上的有志者不放弃不气馁。

我们进一步分析，犀利哥走红的背景以及他走红的社会效应是什么呢？

第一，犀利哥是一个精神病患者，对于一个病人，也许他还根本不知道网络为何物的时候，他就已经走红了。与此同时，犀利哥的奇装异服也并不是他刻意去打扮的，这种无心的举措却被有心的人发现，并对其进行了炒作。这种炒作对犀利哥的家人还有犀利哥本人也许是一种伤害，得到好处的却是那些炒作操纵者。

第二，炒作犀利哥能引起社会效应，凸显了我们现阶段的一些社会问题。从媒体职业道德角度考量这些原因，我觉得应该做好以下几点。首先，媒体应该正视自己的职责，不仅要报道吸引眼球的新闻，更要肩负社会引导的作用。其次，国家相关部门要关注这些患病的弱势群体，不能等到事情报道了才治理。再次，要树立时刻为人民服务的精神，教育部门要发挥应有的传道作用，为社会创造良好的道德风气和正确的审美观念。最后，每一个社会公民，都要树立正确的审美观、道德观。良好的社会文化环境需要媒体积极引导，更需要每个公民拥有善于发现真、善、美的眼睛。

265 “给力”这个在网络上走红的词语在传统媒体中被频频提及，你怎么看

“给力”是个网络用语，被传统媒体频频使用，实际上对广大受众来说是被迫接受，不管你喜欢不喜欢，你的耳朵时常要被这个词打扰。我并不讨厌“给力”这个词，在网络上“偶尔为之”，显得中国文字生动和多变，但是对于“给力”这个网络上走红的词语，在传统媒体中被频频提及的现象则表示失望，甚至是不满，原因有三：

第一，“给力”这个词，表达意思的方式太直接，只有到底的力度，没有婉转的感觉，而这恰恰是近年来词语变化的大趋势。人们越来越趋向于快速、直白、浅显地表情达意，而置语言的本质内涵、中国词汇的博大精深于不顾。网络词汇的一统天下，会让中国人的语言表达能力与语言美感日渐减弱。长此以往，一个语言文化大国将面临文化失传的尴尬境地。

第二，“给力”这个词，在语言传播中成为表现一切优秀的、赞美的代替词，让人觉得乏味而缺少新意。有人说重复就是力量，但有时重复让人麻木。节目好看叫“给力”，东西好吃叫“给力”，观众鼓掌热烈叫“给力”，经济发展快速也叫“给力”，仿佛所有欣欣向荣的事物最终只有一种姿态“给力”来概括。本该呈现语言丰富性的大众媒体，不约而同地陷入到用词千篇一律的境地，让人听了之后，味同嚼蜡，无法被其触动和感染。

第三，近年来新兴的网络媒体对传统媒体的发展构成极大竞争力，网络凭借其广泛的互动平台、信息的最大集成，以及民生性、草根性，成为许多民众，尤其是年轻一代，在生活中获取资讯、沟通交流的首选。传统媒体也意识到这一点，为了吸引民众的关注，提高收视率及发行量，便将更多的网络媒体热点话题引入到电视传媒及报纸媒介。这种对于网络流行文化的盲目跟风与随意传播，不仅对于传统媒体的包容、创新等优点毫无发

扬，更不利于建设一个包容、丰富、睿智的传媒环境。

所以，我们不要再盲目“给力”了。

266 你怎么看待超女王贝整容致死事件

2005年《超级女声》成都唱区第11名王贝，在实施颌面骨整形手术几小时后逐渐出现烦躁不安、呼吸困难、生命体征不平稳症状，经过抢救治疗无效，因呼吸循环衰竭死亡。一个青春靓丽的生命就如此香消玉殒却既成现实。整容不成，结果成了整死。

如今，不管是大牌明星，还是普通人，都有整容的想法。整容有风险，有成功整容后事业如日中天的，也有整形失败惨遭毁容的。我们评论明星们美颜的同时，也应该思考一下，为何当今社会如此热衷整容呢？

那些容颜有缺陷，以至于影响到了正常生活的人整容，我们能够理解，可不少本就十分漂亮的人也赶这样的时髦，难道整容就是当今社会的一种时尚吗？普劳图斯先生说：“过于俊美是一种不幸”。那么过于追求这种“过于俊美”大概要算是一种厄运了。很多证据显示，美人比凡夫俗子活得更辛苦。想必美女王贝不是倒在整形手术台上的第一人，也绝不会是最后一人。莎士比亚有句名言：“上帝给她一张脸，她们却要造一个自己。”因为大众以貌取人，也因为这是一个成功靠脸蛋的时代，人们爱美其实没有错，任何人都有追求美的权利。但是存在先于意识，生命永远高于美丽，千万不要上帝给自己一张脸，自己却毁灭了自己。那才真正痛彻心扉，欲罢不能。

其实，美是一种感觉，是一种心灵深处妙不可言的感觉，如同蝴蝶徜徉于艳美花朵周围而毫无倦意的感觉。风花雪月飘逸潇洒是美，向天际掠过的飞鸿，何尝不是美？金碧辉煌雕梁画栋，何其雄浑阔大富丽堂皇美轮美奂，村居茅檐低小，溪上青青草，亦不失为一种含蓄朴素的自然之美。一弯新月，一簇山花，一树落叶，平凡的美往往是美的极致，更能强烈地震撼我们的心灵。美具有宽泛的包容性，我们没有理由去苛责爱美的人，但我们更要褒扬自然状态下的健康之美。马雅可夫斯基先生说：“世界上没有任何一件衣裳，能比健康的皮肤和发达的肌肉更美丽。”

267 神曲《忐忑》在某卫视首播迅速蹿红，对于这种“怪文化”的流行，你有何感想

神曲《忐忑》起源于网络。之所以被称为神曲，因为它整首歌没有一句歌词，曲调古怪跳跃，表演者演唱时表情夸张多变，其风格与我们平时欣赏的音乐大相径庭。它在某卫视播出之后迅速蹿红，其影响逐渐蔓延全国大小城市，它的表演者也因此一炮而红，成为各大电视台出镜率颇高的表演明星。

对于以神曲《忐忑》为代表的一系列“怪文化”的流行，我认为背后有其深刻的社会原因。首先，伴随着整个社会的开放程度及信息交换的速度，人们对文化的欣赏与接收方式更加广泛，种类愈加多元。与以往仅仅停留在艺术层面上不同，如今大众越来越能接受具有创造性、新鲜感、风格迥异、表现手法另类的文化作品。其次，网络的繁荣，是这首神曲能一路蹿红的催化剂。全国几亿观众和过亿网民，其中以中青年人群为主，这一群人中基本以 80 和 90 后为主体，这代人思维活跃，追求新鲜事物，这一特点决定了非主流艺术能在短时间内迅速传播，决定了非主流艺术的可传播性。在此基础上通过电视媒体的传播，这首《忐忑》的流行就更加一发不可收。

对于怪文化的盛行，有人流露出担忧之色，认为这不仅影响了经典文化的普及与传播，同时也为青年人的艺术审美树立了错误的导向。但我认为，文化艺术领域推崇“百花齐放、百家争鸣”的开放姿态，我们既需要“阳春白雪”，也不能远离“下里巴人”。正如饭桌上既需要有丰盛的鸡鸭鱼肉，也少不了可口点心的点缀。多元的文化艺术种类，才能培养善于辨听的双耳及善于审视的慧眼，才能培育一片更加开放、更具有生命力的艺术土壤。

268 郎朗在奥巴马宴请胡锦涛主席的晚会上弹奏了一曲《我的祖国》。有人说这是反映抗美援朝的影片《上甘岭》的主题曲，不适合在叙谈中美友谊的晚宴上弹奏。你怎么看

郎朗选择演奏《我的祖国》是合情合理，合乎人心的。因为这首歌曲表达的是志愿军战士对祖国、对家乡的无限热爱之情以及对和平的渴望。旋律优美婉转，跌宕起伏，富有感染力，让人情不自禁陶醉在音乐之中。而那些提出异议的人，恐怕将艺术政治化了，用政治的眼光去审视这首歌曲，将它的创作背景、相关信息无限放大，而忽略了这首歌本身的魅力以及时代赋予它新的情感与内涵。

一些艺术作品之所以能够经久不衰，代代相传，是因为其中传递的情感是共同的、永恒的。无论朝代更替、社会变迁，这些作品始终能温暖人心、感动民众。从 1956 年《我的祖国》唱出第一声“一条大河波浪宽”，流传至今，也许对经历过这个特殊年代的人来说，听到这首歌时脑海中会不禁浮现抗美援朝的画面，然而对于大多数听众来说，感受到的则是“这是美丽的祖国，是我生长的地方”带给我们对祖国的热爱与自豪。

其实，不仅是我这么认为，作为当事人的美国人也是这样认为的。因为据报道，在晚宴上，那些美国人非常享受这首歌，完全跟着旋律飘飘然了起来。美国驻华大使馆的发言人也表示他们完全沉浸在对艺术的欣赏中，并没有注意这个曲目的影片背景。所以让我们怀着一颗纯粹的心去感受艺术，不要让这种美好被其他杂念所干扰。

269 你如何看待名人做公益事业

公益事业是直接或间接地为经济活动、社会活动和居民生活服务的部门、企业及其设施。我们每一个人都受到社会的供给，中国有“投我以桃，报之以李”的思想，所以我们每个人都应该为公益事业奉献自己的一份力量。受大家欢迎和支持的名人如果投身公益事业，将有意想不到的效果。

首先，公益事业是名人不可推脱的社会责任。民众赋予了名人大量的社会优待，名人将自己的一份力量回馈社会弱势群体，引发人们对公益事业的关注，是名人应尽的责任与义务。

其次，名人致力于公益事业的方式渠道很多。许多名人建立自己的基金，例如杨澜的阳光文化基金和李连杰的壹基金都已形成了自己的公益品牌，这便于开展各类公益活动，使公益事业更加组织化、制度化、模式化。还有一些名人亲自参与到公益项目中，例如慰问灾区人民，关怀癌症儿童，为社会树立了良好的公益榜样。更多的名人投身于公益演出中，在为观众传播艺术享受与愉悦感受的同时，将募得的社会资金给予急需帮助的群体，这是最直接的公益援助。

最后，公益组织及相关职能部门也应完善相应机制，为热衷公益的名人善举保驾护航。虽然大家都对中国式的慈善之路充满了期待，但在现实中却又面临种种制度上、理念上的无形障碍。慈善基金的法律主体地位模糊不清，相关的监督监管又存在缺失，很多从事慈善事业的名人发现，一腔热血之后，他们不得不付出高昂的制度成本。在美国，全国基金会就有十万多个，大部分都是基层的，注册程序方便，资金管理透明。而在中国，尤其是近几年，慈善基金的透明问题一直备受各界质疑，很多名人不愿意把钱投到慈善事业中，一个重要的原因是不知道善款是否真的善用。中国慈善事业如果能够通过法律法规的完善来解决好信任危机的问题，相信会有更多的名人为公益贡献自己的熠熠星光。

270 谈谈你喜欢的一种音乐类型

你想建造城堡可以，你想变成魔法师也可以，音乐会带给你不一样的意境，这是除了现实生活以外的另一个万花筒般绚烂、天马行空的世界。音乐可以给你一个绝对属于自己的空间，让你陶醉在音乐的世界中，感受那靡靡之音。

我个人比较喜欢的一种音乐类型是校园民谣。虽然校园民谣的时代远去，不再流行，昔日的部分流行也已经变成了经典，但不可否认它曾带给我很多的震撼。作为踩在80年代尾巴上的“80后”一代，唯一庆幸的是我比“90后”的“非主流”们更早更多地接触到了校园民谣。而谈到校园民谣，就不能不提齐豫和罗大佑。1979年齐豫这个波希米亚风格的女人以一首空灵的《橄榄树》宣告了台湾民谣的诞生，而罗大佑的《童年》更是为我们所熟知。讲到内地的校园民谣，则不能不提老狼、叶蓓和那盘曾不被人看好却横空出世、发行近60万张的音乐合辑《校园民谣》。

老狼的那首《同桌的你》好似一条红线，渐渐拉近我与校园民谣的距离。当然，那时我还小，还体会不到当中的情感，只是后来听到《流浪歌手的情人》和《目光倾城》才渐渐被那种无忧的校园情怀所吸引。有人说，老狼的歌声像一本日记，他一页一页地将他和我们的成长撕给我们看，把美好的校园演绎给我们看，浸染着我们成长的每一个时刻。

我们的心灵缺少和需要的就是真实，被现实生活捆绑的疲惫灵魂在寻觅童真的美好，音乐使我们找到归宿，而校园民谣就如一股清新的风拂过流行乐坛，吹皱了一池春水。歌颂的纯真、爱情、友谊，对于集体而言，是青春的烙印，对于个人而言，是一种内秀淳朴的可贵气质。

271 “好莱坞大片”和“韩剧”对我国的电影、电视剧市场有哪些影响

在中国观众的电视荧屏中，文化舶来品越来越多地占据了大众的视线。好莱坞大片与韩剧的大量引进，对我国的电影、电视剧市场产生不可估量的影响。我认为其中有好有坏，利弊共存。

首先说有利的一面。大量的好莱坞大片和韩剧走进中国，丰富了中国人民的精神生活，让观众通过观看这些优秀的文艺作品开拓了视野，感受到了异国文化。同时，作品中凸显的真、善、美符合人类普遍的审美价值追求，为老百姓的闲暇生活带来一定的精神享受。对于我国的相应行业来说，优秀的国外电视、电影是中国从业人员学习、借鉴的样本，在欣赏、研究它们的同时，拓宽了我们的艺术思路，也激发了更多的创作灵感。并且，中外在电视、电影上有许多合作机会，不仅锻炼了我们的创作团队，也让我们学习到最新的制作技术和方法，不失为一条中国影视行业快速发展的捷径。

其次，我们也不能忽视它们对中国电影、电视剧市场带来的不良影响。第一，大量国外优秀影视作品在中国观众中受到如潮好评，让某些急功近利的影视从业人员盲目跟风、照搬照抄、不思创新，只希望通过简单的文化移植取得巨大的收益。这种思路对于我国影视产业的发展毫无益处，反而拍出了许多烂片，造成大量的资源浪费。第二，我国电影、电视剧市场对舶来艺术作品的引入不加分析、照单全收，使国内市场上出现的影视作品良莠不齐、鱼目混珠，这也使中国受众的耳目无可避免地受到侵扰。

艺术领域呼唤的是“百花齐放、百家争鸣”的热烈局面。让我们向优秀的国外作品学习，取其精华、弃其糟粕、洋为我用、融贯中西，最终，使打上中国标签的文化产品映入世界人民眼中，走进世界人民心里。

272 谈谈你最喜欢的影片类型

从小到大看过的电影不下几百部，各种类型的电影应该基本上都包括了，其中我最爱看的影片类型是励志片。其实每个人都有自己爱好的电影，无所谓好坏或层次水平的高低，只是个人的喜好。我是一个偏理性的人，所以喜欢有内涵的影片。这些影片能阐明某些道理，能引导观众的伦理道德观念，让人看过之后总有些想法，有些感触，很想与好朋友分享。这样类型的电影可能不会让你捧腹大笑，而更多的是让你感动，甚至有可能从头看到尾一直为主人公的励志故事而哭泣。但在电影结束之后却能让你顿悟，感觉主题发人深省，有种很想与看过这部电影的人聊聊的冲动。

励志片主调都是积极向上的，最后的结局大都是主人公通过痛苦挣扎或是不懈努力获得成功。这不仅可以让人感受到影片中主人公的喜悦，还可以得到精神上的鼓励。当自己迷茫、疲惫、没有动力的时候，看一部励志片，让自己的心态变得积极起来，收拾自己的心情继续加油，这种感觉是非常令人振奋的。

各种影片带给人们欢笑或泪水，感动或思考，喜欢什么样的类型是仁者见仁、智者见智。如果也有朋友跟我喜欢同样类型的影片，不妨看看以下几部：《阿甘正传》、《肖申克的救赎》、《当幸福来敲门》、《美丽人生》，希望大家能喜欢。

273 郭德纲的相声受到很多人的追捧，但也遭到内容“恶俗”的非议，郭德纲也称自己的相声是“草根文化”。对此现象，你怎么看

对郭德纲相声的评议一度引起社会的广泛关注，一时间各大媒体纷纷把矛头指向了郭德纲和他的德云社。新闻娱乐界频传：“郭德纲被封杀”、“郭德纲相声的音像制品在各地书店陆续下架”、“郭德纲的相声低俗、庸俗、媚俗”。

对于郭德纲相声的评价，有几种不同的声音。有的人力挺郭德纲的相声，也有的人指责郭德纲相声的内容低俗、庸俗、媚俗，甚至还有人上升到了对郭德纲的人身攻击。对于外界的声音，郭德纲也称自己的相声是“草根文化”。

相声是一种民间说唱艺术，主要采用口头方式表演，是扎根于民间、源于生活、又深受群众欢迎的曲艺表演形式。相声作为一种艺术，如小品、戏剧一样，来源于生活而高于生活，需要采用夸张的手法来演绎其深层生活内涵。“阳春白雪”也好，“下里巴人”也罢，问题的关键不在于它的表现形式，而在于它的实质内涵。相声取材于民间，大多是民间寻常百姓所熟知的社会万象，对其稍作简单的加工修饰，以通俗易懂、妙趣横生的语言技法，将社会生活以一种轻松幽默的方式表达出来，以博众人一乐。相声作为一门艺术，最直接最简单的功能就是愉悦受众身心。

秉持对相声这样一点简单的理解，郭德纲相声的表现语言都来自于常态的现实生活。对于一种作品的欣赏和评价，不能脱离于它的整体，而随意将其中一部分单拎出来。郭德纲的相声作品中，虽然有许多粗口之类的内容，但是，这只是艺术表达的一种可供选择的形式，"俗"就俗在它的通俗易懂、简单平实。如果硬要给相声的表达形式强加一个语言行文规范的话，相声会变成什么样子，是可想而知的了。

对郭德纲的相声作品是"低俗"还是"高雅"的评判，受到媒体舆论比较大的影响。但是，任凭媒体如何强势，也不应该而且不能抹杀作品的基本品评标准。

274 赵本山的"春晚"小品被指责丑化农民形象，对此，你的看法是

20多年来，赵本山通过《昨天 今天 明天》、《卖拐》、《捐助》等小品塑造了鲜明的东北农民形象，一顶耷拉着帽檐的藏青色帽子戴了20多年，走路弓着背，两眼习惯性地对对眼，经常表现出农民品位不高、不讲卫生、喜欢占小便宜的形象。虽然小品内容"与时俱进"，但赵本山小品中的农民形象已经基本定型。由于央视拥有巨大的传播力，国内整整一代人对东北农民的认识来自赵本山的小品，甚至外国人对中国农民的认识就是小品中的农民形象，而小品中塑造的稍显猥琐的农民形象根本不能代表新时代的农民。因此，这实在是一件让人遗憾的事。

如今的农民绝不是赵本山小品中诠释的那种"傻老帽"形象。很多农民工回家过年，衣衫鲜亮时髦，和城里人毫无区别。在目前的中国农村，我们很难见到如赵本山小品中那种土得掉渣的打扮：戴着塌陷帽檐的蓝帽子，和人说话时畏畏缩缩的两手对插袖管里。《捐钱》中赵本山台词——连美国人都往咱中国人借钱。这句台词看似褒扬农民眼界宽、财大气粗、生活蒸蒸日上，但给观众的感觉却仍然似变相地贬低农民，由此塑造了一个沾沾自喜、夜郎自大的土财主形象。

赵本山作品语言经典，但也有冲击精神文明的俗口。小品《不差钱》，一上台就把苏格兰情调说成了"苏格兰调情"，对大人是一逗，但却误导了孩子。诚然，小品需要喜剧效果，但这么多年来赵本山的小品只能以取笑农民的缺陷、丑化农民形象逗乐，这实在不是一种值得提倡的艺术境界。

275 你怎么看待"芙蓉姐姐"、"凤姐"、"小月月"这类雷人形象在网络上走红的现象

"芙蓉姐姐"、"凤姐"、"小月月"等网络红人的出现，折射出几个方面的问题。

一是媒体对人们生活影响的扩张。网络媒体的力量在此类事件中起到了强劲的推波助澜作用，相对于其他媒体，对人们生活的影响越来越大。媒体的发展由于网络

技术的出现，可谓是空前绝后。从印刷媒体到视听媒体，特别是在如今的网络出现以后，作为媒体主流的网络媒体在人们的生活中逐渐成为一个必须的元素，成为人们生活的必要平台。日常生活中，网络媒体的影子无处不在，我们已经置身于网络信息时代。

二是社会文化的隐忧。“芙蓉姐姐”、“凤姐”、“小月月”能够在短时间内迅速成为网络红人，离不开网络媒体和网络推手的强大助推力，但也与当前社会传统主流文化的消沉不无关系。随着网络媒体力量日渐壮大，媒体素养文化已悄然而生。“芙蓉姐姐”、“凤姐”、“小月月”之所以吸引了众人的眼球，为众人所关注和热议，这不得不说在很大程度上是由于社会文化形式与内容的陈旧、刻板和缺乏。主流传统文化已经不能满足人们精神生活的需求，媒体素养文化亟待正视和引导。就好比是苏格拉底曾经问过学生们的一个问题：“怎样才能彻底清除一片地里长满的杂草？”答案是：种上庄稼。我想人们社会文化生活中也需要这样的庄稼。

三是社会阶层之间流动方式的偏离。网络红人的出现，之所以形成跟风之势，从一个侧面反映出了现在社会阶层逐渐固化的现实，社会纵向流动的通道日渐狭窄，下层社会向上流动受阻，弱势群体日渐边缘化。而“网络红人”现象的出现，恰是给许多人提供了由下层社会向上流动的一种简易捷径。当“二十年后我还能不能与你坐在一起喝咖啡”这样一个问题时常困扰着人们的时候，有人选择这样一种方式，自然也是意料之中的事了。

276 微博这种新兴的传播平台给我们生活带来的影响有哪些

140 字以内的篇幅，更强调即时性……相比博客，微博降低了民众表达意愿的门槛，破天荒地形成跨越地域和阶层的全国性公共领域，社会名人、草根民众乃至弱势群体都能在网络上发出自己的声音。“微博改变中国”已成为不少网友的共识。

微博的迅速蹿红，使我们无不感叹网络社会的强大。我们更是在这种轻松便捷的方式中获取了很多乐趣。你是不是已经习惯每天打开电脑，先看看自己的微博，看看朋友们遇到了什么新鲜事，又讨论了什么新鲜话题，是不是也热衷于将自己遇到的喜事、乐事、烦心事晒出来，和大家一起分享。当然这是从小众生活的角度出发的，微博的发展对整个社会都起着至关重要的推动力。诸如，一些学术相关人士发表的微博，可以帮助我们拓宽知识面，充实自己；又诸如一些政府官员的微博开通后，可以更亲近人民群众，了解更多的民意，从而完善社会体系，使政府官员通过另一种方式走进百姓生活中。在微博中，我们获取的不仅仅是一种单纯的乐趣，更是对整个生活质量的提升。同时，微博的兴起，也产生了一种和谐自然的社会现象，通过微博讨论某一正式话题的行为屡见不鲜，而且也有了良好的收益。再者说，微博的力量是巨大的、细致的，甚至可以说是不可估量的。以微博为平台，人们可以解决燃眉之急，得到众多好心人的帮助，例如进行募捐或是开展爱心活动，不仅号召力强，而且范围广，消息发布及时。

值得我们欣喜的是，微博也成了人们进行社会生产活动的好帮手。通过微博破获刑事案件的事例屡屡出现，让人感到欣慰，蔚然新风已经吹入我们的生活之中。微博更促进着经济的快速发展。微博代表着企业与社会的良好交流、互动沟通，是一种促进经济快速发展的驱动力。

无论你是否愿意，“微革命”都势不可挡地来了，并且日渐渗透到社会、政治、经济生活的方方面面。它给人们的生活赋予了更多的可能性，甚至改变了人们的观念和行为方式。在接下来的时间中，微博必将进一步促进社会向更好的方向转变。

277 网络上出现了“声音微博”这种新的微博功能，你如何看待“声音微博”的作用和发展

网络上出现了一种新的信息形式：语音微博。把自己的声音录制下来传到网上，就可以与大家分享。李开复在语音微博中口技模仿唐老鸭；王菲飙歌《忐忑》；王珞丹唱改编版《将爱》……语音微博功能在一帮名人的抢先尝试中广受关注。

虽然语音微博作为一种新事物受到网友的追捧，但是它本身还是有一些地方需要改进的。例如用户在录音完成后不能给语音微博添加文字，微博发布出来光秃秃的，不直观，让人缺乏点击收听的兴趣，如果能够加上文字描述，让人知道内容是否值得听就更好了。另外，在时间、费用和相关技术上应该再做进一步的提高，才能使语音微博立于不败之地。

当然语音微博受到追捧也有其优势，它能在相声、笑话、口技、朗诵等“适合耍嘴皮”的地方尽显神通。有些人愿意用声音表达自己的情感，通过自己的声音感染别人。比如，讲一个笑话，其中包含着自己的有声语音表现力，往往比发表一个文字笑话更有意思。再如有的人喜欢通过朗诵、演讲来表达自己对他人的爱意，有的人喜欢唱歌等等，那就可以录制下来与大家分享，这是令人快乐的事，语音微博正好为我们提供了这样一个平台。

另外，有网友还设想出语音微博可能发挥的若干功效，包括：学习方言，开通个人微博广播电台，挑选播音员主持人，诞生草根歌手，支持日趋下滑的相声界，促进普通话的迅速普及，涌现更多中国演讲人才，开展语言说服式的营销等等。这些都是非常好的建议，我想这是微博今后的发展方向，是微博大展身手之处。

278 近年来，“原生态”这个词语受到人们的关注，原生态歌曲、原生态婚礼等都受到人们的追捧，你如何看待“原生态”现象

近年来，“原生态”这个词语受到人们的关注，原生态歌曲、原生态婚礼等都受到人们

的追捧。有专家分析原因：人们大鱼、大肉吃厌了，很想吃些野果、野菜什么的；住高楼住厌了，很想去乡间尝尝住茅草房、睡草铺的味道；听惯了交响乐、大合唱和芭蕾舞之类的高档艺术，就想听听原生态演唱，看看草台班子的民间花鼓灯之类的玩意儿。应该说这也是追求新鲜、刺激的人之常情。可是，想真正听到、看到地地道道的"原生态"，却未必那么容易！因为如今的伪劣假货太多，各行各业都有冒牌货。

什么叫"原生态"？原生态，就是在自然状态下，未受人为影响和干涉的原始生态或生态原状。其凸显的特征是天然美、自然美、原始美，是人类与自然的和谐。

如此分析，我们听到的所谓原生态歌曲，看到的所谓原生态婚礼，其实大部分都是冒牌货。有一次中国参加"世界原生态民歌比赛"，派出去的代表队表演的是经过几个月的艺术加工和排练的节目，听起来美妙动听，结果在美洲几个城市参加比赛之后，一个大奖也没有拿上，原因是大赛组委会要求的是真正原生态的原始性的天然艺术品类。他们要听的是北美印第安人捕捉野鸡时的呼叫声、爱斯基摩人捕到大鱼时的欢呼声、蒙古草原上牛羊和骏马奔腾时的呼啸声等等。然而这一切我们都没有带去，演唱的都是一些经过训练和美化了的歌手的动情歌唱……

原生态婚礼也是一样，新人们为了追求与大自然的亲密接触，采摘许多鲜花，造成不必要的浪费；在户外举行婚礼，造成噪音污染、资源浪费以及破坏户外环境等等，这都与原生态的概念背道而驰。

因此，我们在追随原生态概念的时候，要从人与自然和谐的本质出发，而不能只追求表面，那样的"原生态"还有什么意义呢？

279 你对郭德纲弟子打人事件怎么看

相声演员郭德纲弟子打人，其后又护短并出言不逊，这一举动引起了社会上广泛争议，批评声不绝于耳。

在传统相声被商业文化挤兑得无处落脚之际，郭德纲的出现无疑让相声看到了希望。他把观众重新带回小剧场，用一种努力和坚持，为日益没落的传统文化重新赢得了掌声。在大家看来，"钢丝"对他的热爱并非偶然，其间寄托了太多对他个人和这种传统艺术的期许。但是郭德纲弟子打人事件打破了这种美好。

无论事件发生的原因到底怎样，打人总是不对的，而郭德纲本人后来的那句"著名评论"就更让人欷歔不已。舞台确实是一个可以让人意乱情迷的"秀场"，以至于许多"大腕"在镁光灯下迷失了自我。但是稍有思考我们便不难发现，那些受世人敬仰的艺术大师，都是行有行规、艺有艺德，"德艺双馨"的人。我们忘不了梅兰芳的"贵妃醉酒"，更忘不了他不顾生死"蓄须明志"；我们忘不了常香玉的"木兰从军"，更忘不了她倾其所有为国购买的战斗机。无数我们今天尊为"大师"的艺术家，他们不仅用自身的努力推动着某一艺术门类的大发展，更是用人格和艺格为他们所从事的艺术赢得了尊重。在他们看来，友亲睦邻、礼敬观众、为国捐躯是最基本的做人和从艺原则，而“德艺双馨”则是这些中国传统艺人的最高追求。

人们礼遇这些对艺术有贡献的艺术家，特别是在文化艺术被格外推崇的今天。但是观众的喜爱并不能够代表可以放弃责任。文化艺术从业者必须为他们的所作所为负责，为公众负责。一旦轻视了身为公众人物的责任，那么受到伤害的不仅仅是观众，更是对艺术从业者本身和艺术的亵渎。

280 有人认为，媒体对于富士康“七连跳”、“十连跳”等报道，对公众产生了“诱导”的不良效果。你认为呢

我认为，媒体本着职业良知，有义务有责任去报道富士康“七连跳”、“十连跳”等事实，但是连篇累牍的聚焦报道对公众产生了不良“诱导”确实也是客观存在的。

首先，媒体具有无限放大功能，多种媒体反复报道会形成一种强大的舆论场，影响人们的判断力，造成公众一种心理暗示。在对富士康“七连跳”、“十连跳”的报道中，各种媒体云集，大量篇幅聚焦一系列跳楼悲剧，告诉世人，这就是一个血汗工厂，死了不仅自己能够解脱，家庭还能得到巨额补偿。在这种舆论引导下，对于有跳楼倾向的人群及社会公众来说，会产成轻生及对生命麻木等不良“诱导”。其次，媒体报道要力求客观、公正、全面，要具有普世精神和人文关怀。作为历史的记录者和社会风气的净化者，客观、公正、全面是新闻报道的生命，而对富士康跳楼事件的报道中，许多媒体将重点放在对悲剧细节的挖掘上，而非以人性化视角全面审视事件发生的深层次原因，对如何积极走出困境的措施宣传也不到位，这种消极氛围营造的悲剧效应在公众中积淀，极易引发各种社会矛盾。

媒体的力量是强大的，强大到可能远远超出了我们的想象。上世纪 70 年代发生在美国的“水门事件”由媒体推波助澜，该事件直接导致了美国总统下台。类似这样的事件在各种媒体大繁荣的今天早已是不争的事实。正因为媒体的舆论导向作用重大，媒体要本着客观、公正、全面的原则报道事件，特别对负面事件报道，要考虑到身上肩负的社会责任和公众的承受能力。

281 一些景点在申报世界非物质文化遗产成功后票价大涨，对此有何评论

一些景点在申报世界非物质文化遗产成功后票价大涨，引起国人强烈不满。“申遗”不能成为门票涨价的充分条件，更不应该作为敛财的重要手段。这种因小失大，不考虑长远的做法不利于地方发展。

风景名胜的本质属性应该是公益性和公共性。众多游客的到来，是对人文价值、自然风光的肯定，对提高景点及城市的知名度，扩大经济、文化交流，促进社会发展具有极大的潜在动力。在欧洲，参观著名教堂几乎是不收费的，许多景点收费也不高，而且逢周六、周日经常免费。在日本，自然景区不收费，人文景区票价也很低。门票收取的目的是保护文物、维护环境、提供服务。而反观中国，大把金钱用在“申遗”上面，重开发、轻保护、少投入、多产出，“申遗”成功后涨价也便成了顺水推舟的事，而消费者将最终为涨价买单。

杭州西湖“申遗”后的免门票旅游模式不仅赢得国人好评，也给当地百姓带来了可观的第三产业收入。其实，门票只是旅游收入中一个很有限的部分，游客到来后的吃、住、行、购物才是繁荣当地经济的主力军。管理部门不能只看到眼前的“蝇头小利”，而忽视了城市潜在的长期发展机遇。

“申遗”本义是为了保护和传承文明，获得世界遗产称号是荣誉，更是一种责任。因此，经济价值并不是名胜古迹的唯一考量，而文化价值和社会价值以及对人类文明的促进作用才是“申遗”的终极目标。

282 审美与审丑

“美”与“丑”是对照着出现的。审美简单地说，就是感受、领悟客观事物或现象本身所呈现的美。审美活动渗透在人类实践活动的各个领域。我们经常看到山是绿的，天是蓝的，有一种想去登山的冲动。对美作肯定的审美评价，引起审美快感；而对丑作否定的审美评价，引起审美反感。通过审美，人们可以实现自我调节，使内心世界达到和谐平衡。人们还可以通过“化丑为美”来达到审美目的。如被世人称为“丑得如此精美”的罗丹的著名雕塑《老妓》，通过老妓那干藤条般的手臂、骷髅般身躯的扭曲线条，真实地再现了一个曾经红极一时，晚年却色衰凄惨的妓女悲哀绝望的境遇，引起人们心灵的震撼和恐惧，以及对美的热爱和向往。

审丑是对应审美而出现的新词汇，有人把审丑看作是“审美疲劳”的产物，也有人认为审丑本身就是审美的一种表现形式。审丑是近些年来在中国屡见不鲜的事。当审丑经济蔚然成风的时候，不仅“芙蓉姐姐”和“凤姐”粉墨登场，铺天盖地的选秀节目、婚恋节目以及对某些经典的改编等，也都不约而同地把审丑作为看点，挑战着人们的审美体验。还有电视上常常出现的“滥情风”、“人性扭曲”、“愚乐至上”，过分渲染人性的阴暗丑恶，完全颠覆了以往文学艺术作品中对人性真、善、美，以及和谐人际关系的描述。

以《丑的美学》而被奉为现代丑学开创人的罗森克兰兹说：“吸收丑是为了美而不是为了丑”。我们以真诚的勇气嘲讽和鞭挞假、恶、丑，正是为了保护、歌颂、肯定和发展真、善、美的东西。审丑需要和审美结合在一起来审视，并且以审美为最终目的，才能化丑为美，焕发新的生机。因此，我们需要有明辨美丑的判断力。我们的文学艺术创作者，更需要担负起责任和义务，以审美的态度去审视、选择、提炼“丑”，通过对假、恶、丑的厌恶，唤起对真、善、美的渴望和追求。

283 谈谈“网络水军”

“网络水军”是网络衍生出的一种新职业，有正规军和兼职两种，是受雇于网络公关公司，为他人发帖回帖造势的网络人员。网络水军规模庞大，以大学生和白领居多，也有一些无业人员参加。这类人群自由上网的时间很多，有利于完成“任务”，成功发帖或回帖后，就会得到一定报酬。当版主把主帖发出去后，为了获得最广大的“网民”注意，进而营造出一个话题事件，通常动用成百上千甚至于上万水军为客户注水发帖。

随着互联网的触角可以延伸到乡村和山川，网络水军的强大有目共睹。从“贾君鹏，你妈喊你回家吃饭”，到小月月疯狂蹿红，到蒙牛“诽谤门”事件，再到“3Q”大战……无不显现着网络水军的“力量”。但是，网络水军是把双刃剑。它可以为新人、新产品、新电影、新节目提高人气，同时也可以帮助利益集团密集“刷票”，迅速炒作恶意信息并打击竞争对手。网络水军已经不仅仅是网络营销的杀手锏，其操纵舆论的负面作用更是为社会带来不可小觑的影响。不少网络水军就被国外别有用心的机构和资本支持，不断在国内各大论坛发布和张贴攻击信息、造谣言论或挑拨语言，制造网民间的矛盾，进行着不可告人的网络文化渗透。

在互联网已经成为中国经济社会运行的重要基础设施和影响巨大的新型媒体的情况下，一个公平公正、正常有序、值得信赖的网络环境确实是互联网良性发展所必须具备的。我们期待这样的网络环境早日到来。

284 “3·15”刚过，大家调侃“之前是花钱上电视，今天是花钱不上电视”，请对此做评论

电视媒体作为重要的宣传阵地，为保障消费者权益做出了不懈的努力。特别是中央电视台的“3·15晚会”，更是以直播的方式，揭露了许多社会上存在的损害消费者合法权益的人和事，反响巨大。

电视媒体由于其覆盖面广，传播时效性强，受众广泛，被商家看作宣传自身产品，提高社会影响力的重要手段。为了实现利益最大化，商家通常以重金换取在电视上的广告投放来扩大知名度。事实证明，这种做法是真实有效的。但是电视媒体有自己坚守的社会责任和职业道德。揭露社会上的阴暗面，为人民的正常生活保驾护航是其重要职责。因此，才出现了苏丹红、三聚氰胺、假烟假酒、假药假医、瘦肉精、添加剂、地沟油、假证件、价格欺诈等等一系列让消费者触目惊心的事件。这是媒体通过自身的影响力让世人警醒，唤起人们对自身权益的保护。这种揭露显然有损不法商人的利益。于是就有了“之

前是花钱上电视，今天是花钱不上电视”的调侃。

不管花不花钱，道德和良知是经济利益的底线。电视需要广告收入，但这些广告必须是在产品合格，性能稳定，服务完善的前提下投放的。对于那些过分追求商业利益，置人民群众生命安全于不顾的不良商人，就是花再多钱，他们和他们的产品也一定会上电视。这是电视媒体监督社会、引导舆论的基本原则。金钱并不是万能的。人的生命和圣洁的灵魂才是最可宝贵的。希望我们的商人把精力多放在信用和产品质量的提高上，而不是专注于花钱上不上电视。

285 赵本山就高雅与低俗问题反驳中国传媒大学教授，请就此事评论

赵本山就高雅与低俗问题与中国传媒大学教授针锋相对，一时间在社会上引起轩然大波，各种声音不绝于耳。虽然赵本山为电视剧《乡村爱情故事》举行的研讨会在激辩中尴尬收场。但这一事件造成的影响却是深远的。

毛泽东曾经就中国的科学文化发展提出过“百花齐放，百家争鸣”的原则。有不同声音的存在才会促进文化艺术的真正繁荣，因此学界的批评非常重要。对于一部作品或一种艺术门类来说，思想意义和艺术表现是人们分析、评价和判断其有无价值和价值大小的最高尺度和准绳。文学批评是学术界的重要职责，也是文学艺术长盛不衰的动力。但遗憾的是，当前我们的学术界对文艺作品，叫好的多，批评的少，“批评失语”的现象也屡见不鲜。

毋庸置疑，赵本山的喜剧风格和纯朴的东北乡土气息曾经打动了亿万人民。但随着赵本山脱离乡村时间越来越长，他对农村现实生活不了解也是实情。我们不否认赵本山所说的大俗即大雅，但是这种俗并不是低俗，更不是以对弱势群体的嘲讽来实现的。正如教授所言，“这样博得的笑声缺少爱的悲悯和情怀”，而“艺术家应当以追求高雅、崇高为目标和境界”。的确，文化艺术可以而且应该借助人民群众喜闻乐见的形式表现出来，可以通俗易懂，但俗并不是目的，而是在于普及之后的提高。唯有普及后提高再普及再提高才是艺术发展的正确道路。

我们钦佩中国传媒大学曾庆瑞教授的勇气和责任心。因为以赵本山今时今日的地位，恐怕乐于提意见的人并不多，而这对于赵本山本人及文化艺术的进步是不利的。曾教授正是本着爱才惜才，本着对艺术负责的态度才下了这剂药。希望这苦口良药不会白下，能给观众带来几分期许。

286 你如何评论国外网络公开课开放教育资源

从 2010 年初开始，一股国外名校网络开放课热潮在“中国内地”蔓延开来，一些被称

为“淘课族”的群体迅速扩大，掀起了史无前例的免费充电之旅。

其实在国外，国际教育资源开放与共享由来已久，美国麻省理工学院则是鼻祖。2001 年，当麻省理工学院决定向社会公布其从本科至研究生的全部课程，让全世界任何一个角落里的任意网络使用者都可以免费使用的时候，世人无不以为这是一个令人振奋的创举：高高在上的象牙塔正在拆掉围墙。教育真正成为全民共享。随后，耶鲁、哈佛、剑桥、牛津等著名大学相继加入，将教育资源开放推向了高潮。

国外网络公开课开放教育资源对于中国人来说简直不可思议，特别对于那些无缘再回到校园的年轻人来说，无疑是一个天大的福音。他们不仅可以继续开始一种无功利的学习，让自己的“后大学时代”成为现实，而且在时间上能够自由支配。然而，最重要的是，国外网络公开课成就了他们聆听世界顶级名师教诲的夙愿，这恐怕是以往国人梦寐以求却求之不得的事情。这些来自世界顶级名校的名师不仅拉近了中国与世界高水平教育的距离，同时也在悄悄地改变着人们的思维方式。正如 Sandel 教授在《公正》课的结尾语中说的，“学习的本质，不在于记住哪些知识，而在于它触发了你的思考”。而独立的思考或许正是国外教育与国内教育的最大不同。

当国内的大学还在紧闭着大门，为一流大学排名争得脸红脖子粗的时候，国外名校网络公开课开放教育资源，无疑是更具有普世价值的创举。而教育从本质上说就应该是面向全人类的。是什么力量让许多国人从“逃课族”变成了虔诚的“淘课族”呢？国内各大高校的确需要思考一下，自己未来的道路究竟该通向何方。

287 谈谈盗版书籍

盗版书籍是相对于正版书籍而言的，是未经作者和原出版社同意的情况下私自对正版书的翻印，在清晰度、排版、用纸质量、装订等方面与正版书存在着差距。中国的盗版书市场一直火爆，屡禁不止，究其原因，有需求就有市场，而价钱便宜则是导致人们热衷于买盗版书最主要的原因。

“读书买不起书”是当前越来越多人的真实感受。许多人优先购买质量并不能完全有保障的盗版书，是对国内图书版本单一、价格走高，迫于性价比参考的一种无奈选择。经常逛书店的人都知道正版书籍价格不菲，一本工具书的价格有时候要占到学生个人生活费的三分之一。而对于众多学生或工作人员来说，一本工具书也只是全部需求的冰山一角。不少出版商片面追求图书的印刷、装帧和纸张，忽略了消费者的真实需求，从而造成图书价格居高不下。反观国外，一种书籍通常有好几个版本，精装或简装，分别对应于收藏或普通阅读等不同消费群体的需求。这种从消费者角度考虑的做法，能够让绝大多数读者轻松消费，盗版书自然也就没有太多市场了。

因此，盗版书在中国畅销，仅靠文化部门的检查和监管及读者的自觉抵制是完全不现实的。盗版猖獗是盗版书商和正规出版社的“合作之举”。正是正规出版社对大部分消费群体的漠视扶持了盗版业。曾经看到过一句话,“盗版书正在普及文化”,这对于一个坐拥十几亿人口的文明大国来说,确实有点让人尴尬。不过,盗版书销量高、满足了众多读者正常的消费需求,确实为我们的文化普及作出了贡献,只不过,这种“贡献”是需要全社会,特别是出版行业深思的。

第九部分　播音主持专业

288 电视谈话节目主持人的地位和作用

电视谈话节目即为西方电视的“talk show”，音译为“脱口秀”，是以面对面人际传播的方式，通过电视媒介再现或还原谈话状态的一种节目形态。相对于其他电视节目，在谈话节目中，主持人的位置更为重要，可以说，主持人的风格和水准决定着节目的风格和水准，主持力求独特。

首先，谈话节目中主持人的人格魅力成为不容忽视甚至是决定节目生死的重要因素。如中央电视台早期的谈话节目《实话实说》，主持人崔永元的个人魅力与节目本身的定位相契合。该谈话节目一度成为央视口碑、收视率俱佳的王牌谈话节目。回顾早期的内地电视节目，主持人往往被固定在一个特定的位置上，造成主持人与广大电视观众之间形成隔阂。大众传播学认为这种隔阂造成了沟通的障碍和单向交流的传播模式。电视谈话节目中谈话场景的设立会包含家庭中客厅的一些元素。主持人、嘉宾一般坐在沙发或木椅上进行面对面交流，整个谈话过程是开放的、灵活的、多向交流的。

其次，电视谈话节目中主持人需占据主导地位。控制节目谈话节奏，与嘉宾互动交流，甚至与幕后导演及时沟通等，无时无刻不在考验主持人的专业技能。谈话进度的掌握，话题深入的方向，需要靠主持人现场清晰的引导，否则容易造成离题或收不住话题。凤凰卫视的《鲁豫有约》、安徽卫视的《非常静距离》等等，主持人还会在前期参与节目的策划工作，有的主持人更是兼任导演与制片人的工作。

最后，电视谈话节目独具现场及时性。现场即意味着不可预知；双向、多向交流即意味着话题的走向和交锋不可预先安排。它不像综艺节目中的歌舞类节目可以反复录制，所以，无论谈话节目导演前期准备的如何充分，在谈话过程中，即兴精彩的瞬间都需要主持人去创造。

综上所述，主持人在谈话节目中占据着主导的地位和作用。电视谈话节目主持人，更需熟悉节目流程，拥有其独特的个人风格，同时还需要强大的知识储备。因此，说到底，在很大程度上，电视谈话节目的竞争就是主持人之间的竞争。需要主持人不断丰富知识，提高综合素质，努力锤炼自己，并大胆去实践，才能在同类节目中占有一席之地。

（资料来源：于春英. 电视谈话节目主持人的地位和作用[J]. 视听纵横，2004，1）

289 如果让你采访杨澜，你会以怎样的方式开场

1990 年，她毕业于北京外国语大学英语系并签约成为中央电视台《正大综艺》节目主持人。1994 年，她获得了首届主持人“金话筒奖”。同年，她放弃了如日中天的主持事业，远赴美国，攻读哥伦比亚大学国际与公共事物学院的国际事务学硕士，并且在 1996 年以全优成绩毕业。1997 年 1 月，出版散文集《凭海临风》，销量超过 50 万册。1997 年 7 月被选为哥伦比亚大学国际关系学院校董，成为这所美国常春藤名校有史以来最年轻的董事。1999 年，担任阳光文化影视公司董事局主席。2001 年，应邀出任北京申办 2008 年奥运会的形象大使。同年 7 月，在莫斯科国际奥委会会议上代表北京作申奥的文化主题陈述。2003 年成为中国人民政治协商会议第十届全国委员会委员。2004 年制作并主持针对中国都市女性的电视栏目《天下女人》。2005 年，与先生捐献阳光媒体投资集团权益的 51%，在香港成立阳光文化基金会。2008 年她倡导成立“汶川地震孤残儿童救助专项基金”。

她是主持人，她是管理者，她是慈善家，她是一位母亲，当然，她也是今天这一期《天下女人》的嘉宾杨澜，掌声有请杨澜。

290 你认为综艺娱乐类节目主持人需要具备哪些素质

综艺节目是由节目主持人现场主持，有观众参与，穿插各种娱乐表演和游戏竞赛的大型电视文艺节目，其所包含的艺术门类、节目风格、节目形态等越来越多样化，对主持人的要求也越来越高。综艺节目主持人的基本素质主要包括：政治素质、业务素质和文化素质三个方面。

主持人作为电视机构的代表，作为一个节目的标志，其观点、言论不仅关系到电视机构的声誉，也会影响到整个社会。因此，主持人首先必须要有强烈的社会责任感和较高的政治思想水准。高觉悟的政治素质具有不可或缺性，只有具备了较高的政治思想水准，才能成为电视节目的代言人，具有发言权。

作为一名有魅力的节目主持人，除了要有很高的政治素质之外，还应该具有扎实的专业素质。在节目主持人应该具备的众多专业素质中，语言基本功和现场的应变能力是

最为重要的专业素质。它是衡量一名主持人专业能力高低的重要因素。只有通过了专业能力考核的主持人，才有资格拿起话筒主持节目。

此外，主持人还应具有较高的文化素质。文化知识是塑造主持人形象的物质基础，同时也是衡量一个主持人最直接的标志。换言之，主持人只有在拥有大量知识，提高了主持节目的能力，并掌握具体操作技巧时，才有可能自如地驾驭节目。文化素质是基础，只有文化素质不断提高，才能更深刻地理解党的方针政策，提高自己的政治素质，才能更加深入地钻研自己的专业，从而提高自己的专业水平，同时提高整个节目的质量。主持人唯有全面提高文化素质，才能在主持节目时做到胸有成竹，心中有话，一语中的，入木三分。

291 广州亚运会开幕式的解说有两个版本：一种是董卿和朱军以宣读式进行解说，一种是白岩松的谈话式解说方式，你更喜欢哪种

广州亚运会开幕式解说的两个版本，比起朱军、董卿的解说，我更喜欢央视新闻频道白岩松担任解说的版本。

很多网友把朱军、董卿解说的版本称为“文言版”、“诗歌朗诵版”，把白岩松解说的版本则称为“白话版”、“《焦点访谈》式”等，称谓不同，表达了网友们对两种解说的特征直观的认知也不同。本次亚运会采用的“白式解说”是第一次在大型开幕式使用，观众给予较高的评价。究其原因，白岩松长期驾驭新闻访谈积累了较高的新闻素养，其个人魅力所积累的人气同样不可小觑，他的解说运用在大型团体活动中对于我国播音事业具有一种突破性意义。而朱军、董卿的解说方式则大气有余，亲和力稍显不足。

事实上，两种版本应该说各具所长，对于观众来说，完全可以根据自己的喜好选择接受。如果一味地推崇“白岩松版本”的解说进而拒绝接受“董卿、朱军版本”的解说，那就是偏见和误解了。“董卿、朱军版本”的解说优势在于大气、庄重，语言诗化，值得细细品味。在语言表现力和感染力上，该版本更具竞争力，与大型团体活动的表演融合度更高。

世界在发展，播音事业也应跟随时代步伐，贴近民生，有所发展。“董卿、朱军版本”的解说之所以遭到大众诟病，原因在于解说词空洞无物，没有产生共鸣，反而成了华丽辞藻的堆砌，句子华而不实，没能与时俱进。而白岩松版本的解说关照观众，风格颇具魅力，然而这种解说方式是否与大型开幕式文艺演出的整体风格相协调还有待商榷。

相信“董卿、朱军版本”的解说方式依然会出现在以后的大型活动上，希望电视制作团队能够转换策略，把解说词写得接点地气儿，解说风格贴近百姓，这样多少能拉近一些与观众的距离。而“白岩松版本”谈话式的解说相信通过这次尝试，会越来越多地出现在大型活动中，但需要注意措辞严谨、表达准确，才能更好地完成大型解说，让主持人的个

人魅力在大型活动上得到更好的展现。

（资料来源：黄海明. 从亚运会开幕式两个版本解说谈有声语言表达样式的多样化[J]. 新闻传播，2011，2）

292 你如何看待一些综艺节目主持人说话港台腔的现象

随着我国广播电视事业的不断发展，整个行业呈现出一种全新的气象。时代的发展必然会带来新的流行趋势。这些流行趋势对我国文化事业，特别是电视行业产生一定的负面影响。在这样的一个时代背景下，内地的综艺节目主持界，因受港台艺人的影响，许多主持人在节目当中模仿港台腔，故意将普通话的音调转变，尾音拖长，运用重叠音等主持方式，使得内地的观众普遍对这种说话方式产生了质疑。

早在 2005 年，国家广电总局就曾对我国大陆的主持人自律问题下发过通知，明确规定所有的电视主持人在主持节目时，除非特殊的场景需要，不准使用港台腔，也不准故意模仿地域音，严格要求节目中一律使用普通话。随着相关政策文件的下达，内地节目港台腔的现象得到了一定的抑制。

我认为，广播电视业的发展需要其形式不断地创新发展。我们不反对对港台优秀节目的主持风格进行借鉴，但不能毫无内涵的生硬模仿，需要发掘其内涵，找到其文化精髓。港台腔在港台节目中出现是正常的，而放在内地终究有些不伦不类，科班出身的主持人不可丢了基本功，一味的嗲声嗲气，毫无专业可言。同时，作为电视从业人员，必须牢记要具备一定的社会责任感，切实做好舆论导向，摒弃一切不文明和不健康的主持形式，在借鉴的同时，永葆属于自己的电视风格和精神风貌。

（资料来源：新浪博客 http://blog.sina.com.cn/s/blog_5e4ad38a0100pryq.html）

293 央视早间直播新闻节目中出现了主持人打哈欠的一幕，引发观众热议，你怎么评论

对于央视《朝闻天下》节目主持人文静在直播节目中出现打哈欠的一幕，很多人认为是一件不可思议、影响太坏、无法原谅的“稀奇事”。在他们看来，央视一套是最严肃、最严谨、受众最多、影响最大的频道，怎么可以如此大意，如此掉以轻心。

对于大家给予央视的这些看法我们暂且不论，央视主持人的这一意外动作是否真的“不可思议”、“影响太坏”、“无法原谅”呢？

首先，必须承认，在任何级别的电视台、电视栏目中，主持人出现打哈欠的事件都是不应该的。但是，如果你也是早上 6:30 开始工作，所有的人都认为你不会犯错，也不可以犯错；你不得不放弃每天晚上和朋友、同学一起娱乐、休闲的机会，放弃和家人孩子一

起享受温馨快乐的逛街时光；在晚上九点之前匆匆回家，然后洗澡刷牙，赶在十点准时睡觉，睡前你还必须确定你的六个闹钟都调好了没有，都还有没有电……那么我们对他们的要求也许就不会那么高了。央视主持人毕竟也是一个普通人，他们不是什么圣人，不是像很早以前某些传闻说的："他们可以不看文稿，面对镜头毫不紧张、滔滔不绝地评述时事。"他们不是机器人，他们也会有工作的压力，过度的压力也会让他们患上神经衰弱、抑郁症等目前流行的"情绪"病。因此我们要对他们多一些理解与支持。

香港或者是台湾的一些节目主持人，不管是主持新闻或是综艺、娱乐节目的，他们毫不掩饰自己生活中活泼、幽默的一面，可见观众对其要求并不像内地这般严格。

所以，我认为主持人偶尔出现打哈欠、发错音的现象，确实属于工作失误，但只要当事者及时纠正，广大电视观众就应该以平常心、宽容的态度看待这个问题。

294 主持人需要表演吗

事实证明，主持人在主持节目时融入适当的表演，更容易被观众记住，增加辨识度。在娱乐节目中，如湖南卫视《快乐大本营》的主持群往往成为节目的参与者，使节目更加具有看点；饮食节目中，如中央电视台《天天饮食》的主持人刘仪伟扮成厨师主持节目，从传播学的角度看，节目内容更具说服力；体育比赛中，伴着黄健翔富有激情的解说，不仅比赛节奏扣人心弦，牵动人心，还使得比赛更有现场感和观赏性；少儿节目中的主持人一般会扮演成动物或卡通形象，更容易抓住孩子的童趣心理，赢得铁杆小粉丝的支持；就连央视春节联欢晚会，主持人周涛、朱军、毕福剑和崔永元等也悄然成为小品表演的主角，他们通过夸张的动作、表情、肢体语言赢得观众的阵阵笑声，而主持人董卿则连续几年参与刘谦的魔术表演，为春晚增色不少。

如何表演才能赢得观众的认可是主持人需要攻克的首要难关。我想，恰如其分地把握主持人作为媒介角色的表演分寸，对于主持人个人形象至关重要。太生活化，很难激起受众的热情，而表演过火，又背离了电视节目的真实性。主持人形象的定位是主持人参与表演的前提，准确的形象定位能使主持人在表演时自然流露。比起新闻节目主持人，娱乐类节目主持人更适合在主持节目时加入表演，确保时刻充满活力，营造轻松愉悦的节目氛围。

主持人作为艺术工作者，艺术家的头衔是大众赋予的，只有深入生活去体会社会生活中各个阶层人们的思想，理解他们的生活和心理，才能表演得入木三分，成为一名更全面更优秀的节目主持人。

（资料来源：新浪博客 http://blog.sina.com.cn/s/blog_5e4ad38a0100pryq.html）

295 以“茶”为题，即兴主持

观众朋友们大家好，欢迎收看本期的《中华国粹》栏目。我们中国人世世代代的日常生活中必不可少有七件事，浓缩成七个字，就是“柴米油盐酱醋茶”。中国的茶文化已经有五千年的历史，不但推动了中国的文明进程，成为中华五千年文明史的重要组成部分，而且对于世界的物质文明与精神文明，都是不小的贡献。

“野泉烟火白云间，坐饮香茶爱此山。”一杯茶、一句诗，勾勒出了中国古代文人骚客逍遥自在的山水画面。无论是古人，还是来者，中国的老百姓喝了几千年的茶，传承下来的，是以茶会友的待客之道，以及饮茶静心的出世情怀。

茶文化在中国生生不息，尤其是近 10 年里，茶产业的发展焕发出勃勃生机。也许人们对忙碌快速的现代生活感到疲惫，更加愿意沉醉在清茶幽香所营造的慵懒惬意的氛围中。“以茶养生、以茶养颜”已成为现代都市人的生活方式和社会时尚。茶越来越成为人们生活中不可缺少的部分，有着深厚积淀的茶文化也承载了更多的情感与意义。

中国许多地方出好茶，茶的广泛流行与盛名也为当地赢得了更多口碑，例如西湖龙井、洞庭碧螺春、温州黄汤等等。中国的名茶不少，今天我要带大家走进被称为中国茶都，同时也是世界名茶铁观音的发源地——福建安溪。让我们在“中国乌龙茶之乡”，共同感受这里的茶道、茶产业为安溪带来的独特魅力。

296 谈一谈科技的进步对主持人的影响

科技改变世界，科技改变生活，科技影响着各个行业的发展。作为传播活动的关键一环，播音主持创作活动始终与技术手段相伴随，其所有语言、艺术表达活动，都建立在技术手段基础之上。技术含量在播音主持过程中日益凸显，使主持人的语言传播过程难以逃脱其影响。

首先，科技的进步提高了节目制作效率，降低了时间成本和人力资源消耗。例如提字器的更新升级让主持人能更迅速流畅地以脱稿状态播报消息，缓解了主持人要一字不差背诵稿件的压力。同时，先进的视听器材更加美化了主持人的荧幕形象和声音，例如精良话筒、音响等音频设备的配置，可以调整修饰原生态的声音。还有许多智能的编辑软件，能矫正拍摄时出现的各种失误，例如画面偏色、光线明暗度不适宜、画面构图等等，以前主持人因为一点小问题就要反复重录节目，而现在只要在电脑上按几个键，就可以免去这些麻烦。

科技的不断革新也给主持人带来了新的挑战。许多科技带来的技术革新都需要主持人迅速提高自身专业技能，更好地与科技适应融合。从 1997 年中央电视台实况直播香港回归这个新闻大事件后，现场直播就越来越多地出现在节目当中。新闻事件的突发性、与现场记者连线提问的临时性、信号传输中可能造成画面中断等问题，都对主持人敏捷的反应能力、快速的语言组织能力以及良好的直播心态提出了更高的要求。传播方式的变更让新闻主播从只需要照稿播报转变为对自我新闻综合能力的不断提升。

主持人实践着传播前沿的功能，需要与时俱进，永远焕发创造力和时代感。进步的科技，加上不断进步的主持人、媒体人，才能构成不断给百姓带来优秀文化产品的大众传媒。

297 你欣赏的主持人

他是一位优秀的新闻工作者，他具有二十多年的新闻播音主持经历，主持过无数大型活动的现场报道，他每次都出色地完成任务，二十六年来他的主持生涯无一次出现错误，他就是中央电视台《新闻联播》播音员罗京，我最欣赏的主持人。

最值得我们敬佩的应该是他的敬业精神和高度的社会责任感。他的许多圈中好友说道“罗京的专业素质不是一蹴而就，而是点点滴滴的积累和磨炼”。为了保证在工作中不出现差错，他的桌子上永远放着一本几乎被他翻烂了的《新华字典》，每天晚上洗脚的时候他都会翻看一页《新华字典》。

他是媒体人的骄傲。2008 年北京奥运会前夕，他在体检中被查出患有淋巴肿瘤，但还是坚持做完了奥运的直播报道工作，为他的播音主持生涯画上了一个圆满的句号。罗京在与病魔斗争中是坚强的，他笑着说：“等病好了，继续可以回到自己熟悉的直播间”。他乐观、坚强、敬业，不仅是播音主持界的楷模，更是媒体人的骄傲。

如果一个司机二十六年不出现交通事故，一个医生二十六年不出现医疗事故，一个法官二十六年不判错一个案子，那么这个社会就会少出现一个个惨痛的结局。罗京用自己的实际行动告诉我们，没什么做不到，只要你爱岗、敬岗，并为自己的事业矢志不渝，就是值得尊重的。

298 谈一谈访谈类节目主持人的幽默

曾经在一期节目中，有位观众问主持人：“你玩麻将吗?”主持人说：“我六岁的时候玩过麻酱，和点白糖抹馒头上很好吃。”引得观众哄堂大笑。这个节目就是全国谈话类名牌节目《实话实说》，这个幽默风趣的主持人就是崔永元，同时他也是我最喜欢的访谈类节目主持人。

我认为主持人的语言风格，体现的是主持人的个性特点。俗话说“言为心声”。语言的表达，不仅仅是为了交流，同时也表现出说话者自身的个性以及认识世界的方式。富有幽默感的语言风格，往往反映出主持人的机敏与才智。

崔永元的幽默是一种精心的审美选择而不是单纯低俗的“搞笑”手段。记得曾经有记者问崔永元：“你认为你幽默的特点是什么？”崔永元说：“其实，好的幽默是善解人意的。因为幽默没有了分寸，就会拿别人开心。拿别人开心可能也会赢得笑声，但是会对被幽默的人造成伤害，甚至造成极大的伤害。所以如果想要幽默，首先要有自我牺牲的精神。幽默看起来海阔天空，其实，它只是一条小径，过犹不及，过了别人会说你滑稽、搞笑、圆滑，甚至贫嘴。幽默没有了分寸，就成了粗俗、低下。掌握了这一点，我觉得后天培养特别重要，要有文化知识的积累，而这种文化知识的积累，会贯穿一种人文精神，让你知道什么叫尊重别人，它的分寸在哪儿。”

我想我们从崔永元的《实话实说》里，明白了什么是幽默，什么是最高境界的幽默，最高境界的幽默来自哪里。除此之外，我们还能知道崔永元的幽默之所以能够打动人心的原因：源于生活，源于积累，源于思考，源于善良的本性。

299 新闻道德和新闻价值哪个更重要

所谓新闻道德，即新闻活动的开始及传播过程中，新闻传播者所应具备并遵循，用来调整人际、人与社会、人与新闻等各方面关系的准则与规范。新闻价值是指凝结在新闻中的以满足受众兴趣、利益等社会需要的总和。我认为，新闻道德比新闻价值更加重要。

首先，从本质上说，媒体作为一种社会公器具有社会赋予的第四权力，这就要求其承担社会责任，遵从公众利益。因此，以新闻道德作为一种评价判断标准，筛选出真正有价值的新闻，比新闻价值更加契合新闻本质。从功能上看，新闻的作用是进行积极的社会舆论导向，作为整个新闻行业准则的新闻道德，能够剔除那些仅仅为满足公众不良心态或者兴趣的新闻，以促进新闻行业的良好健康发展，体现社会价值。因此，在新闻道德规范下的新闻价值才具有社会价值，符合公众利益。

其次，当面对一件具备新闻价值但涉及侵犯隐私或者违背人性的事件该不该被报道时，即面临新闻价值与新闻道德的冲突时，新闻道德应该作为判断的标准。美国一位记者曾说过：“你首先是作为一个人而存在，然后你才是一名记者。”我们再不愿看到为了追求一张瞬间死亡效果的新闻照片，追求所谓的新闻价值，记者放下了援助之手，不去解救那个秃鹰身边的小女孩的一幕。抛弃新闻道德，最终换来的只是公众受伤的心。从社会对上述事件的谴责，可见，新闻道德比新闻价值更重要。

当有偿新闻、虚假报道、低俗之风冲破道德的底线，潜入新闻之中，我们不得不反思新闻道德失范所带来的后果。约瑟夫·普利策曾说过，“一件新闻的良知和灵魂在于它的道德感，它的诚实，它的博爱，它对公共福利事业的投入，它服务社会的热忱，这一切超越知识、智慧、震撼的报道。”今天的新闻就是明天的历史，当我们回首往事时，不希望看到的是那虚幻的繁荣，而是道德指引下的真真切切。

300 报考专业时，爱好与前景哪个更重要

高考是一场没有硝烟的战争，大家在竞争中努力划向梦想的彼岸。但考分上线并非就高枕无忧了，很多同学在选择专业时，面临着爱好与前景发生冲突带来的困惑。爱好与前景，孰轻孰重？我倾向于前者。我觉得爱好是我们前进的动力，前景即未来，要有美好的未来，只有在现实条件下借助兴趣的动力，才可以在前进的道路上一路通畅。因此，爱好更重要，但前景也需理性兼顾。

“兴趣是最好的老师”，自己对某一领域的热爱，能牵动自己全部的热情，在学习中产生事半功倍的效果，把自己带入技能提升的快车道。在爱好的引导下，学习再也不是一件枯燥或困难的事情，它能激发出自己无穷的潜力和能量，产生超乎想象的创造力和好成绩，从而在所从事的领域取得成绩，实现美好前景。钱学森小时候就特别喜欢动脑筋，研究许多小游戏背后的奥秘。每次和小朋友比试扔废纸折的飞镖，他总是扔得最远、投得最准的一个。同学们不服气，捡起他折的飞镖仔细研究，发现他折叠的飞镖有棱有角，特别规整，所以投起来空气阻力很小，投扔时又会利用风向风力，难怪每回都数他投得最远最准。小小年纪的钱学森凭着自己的好奇心，居然领悟了某些空气动力学的常识，让人惊叹。而如果特别不喜欢选择的专业，即便将来的前途很光明，你也会丧失学习的乐趣，反而成为压力。试想一下，如果钱学森选择了热门的计算机、英语、工商管理等被大家认为有前景的专业，或许他也能学有所成，但恐怕我国航天事业的发展步伐就不会像现在这样矫健了。

社会某些行业的前景是可以预计的，但具体到个人，事业的前途都是未卜的。金融算是目前最有前景的专业之一，但并非每一个金融专业的学生都能尽职尽责，都能取得巨大的事业回报。想要看到自己奋斗的前景，最关键的还是对事业的热情、智慧以及坚强的毅力。

如果你特别喜欢某个专业，但就业前景不理想，即使你学习很认真，但将来的就业问题势必也会让你对自己的所学专业忧心忡忡。所以，当坚持自己的爱好与就业前景不乐观两者发生冲突时，确实让人举棋不定、左右为难。在这个大的环境下我们没办法改变什么，但是在我们选择人生道路的时候一定要深思熟虑。

301 对很多演员、歌手也开始做主持人这一现象的看法

由于主持行业接触观众的机会多，可以拓展自己的发展空间，挖掘自身的潜力，现在很多大家熟知的演员和歌手都纷纷加入主持人行列。主持人员多元化为观众带来耳目

一新，但同时也存在弊端。

若想成为一名成功的演员，付出的努力并非一朝一夕，需要踏实地从基本功练起，而且还有很多不确定因素，有机会和运气才能接到一部好戏。而歌手因为目前音乐市场不景气，听众喜欢在网上听免费音乐，花钱买唱片的人越来越少，出专辑很少盈利，因此转行做主持人也是一条退路。

另外，电视台培养新主持人，费时费力，演员做主持人只要稍加包装和指导就能“上岗”。而且演员、歌手舞台经验丰富，反应能力快，电视台利用“明星效应”能更好地保证收视率，还省去了很多宣传环节。如果是新人主持，先不谈播出效果怎样，舞台经验就需要很长时间的培养，收视率和广告收入也没保证。

我觉得不论做演员、歌手，还是主持人，都要对自己的受众负责，把自己最优秀的一面展现在大家面前。有些人本身不适合做主持人，但却靠自己以前的人气和粉丝，依然可以活跃在荧幕上，我觉得这是对观众的不尊重。不过，事物都具有两面性，如果转行也是观众喜欢的，那就无可厚非，但不论哪行都要踏踏实实地从头做起，没有捷径可以走。如果电视台就是单纯从收视率和广告收入考虑，选择“明星主持人”，那么新人的出路在哪？我们还需要冷静看待这个问题。

总的说来，具有全心全意为观众服务的信念以及德艺双馨的追求，是每位文艺从业人员应恪守的准则。

302 怎样做好一名娱乐节目主持人

“昔葛天氏之乐，三人操牛尾，投足以歌八阕”。快乐是世间民众天经地义的生活追求，娱乐从来就是人们用以追求快乐的手段。作为制造精神产品供观众享用的电视娱乐节目，主持人在节目中具有举足轻重的作用。

首先，娱乐主持人是传递欢乐和信念的大使。观众审美水平和审美需求随着生活状态变化而变化，特别是中国改革开放 30 年以来，大部分民众生活脱离基本温饱，向小康状态前行时，对于娱乐需求迅速增加。电视节目主持人的语言风格也从播报说教式过渡到亲切友好式，直到演变成现在轻松幽默、口语化的语言风格。主持人的功能之一就是让观众感受到心情的放松与精神的愉悦。

其次，一个具有感染力的人最终依靠的是他的真实人格散发的魅力。尖酸刻薄的主持人不能让人感受到大度从容，紧张羞涩的主持人缺乏的是潇洒自信。镜头会把主持人的性格放大，真切地展现在观众面前。因此，真正具有乐观豁达性格的主持人，才具备娱乐大众的能力，才能在举手投足之间、一言一笑之中，散发让人喜悦的气质。

再次，当我们看了太多娱乐主持人把欢乐建立在对别人的挖苦讽刺基础上之后，发现能够自我解嘲的主持人才真正懂得语言智慧，观众会被他们善良的本性所感染。娱乐精神就是主持人在适当的场合有意识地暴露自己的某一缺陷并进行自我嘲讽，以求达到一种轻松、诙谐、逗乐的效果。当主持人自嘲时会让受众感觉到主持人完全消除了俯视性的精神“优越感”，而使幽默风趣在共同存在的“同构”关系中完成。就是说，主持人既可以幽默对方，更要懂得“幽默自己”，以此创造一个和谐的“幽默同构体”。

当前，娱乐节目的主持人已经不再停留在用语言煽动大家的欢乐情绪，越来越多的主持人通过他们的才艺，让观众迫切地进入到主持人所营造的娱乐氛围中。无论是琴棋书画，还是唱念做打，“文武”双全，多才多艺的主持人才更加具备打动观众的娱乐精神。

303 你认为主持人的主持风格与栏目风格的关系是什么

主持人的主持风格与栏目风格的关系相辅相成，是鱼和水的关系。

主持人是服务于节目的。不同类型、不同内容的节目，对主持人有着不同的要求，主持人一定要确立与节目性质、目的、内容相统一的风格。例如，新闻节目需要严肃、公正、可信；娱乐节目需要活泼、轻松、自然；体育节目需要明快、洒脱。所以节目的类型决定了主持人的风格。

主持人的自身条件也不同程度地影响着节目的风格，包括主持人的嗓音、音域、音高等因素，也包括主持人的性格、气质、学识、修养以及对语言的驾驭能力。毕福剑是央视《梦想剧场》、《星光大道》的主持人，主持风格朴实自然、风趣幽默，常被称作“老毕”。毕福剑说：“我并没有太多考虑自己的主持风格，也没有给自己定位，大家说我有亲和力，可能是因为我长得跟老百姓一样，不是那种标准的‘帅哥’。而且我平时说话什么样，在台上还是什么样，无论是准备好的台词还是即兴台词，都用口语化的形式来表达，这样就把和观众的距离拉近了。”

主持人与栏目的风格是相互推动，相互促进的关系。栏目好比航海中的帆船，主持人好比帆船上的舵手，二者密不可分。

304 如何理解播音员、主持人的“个性”

播音员、主持人的“个性”是其综合能力的体现，是文化修养、语言能力、思考方式、审美情趣的综合体现。其“个性”形成了主持人独树一帜的主持风格，也让节目打上了个人的深刻烙印。

在电视节目类型日益繁多的今天，节目类型相同，主持人个性不同就形成不同的节目风格，主持人的个性决定了节目风格的取向。主持人的“个性”其实是一种良好的气质特点。如敬一丹的端庄、亲切；白岩松的睿智、冷峻；王小丫的清新、自然；毕福剑的诙谐、幽默。在电视节目中，主持人的气质特点可以使节目呈现出独具的特色。每个人都有自己的性格特征，在不同的电视节目中，主持人只有将自己的气质特点贯穿、融入节目之中，才会使节目呈现出与众不同的特色。

主持人的“个性”也表现在语言风格的独特性。语言是主持人与观众、嘉宾沟通的载体，是人思想活动与内心感受的外化。主持人的语言风格，是体现主持人个性特点更为突出的方面。从崔永元的自我调侃中我们能感受到一种智慧与豁达；从王志犀利、尖锐的提问中我们看到了他的魄力与率真；董卿流畅、抒情的表述带给大家的是温文尔雅、内秀精致的感受。每个主持人不同的语言表述勾勒出各自鲜明的轮廓。

在媒体大繁荣的今天，播音员、主持人要想探索属于自己的个性化风格，必须迎合观众的需要，狠下工夫，琢磨节目以及自身特点。观众品位在不断提升，播音员、主持人更不能满足现状，要在节目中形成个性鲜明的主持风格，使节目永葆艺术魅力。

305 举例说明成功的主持人最大的魅力是什么

电视上形象光鲜亮丽的主持人很容易成为青少年喜爱或者崇拜的偶像。他们端庄的举止、优美而富有磁性的声音、丰富的知识、开阔的思路、敏捷的反应能力等等，使得主持人看起来极富魅力。但作为主持人，我认为他们最大的魅力却不体现在这些外在的表现，而是体现在他们的人格魅力上。

主持人的人格魅力首先体现于知识的广博和深刻。一个知识丰富、思路开阔、目光敏锐的主持人之所以受到欢迎，是因为在主持节目中常常因其鞭辟入里的话语而启人思考、使人获益。具有“学者风范”的白岩松和被称为“记者型主持人”的水均益因此而获得较大的成功。

其次，主持人的人格魅力体现于情感的真挚。主持人的情感是经过主持人自己的思考而提炼、升华的一种理智情感，也是主持人对自己情感进行深切体验之后而产生的一种智慧情感。比如汶川地震发生时，举国悲痛，大家密切关注现场救援情况并为遇难者悲恸。央视主持人赵普在节目直播时，看到悲惨的地震现场，由于心系灾区人民，忍不住几度哽咽。一般情况下，作为主持人，在节目中表露自己的好恶和思想感情是不专业的，也是在节目直播时不允许发生的，况且作为男性，在人前表现出自己的柔情通常并不被认可，但是赵普的真情实感却得到了观众的谅解和认同。正是他对灾区人民真切的关心和爱以及朴素而诚恳的人格魅力，打动了观众。

最后，主持人的人格魅力还体现在对文化的沉淀和表现力方面。主持人必须要有足够的文化底蕴，这是最基本的职业要求。没有文化的沉淀，对节目的诠释就不可能做到得心应手、厚积薄发。

如果说端庄的举止、优美的声音是一座大楼的豪华装修，那么人格魅力就是一座楼的地基和钢筋结构，外表装修再美，结构不牢，那么一座楼也会轰然倒塌。所以一个成功的主持人在注重外在的同时，一定不要忘记锻造扎实的内在结构，即崇高的人格魅力。

306 播音员、主持人说普通话的必要性

我国幅员辽阔，方言众多，人们讲普通话的优势在于沟通方便。普通话和方言其实并没有高低之分，更无高雅与低俗之分，推广普通话只是为了方便人们的交流沟通。而在推广普通话的过程中，广播电视就扮演了重要的角色，承担着推广责任和示范作用，对于宏观把握广播电视传播的审美走向和风格品位具有直接的指导意义。因此，播音员、主持人说好普通话的意义非常重大。

近十年来，各地方台开始流行方言节目，有的节目中主持人用方言说着当地的民生新闻，连比划带调侃，亦庄亦谐，受到观众好评。方言节目的高收视率使得这类节目如雨后春笋般发展壮大，但是这样的现象值不值得鼓励呢？方言的亲近感使得这类节目受到当地观众的喜爱非常正常，但对于外地人而言，要听得懂才能引起共鸣。方言类节目大大限制了受众的范围，不利于广播电视等媒体传播的最大化。

广电管理部门需要统一规范的媒体语言，需要在一定程度上约束主持人的言行，但是纯普通话的声屏世界却因为单一乏味而不断被人诟病。有学者尖锐地批评说："我们的电视里仍然充满了许许多多严峻的面孔，俊男靓女端着架子，都是不吃五谷杂粮的腔调……中国电视得学会讲人话，应该像民间传播消息那样用谈天的方式，谈天的语言，而不是用从报纸或其他文字体裁学来的语言，板着面孔、端着架势背稿子。"

从现在的节目现状来看，这样的批评不无道理，但是问题的出现却不是因为推广普通话，而是播报内容、方式方面有待改进。方言节目受追捧自然有它的道理，普通话节目要取其之长，弥补己短，使得内容生动、方式灵活，才能实现推广普通话的意义。

307 主持人怎样练就临场应变能力

应变能力是主持人重要的基本素质。主持人的应变能力，指主持人在主持的过程中对周围突发因素的一种迅速而能动的反应，这种反应是机敏的、冷静的，既表现在思维过程中也表现在言语和行为中。它是主持人综合素质的集中体现之一。

主持人要练就临场应变能力，首先，反应要敏锐机智。在突发事件发生之后，无论是主持人还是观众都有一段反应时间，主持人一定要在观众们做出反应之前找到办法应对。如果观众已经开始哗然，而主持人还没想到应对的办法，过了应对的最佳时机，无疑增加了挽回局面的难度。

其次，必须具备稳定健康的心理素质。主持人在节目中的地位和作用可以说是举足轻重。心理状态如何，直接影响着主持人的行为表现，也就是说影响着节目的质量。在演播现场，如果心理处于紧张状态，大脑思维必定是僵硬的，很难积极地进入节目中去，非但不能即兴发挥，可能还会表达不出已准备好的内容。尤其是一些现场直播节目，不能因为时间紧迫就口不择言，否则会造成更大的失误。这就需要主持人不仅机敏，还要稳健。电影《武侠》的见面会上，有一个环节是播放电影预告片。但是在播放时发生了小小的事故，预告片的画质不清晰，声音也不大，有记者嘀咕："怎么像被压缩的一样?"导演陈可辛有些尴尬，这时主持人崔永元出来喊停："可能是播放出了些问题，我觉得需要再重新放一遍。所以说看电影一定要到电影院去看，不能到饭店看！"一番幽默的"感言"很好地帮导演打了圆场，并且顺应导演倡导大家去电影院看电影的号召，机敏而得体。

最后，必须具备扎实的知识功底。如果没有扎实的知识积累做后盾，那么，主持人在节目中决不可能出现随机的连珠妙语，不可能有机警幽默的谈吐，不可能迸发出智慧的火花。具备扎实的知识功底、严密的思辨能力、敏锐的观察力，具备提出问题、分析问题，并解决问题的能力，便拥有了做一名成功主持人的优势。

练就临场应变能力对主持人来说是一件有难度的事情，要靠平日的感悟和积累，才能使应对变得及时、得体而有艺术性。

308 谈谈你考播音专业的经历和感悟

高中的时候选择艺考这条路非常辛苦，因为要边学习边准备专业考试，而且在大家复习得如火如荼的关键时刻，跑几个城市参加专业考试是很正常的事情，为了考试全家总动员也是很常见的。但即使辛苦，回头想来却也觉得很充实：这一年的时间里，感觉自己受到磨砺，克服了困难，有收获也有成长，非常值得！

选择播音专业，是因为我从小就很喜欢文艺活动，每次学校里有演出的时候，唱歌、舞蹈、主持都一定少不了我。在老师的推荐下，我从高二开始准备播音专业的考试，主要是熟悉考试内容，自备稿件，有针对性地进行播报、评论等训练，并且还要找到自己喜欢又适合自己的学校。

在准备考试的过程中，我发现有些同学并不是真正喜欢这个专业，只是因为艺术类考试对文化课的成绩要求相对低些，才选择报考播音专业。我并不支持这样的想法。首先，因为不感兴趣或者是本身不适合这个专业，在播音专业的训练上，就显得心不在焉或者力不从心，即使通过了专业考试，最终考上了这个专业，从四年的专业学习中得到快乐也是很难的。常说兴趣是最好的老师，如果没有兴趣，最终有可能既没学好专业课，又耽误了文化课的复习，得不偿失。

另外，我认为报考学校不能盲目。全国有几百所院校设置了播音主持专业，他们的培养目标和培养重点以及对考生的要求有所不同，因此在准备考试的过程中，找到适合自己的学校非常关键。有的同学认为，多报考就能有更大的希望，因此不考虑学校的要求和自身的条件，只要时间允许，就把这些学校的考试全部参加一遍，但我认为这样只能事倍功半。

以上就是我报考播音主持专业的亲身经历和感受。

309 主持人的外在形象重要吗

主持人在栏目中呈现出的形象包括主持人的声音、相貌、体态等外在印象，更包括主持人的精神道德、价值观念、学识修养、文化品位、人文素养、审美情趣方面深层的、内在的、理性的形象。

首先，我认为一个主持人的外在形象非常重要。有人反对重视外在形象，认为这样是本末倒置，容易造成主持人就是“绣花枕头”、“花瓶”的印象，这样的说法是不能让人信服的。在现代社会的人际交往中，不能否定外在形象的作用。一个邋遢的、不修边幅的甚至是潦倒的形象很难让人产生可以亲近的好感，更不会让人有信服的感觉。作为媒体的发言人，主持人如果对外在形象太随意，肯定是不合格的。一个优秀的主持人要打造出整洁利落、积极向上的外在形象，形象风格可以多元化但决不可以粗俗。

当然，做出这样论断的前提是不否认内在修养的重要性。深层的、内在的、理性的形象对主持人的发展有着重要的制约作用，这一点是不可否认的。而主持人的精神道德、价值观念、学识修养、文化品位、人文素养、审美情趣方面的深层的、内在的、理性的形象，是通过外在形象表现出来的。一个有内涵、心灵美好的主持人，他的外在形象也一定是得体而美好的。因此，内在形象和外在形象的重要性是一致的而不是相互矛盾的，在承认外在形象很重要的同时，也一定不能忽视对内在形象的打造。

310 你觉得你适合主持什么节目

我认为自己比较适合主持新闻节目，自身条件和兴趣是其中最重要的两点原因。

新闻节目是广播电视节目的灵魂，对于把握这一灵魂的主体——主持人来说，节目本身的要求是苛刻的。尤其是新闻直播节目，以其语言节奏快，语音清晰流畅，播音准确无误等，向主持人提出了不同于任何其他类型节目主持人的严格要求。另外，作为新闻节目的记者或者主持人，对新闻事实的深度挖掘非常重要，这就需要敏捷的思维、独特的视角、敏感的新闻嗅觉，而做好这些需要一颗沉稳的心。一个行动毛躁或者心态浮躁的年轻人是很难坚持做好新闻的。从开始关注新闻到现在，我发现自身的性格也受到了影响，变得比同龄人成熟稳重，考虑事情也能比较周全。

做新闻的意义，是让民众在持有知情权的情况下对社会的各项工作进行监督。因此，做新闻节目在理性的同时要有一颗感性的心，对社会不良现象要冷酷严厉，同时要关怀群众疾苦。我出生在农村，平时乐于走街串巷，关注普通人的生活，并且经常把所见所闻所感，用日记的形式记录下来，这些经历使我对各类社会现象有所了解，并保持新闻敏感。

我们常说兴趣是最好的老师，感兴趣是做好一件事情重要的动力，主持节目也是一样。如果对自己主持的节目内容感兴趣，就会主动去了解、探索，并且能够在节目的准备和录制过程中持有热情，这样的主持是节目效果的保证。一直以来，我对国内、国际新闻的发生和发展非常感兴趣，常常讲给身边的人听。时间长了，我不仅对新闻事件和背景有深入了解，还能对新闻事件进行分析和解读，这样做也让我乐在其中。

因此，无论从兴趣、特长还是从性格、习惯等方面分析，我都认为自己更适合主持新闻节目，并正在为日后能够主持新闻节目做着不懈的努力。

311 如何看待主持人明星化的现象

明星，有多种解释，广义的解释是指杰出的人物，而狭义的解释，也是现在最常用的，特指有名的影视演员、歌手、运动员等。在当今激烈的媒体竞争中，明星主持人是电视台的王牌，主持人的“明星价值”通过不断开发和利用，逐渐成为一种普遍的趋势和媒介经营理念。

明星主持人表现出色，是大众的偶像，是收视率的保证，往往有着超越一般节目主持人的影响力。这些明星主持人大都是近些年来在推行主持人明星化的电视节目策略之后涌现出来的一批优秀节目主持人，并深刻影响着主持风格的变迁以及大众的审美理想。

主持人是一个传播者，把信息传播给大众。如果说使主持人狭义地明星化，把主持人看作是一夜成名的途径，肯定是不合适的。因为这个职业不但要求很强的专业水平，还要有很强的道德修养。作为大众接受信息最直接的传授者，主持人必须要有很强的责任感。然而，在一片喧嚣和叫好声之后，主持人明星化渐渐开始变味了，主持人像电影明星一样拍电影、出唱片，频繁出现于各种时尚派对，与娱乐明星并无二致。然而主持人不等同于艺人，要处理好主持人和艺人之间的身份差别，上述做法的不可取之处在于使主持人的形象庸俗化了。如果一个主持人在舞台上变换着各种角色，只为博取观众一乐，他的威信何在？作为媒体的发言人，主持人说的话还能让人信服吗？这种狭义的明星化是应该避免的。

广义的明星化却是不可避免的，事实上也是可取的，比如央视的白岩松、崔永元、李咏等人，都已经成为央视的代言人、名片，他们也可以说是明星。他们是有威信的杰出主持人，这样的明星化是一种品牌，代表的是一种信任。如果主持人能够树立这样的威信，建立这样的品牌，而不是演艺化、庸俗化，那么这种明星化就是可以接受并且是主持人值得追求的。

312 如果让你主持一档自己不喜欢的栏目，你会怎么办

如果日后走上主持的工作岗位，所主持的节目类型和本人的性格比较吻合，那是最好的了，但是由于工作需要，主持自己不喜欢的节目也是不可避免的。在遇到这样的情况时，我会从心态和行动两方面去调整应对。

心态方面，首先，出名走红的心态要不得。比如，有的人走上主持的道路就是想成为名人，所以更愿意主持娱乐节目，这时如果工作需要让他主持农业节目，心态上肯定接受不了，主持节目的效果也就不会好，因此出名走红的心态是要坚决杜绝的。其次，如果因为兴趣不合等原因不喜欢所要主持的节目，那就需要调整心态。要抱着接受的态度看待节目，告诉自己慢慢适应，最终会喜欢这个节目的，这样的心理暗示非常有效。心态上放平了、接受了，也就为成功铺平了道路。

业务方面，不喜欢这个节目的原因很可能是因为不熟悉。比如让一个不爱运动、不了解体育项目的女生去主持体育节目，或者主持不熟悉的军事节目、农业节目等等，自然不会太喜欢。这时候在调整好心态的基础上，还要努力去了解、钻研专业知识。当慢慢熟悉专业，以至于成为这方面的专家时，相信因为为难情绪带来的不情愿就会消除了。

有句话说得很好："如果不能改变世界，那就去改变自己。"遇上不喜欢的节目不可怕，通过调整心态、钻研业务，相信我们一定能把这个难题克服。

313 请以歌唱家龚琳娜凭借一曲《忐忑》走红网络的现象，模拟主持一期节目

各位观众朋友，晚上好！欢迎收看《娱乐新看点》节目！

最近我发现了一个现象，近期的各类选秀节目里，很多参赛选手都选择了一个曲目来展现自己的才华，并且每每展示都能吸引大家的眼球，博得大家的掌声和笑声。各位表演者眼睛时而瞪得圆溜溜的，时而眯成一条线，还不时甩头扭腰，不但表情极有特点，唱腔也非常夸张，整首歌听不出一个有意义的词，却看到演唱者们无一例外地把情绪发挥得淋漓尽致，实在引人入胜。说到这，您应该早就猜出来了，今天我们的话题就是现在爆红的神曲《忐忑》。

我想不管网络上还是节目中，对于《忐忑》这首歌和演唱者龚琳娜都有太多的戏谑，

今天的节目中，我们想从另一个角度，给这首歌和它的演唱者新的诠释。

被称为“神曲”的《忐忑》，撇去其被网络赋予的娱乐色彩，其实是一首带有浓厚探索意味的艺术歌曲，在民歌现代化的道路上迈出了勇敢的一步，属于严肃音乐范畴。著名民歌演员李丹阳就表示：“既然网友们这么喜欢，那就说明是个很新鲜的方式……不论是我们这一代的民歌手还是年轻一辈的，都希望民歌能够出新。这是一个多元化的时代，需要张扬个性。”由此可以看出，民歌界对于《忐忑》这首歌的出现也是抱着欢迎和鼓励的态度。

另外，演唱者龚琳娜是中国音乐学院毕业的高材生，特别研究了民歌的新唱法。她和丈夫旅居欧洲多年，致力于中西融合，《忐忑》这首歌应该就是他们的创新成果。整首歌虽无具体歌词，但它为听者创造了一个巨大的想象空间，极具力量感的唱风，简直是一个生命的灵魂迸发。

因此，我们如果不以恶搞的心态去娱乐《忐忑》，而是从艺术的角度去感受与分析，那么这首歌以及演唱者带给我们的则是太多的惊喜。

感谢收看今天的《娱乐新看点》，我们明天同一时间再见！

314 请以春晚魔术引发“虐鱼”争议的现象，模拟主持一期评论节目

观众朋友，大家好！欢迎收看本期《时事亮点》！

我们今天的话题是争议颇多的“虐鱼”事件。

2011年央视春晚，魔术师傅琰东表演的魔术《年年有鱼》，用一个哨子，把水中的金鱼训练得服服贴贴，可以听话地进行列队表演。这个魔术让人称奇的同时，却引发了网上一场对魔术师“虐鱼”的强烈声讨。网上的各种解密都认为魔术师是通过让鱼吞铁球等方式完成魔术，使鱼儿“痛不欲生”。对此，魔术师通过媒体进行了回应，称魔术的过程并没有虐鱼，是用魔术方法驯化金鱼，但是由于魔术界行规，不能解密，因此拒绝作任何实质性的透露。

只有魔术师自说自话的承诺并没有说服力，动物保护组织和魔术师达成一致，提出让第三方专业机构进行是否虐鱼的评估。这种方式虽仍然受到一些群众的质疑，认为很玄乎，但不失为一个比较合理的解决方式。但令人疑惑的是，直到现在，虐鱼事件过去几个月了，第三方的评估结果仍然没有出来。更让人疑惑的是，当初吵得轰轰烈烈的动物保护者们，如今似乎把这件事情忘光了，再也没有人站出来质疑事件结果，好像当初只是发泄出心中的愤恨就完事儿，这样的结局实在让人不解。

仔细想一下，有很多事情都遵循着这样一个过程：质疑——声讨——当事者回应——各媒体平台大讨论——找到达成一致的调查方法——结束。群众只声讨，发出声音后就完成使命，这好像已经成为我们的习惯。正是我们不追究、不落实的习惯，才让社会的很多黑

暗面得以苟且,因此,如果人们真正热爱动物,就要真真正正为动物们讨一个说法。

当然,动物保护组织所做出的努力不可否认。他们的呼吁,他们的声讨,折射出的是社会的文明进步,值得肯定,应该支持。

感谢您收看本期《时事亮点》,下期节目再见!

315 日本强震中,女播音员坚守岗位被巨浪吞噬,请评述

"海啸正在袭来,请立即撤离!"这是女播音员留下的最后一句话。这位勇敢的25岁女主播在海啸巨浪袭来之际仍坚守岗位,通过广播通知居民紧急撤离,直至她自己被10米高的巨浪吞噬。

人最宝贵的是生命。年轻的女播音员在获知海啸来临的消息后,完全可以放下话筒,选择逃生。但她源于对职业的坚守,放弃了求生,选择了岗位,把生的希望留给了收音机前的所有听众,用自己鲜活的生命捍卫了神圣的职责。我从心里钦佩这位女播音员。她的敬业精神和人格魅力让我感受到了一种伟大的力量。在危险面前,总要有人走在历史的前沿,为众生充当屏障。在日本强震中,女播音员坚守岗位所表现出来的勇敢和大无畏精神让人震撼,值得我们所有人尊敬。

播音员是一个神圣而充满着挑战的职业,它并非如外界所想的那样光鲜亮丽,有时要像战地记者一样有生命危险。播音员是公众人物,除了要具备扎实的知识储备、政治素养,还要有为事业奉献自我的敬业精神和高度的社会责任感。突发事件是每一个播音员都会遇到的现象,需要播音员具备高度的心理承受能力,从容应对,客观公正地向受众做真实正确的报道,这不仅是个人修养的表现,同时也是事业发展和工作性质的需要。

播音员并不是一个花瓶或摆设,其思想、素质、精神面貌对媒体对社会有着至关重要的影响。作为人民的代言人,播音员应自觉履行为国家为社会坚守岗位、奋斗不息的职责。这是播音员的职业道德,更是崇高的理想信念。

316 在《开心歌迷会》中,王小丫一改考官形象,开口唱歌。请由此谈谈主持人的可塑性

不知是《开心辞典》成就了王小丫,还是王小丫成就了《开心辞典》。总之,益智博彩类节目《开心辞典》火了,而《开心辞典》也让亿万观众喜欢上了"考官"王小丫。王小丫用她那招牌式的微笑和聪慧征服了电视机前的所有观众,同时也让中国人从小到大都厌烦的考试变得愉快而生动起来。在《开心辞典》获得巨大成功之后,王小丫并没有停歇脚步,而是在节目《开心歌迷会》中,一改考官形象,开口唱歌,这种极强的可塑性让观众眼前一亮,同时也为节目增色不少。

由于工作性质的需要，记者和主持人都需要了解各行各业的知识，但主持人源于节目的中心地位，不但需要博采众长，更需要具有极强的可塑性。这种可塑性就是可变化性和可创新性，也就是在任何场合都能应对自如的能力。可塑性不是与生俱来的，而是需要后天努力获得。人们正是有了可塑性才得以不断地超越和发展。可塑性是主持人必须具备的能力。可塑性大小直接决定了主持人和节目的张力。当前，人民群众的精神文化需求在不断地发展变化，这就要求主持人要有创新意识，不断丰富自己的内涵和技能，充实自己的精神世界，从而有能力胜任各种不同的节目风格，满足人民群众日益增长的文化需要。可以说，主持人可塑性越强，节目成功的几率就越大。

“腹有诗书语自华”。作为节目灵魂人物的主持人，不但要具备较高的政治素质、道德素养和精湛的业务能力，要能在众多节目中树立自己的品牌特色，同时还要不断完善自身的可塑性，提高开拓探索的创新能力。只有这样，才能使自己成为一个全面发展而又充满个性魅力的优秀主持人。

317 如果你被派到日本做地震的前线报道，你会关注哪些问题

如果我被派到日本做地震的前线报道，我会关注日本震后救灾和建设的进展信息；在日华人、大使馆及日本民众的灾后情况；我们应该从日本大地震中吸取的经验和教训。

一切用事实说话是前线报道必须遵循的原则。人性化视角是灾难性报道需要注意的事项。因此，在我的前线报道里，不会有煽情的音乐和眼泪，不会有“你能够活着最先感谢的是谁”这样有违人文精神的提问，也不会有血腥的描述。我会本着一个职业新闻人的操守，将日本震后不断发展的事态信息快速及时地传递到国内，让我们的人民在第一时刻了解到我们近邻真实的境况，并加以分析和评论，以避免国内民众内心产生恐慌。其次，在日本的中国留学生、华人及驻日使馆是我报道的一个重点。他们的生存状态、思想状况、工作动态牵动着所有国人的心，必须及时予以关注和报道，让国内的亲人放心。再次，我会以一种人文关怀对受灾地区和普通日本百姓的真实境遇做全面而真实的报道。捕捉震时、震后的细节，思考日本震前的充分准备和震时民众应对灾难的经验，以及给中国人带来的启发和教育。最后，我还会在报道中展现灾后日本政府、国内外组织积极的现场救援，总结抗灾经验，如日本政府为稳定秩序，恢复生产生活采取的有效措施。

作为一个深入前线的报道人员，身上肩负着光荣而艰巨的历史使命，我有责任让国内民众了解一个真实而全面的震后日本现状，客观公正地记录这次灾难，从而提高国内民众对灾难的应对能力。

318 在汶川地震的报道中，某主持人一身名牌，被网友诟病，你怎么评论

汶川地震是让中国人难以忘怀的大灾难。当全国甚至全世界的眼光都投向这个令人揪心的地方的时候，一身名牌亮相的主持人，深深地刺痛了人们的双眼。众多网友质疑这位主持人的灾区作秀行为，指责其采访水平低下，主持风格虚伪做作，透过镜头根本看不到对灾区人民的关心。

本来，个人的穿着打扮体现的是其特有的爱好品味，况且打扮时尚不仅会增加自信，同时也是对别人的尊重。但是身为公众人物的主持人，自己的穿着已经不再是个人的事情，而是代表着国家媒体的威信和态度。当来到重灾区汶川采访报道时，一身耀眼的名牌装扮和空洞造作的采访风格极不合时宜。

主持人是一档节目的灵魂。每一位成功的主持人都要根据节目定位和自身特点，强化自己鲜明而丰满的个性特征，并通过现场互动，达到与整体节目的和谐。这其中，服饰装扮是相当重要的元素。比如《新闻联播》里主持人和《春节联欢晚会》里主持人的妆容打扮就有着天壤之别。同样是外景主持人，由于节目内容和环境状况的不同穿着也会大相径庭。比如休闲简练着装的战地报道主持人和时尚唯美着装的娱乐节目主持人。这些主持人通过外在装扮和内在修养，向公众传达的不仅是一个活力四射、睿智敏捷的媒体代言人形象，传递的更是一种思想和文化，一种与节目相契合的精神风貌。

在汶川地震的报道现场，主持人一身名牌，工作人员护驾，显然有违地震时举国悲痛的大背景，也有违于身为一个媒体人最基本的职业道德和社会责任感。这种不合时宜的小资装扮遭到全国人民的谴责也就在所难免了。

319 隐性采访

隐性采访，是与显性采访相对而言的，是指在采访对象不知情的情况下，隐藏记者的身份与采访目的，通过偷拍、偷录等方法，获取有价值的新闻事实的一种特殊采访形式。隐性采访只适用于特殊场合、特殊题材或是特殊采访对象，并且应该控制在法律和新闻道德允许的范围之内，不适宜广泛使用。

作为一种十分重要的采访方式，隐性采访有较为显著的特征。隐性采访是记者主动出击进行采访的行为，从采访计划的设定到采访设备的安排都有备而来。尤其在对社会不良行为的采访中，通过隐性采访获得的事实远比公开采访要周详得多，舆论监督的力度也比较大。比如对造假窝点的采访，如果采取公开采访，多数受访者会以“无可奉告”推脱，或者干脆隐藏罪证逃跑，这显然不利于采访任务的完成，也不可能方便快捷地采到有价值的线索。另外，隐性采访也是受众比较喜欢的采访方式，通过这种方法获得的新

闻，价值含量高，较为神秘，能够满足受众较高的接收兴趣。

由隐性采访所获得的新闻一般是独家新闻，是新闻竞争的制胜法宝，因此为越来越多的媒体所采用，但也因其与生俱来的法律、伦理等争议而遭到越来越多人的诟病。比如“狗仔队”、偷拍等现象，严重干扰了人们的正常生活，也损害了媒体的公信力。

尽管隐性采访属于非主流，存在一些法律、道德方面的质疑，但是不得不承认，曝光一些涉及损害公众利益的行为时，隐性采访确实更有优势。因此，在履行媒体义务、承担社会责任时，我们可以使用隐性采访，但是不能滥用，不能有违道德和法律的底线。

320 你认为学习播音主持专业的学生应该具备什么样的素质

播音主持专业是为广播、电视等媒体培养播音员和主持人的专业。作为未来媒体的形象代言人，这个专业的学生应该具备良好的思想道德素质、优秀的播音品质、扎实的文化基本功及稳定的心理素质。当然，由内而外的形象和气质以及优秀的逻辑思维能力和语言表达能力也是这个专业的学生必须具备的素质。

首先，要具备良好的思想道德素质。播音员、主持人是媒体的代言人，是党、政府和人民的喉舌，也是思想文化的传播者。播音员和主持人必须政治上坚定，自觉与党中央保持一致，另外要有崇高的理想信念和良好的道德修养，通过以身示范去教育和影响广大受众。其次，要具备优秀的播音品质。音质、语音与发声的品质对播音员和主持人异常重要，若想达到一定的技术水准，仅靠天赋往往是不够的，还必须掌握一定的理论和技巧，积累播音主持方面的经验，从而形成个性鲜明的播音主持风格。再次，要具备扎实的文化基本功。播音员、主持人不是“花瓶”也不是简单的“传声筒”，而是有能力驾驭栏目的多面手。文化底蕴深厚能让播音员主持人在节目中如鱼得水，把握栏目的精神实质。最后，要有稳定的心理素质。播音员主持人要具备缜密的思维和很强的应变组织能力，面对随时可能出现的“失控”场面，要有能力协调和组织，并要极力保持语言的流畅和声音的平和。

播音员、主持人是整个节目的灵魂，决定了一档节目的成败，具有现实品牌号召力。因此，播音主持专业的学生除了要具备良好的外在形象和播音品质以外，应更多地从道德品质素养、文化艺术修养和内在心理素质上入手，不断提高自己的理论水平和业务能力，为未来走上播音主持岗位打下坚实的基础。

321 新闻评论类节目主持人应具备怎样的素质

新闻评论类节目以当前新闻热点为主要评论对象，以强烈的思辨色彩和鲜明的导向意识为依托，关注民生、关注社会，成为广大受众喜爱的节目类型。新闻评论类节目是对重要新闻的深度报道和分析，因此对主持人的要求很高。

对于新闻评论类节目主持人而言，首先，要具备坚定的政治立场和较高的道德品质修养。新闻评论类节目主持人肩负着“以科学的理论武装人，以正确的舆论引导人”的重要职责，因此要具备坚定的政治立场，将正确的世界观、价值观和人生观贯穿于节目始终。其次，要有敏锐的新闻判断力和深刻的思辨能力。主持人要本着强烈的新闻敏感，选择百姓广泛关注、亟待解决的新事物新现象，用缜密的思维和透彻的说理分析问题、解决矛盾，从纷繁复杂的表象中分析揭示出事物的本质。再次，要有丰厚的人生阅历和广博的知识储备。新闻评论类节目主持人要坚持贴近群众、贴近生活、贴近实际，从实践中获取经验，深化思维。同时，不断扩大知识面，完善自身的知识体系，以便在面对不同问题和受众时，能作出深远而又中肯的剖析和阐发。最后，要有鲜明的个性魅力和强烈的敬业精神。不管是敬一丹、白岩松还是克朗凯特和丹·拉瑟，他们怀有对事业无限的热爱和精益求精的态度，用独特的生活体验和独特的思辨色彩展现着个性魅力，诠释着新闻评论类节目主持人的神圣职责。

优秀的新闻评论类节目主持人的背后离不开高效团结的创作班底，是集体智慧的集中表达。作为灵魂和旗手，只有敢于说真话，能够说对话，具备良好道德品质素养、文化艺术修养和过人心理素质的充满个性魅力的主持人才能让新闻评论类节目真正深入人心。

322 访谈中的倾听重要吗

在访谈中经常看到主持人妙语连珠、出口成章，但主持人仅仅具有敏捷的思维、良好的口才、幽默的谈吐是不够的，学会倾听、善于倾听是获取信息，了解事实真相，捕捉生动细节，实现与嘉宾和观众现场沟通的重要环节。由于倾听是访谈的前提和基础，并贯穿于访谈始终，因此主持人必须重视倾听。

首先，真诚倾听。观众喜欢并信任以诚相见的主持人。主持人以真诚的态度倾听访谈对象的每一句话，是对访谈对象的尊重，也是实现顺利沟通的前提。其次，用心倾听。节目现场存在着各种干扰，与日常沟通差别很大，主持人必须集中注意力，用心去倾听访谈对象的每一句话，观察他的每一个动作细节，这样才能更充分地了解访谈对象，提出符合实际和节目要求的问题。再次，有目的地倾听。主持人是访谈的指挥，代表着广大受众提问，既要引导访谈对象说出心里话，还要把握节目的主题和节奏，通过有目的地倾听，引导“跑偏”的访谈对象回到正题。最后，边倾听边思考。主持人要把倾听获得的新闻“素材”衔接贯穿起来。思考的过程也就是主持人驾驭整档节目的过程。这种穿针引线的作用在访谈中非常重要。由于访谈中会有许多不确定因素，任何一个冷场、过激、过偏现象都需要主持人及时补救，因此，边倾听边思考也就成了主持人功底的体现。

重视倾听、善于倾听关系到访谈的成败，是节目传播思想，交流文化的基础。主持人必须重视并掌握倾听这一关键环节。

323 围绕亚运主题，自选一个角度展开话题

广州亚运会在一片欢腾中落幕了。中国军团以 199 枚金牌高居榜首，创下了中国参加亚运会以来获得奖牌数和金牌数的新高。这些荣耀的数字背后究竟隐藏着怎样的艰辛与汗水呢？今天围绕亚运主题就让我们重新认识一下冠军刘翔。

经历过巅峰，经历过低谷；经历过荣耀，经历过伤痛。走出低谷和伤痛的刘翔向世人证明了王者的回归。在万众瞩目的广州亚运会 110 米栏决赛的赛场上，当一个曾经让无数中国人骄傲的身影出现时，全场沸腾了。没错，他就是刘翔。他要在广州亚运会上用实际行动证明自己是当之无愧的王者。最终，刘翔用 13 秒 09 的成绩打破了亚运会纪录，实现了三连冠。

我清楚地记得北京奥运会上，刘翔那孤独落寞的身影。因为伤痛，当时踌躇满志的刘翔不得不退出比赛，失去一次在家门口夺得奥运冠军的绝好机会。那次退赛造成的影响是巨大的。不仅给刘翔带来了沉重的精神压力，也成为全体中国人在 2008 奥运会上的最大遗憾。从那之后，刘翔慢慢淡出了人们的视线。他在外界的非议和不解中默默忍受，坚持康复和训练，却一刻也没有向现实屈服。

如果说，2009 年 9 月 20 日在上海举办的国际田径黄金大奖赛中，刘翔以 13.15 秒的成绩取得 110 米栏亚军，是他回归赛场前的热身，那么在广州亚运会的赛场上，刘翔用一个破亚洲纪录的成绩，则是向世人正式宣布飞人的归来。经历过挫折和伤病之后，刘翔以惊人的毅力重新站起来了。他赢得的不仅是中国人的敬佩，更赢得了全世界人民的掌声和欢呼。

不经一番寒彻骨，哪得梅花扑鼻香。经受住考验的刘翔更加从容和自信。在广州亚运会这个舞台上，刘翔不仅实现了三连冠的创举，也完成了华丽的蜕变。

324 如果你主持少儿节目，你在语言表达中会注意哪些问题

少儿节目的主要观看群体是尚处于语言发展阶段的儿童，他们好奇心重，模仿能力强，容易接受新鲜事物。因此，少儿节目主持人恰到好处的语言表达至关重要。

首先，少儿节目主持人需要了解儿童习性，掌握少儿语言的习惯。儿童在进行语言表达时不同于成年人，他们喜欢使用一些叠声词、拟人化的语言以及具有感情色彩的“嗯”、“啊”等助词。因此，主持人在节目中要多使用一些符合特定年龄阶段的语言。如，“小朋友，你们知道吗？那座山里啊，住着一个很凶很凶的怪物。”“它在干什么呢？原来

啊，它在偷葡萄。”这些符合少儿语言特色的描述会触发儿童的好奇心，吸引他们继续听讲。

其次，语速要缓，语言逻辑要简单。少儿的思维是跳跃的、不连贯的，他们对语言的掌握也并不充分。因此少儿节目主持人应考虑到儿童的这一特点，保持足够的耐心和爱心，尽量让语速放缓，语句简短，逻辑清晰，以便少儿能够正确理解和表达。

再次，有声语言和肢体语言要相结合使用。少儿节目面对的是低龄儿童，单纯的有声语言有时并不能达到理解目的和较好的节目效果。因此，运用合适的肢体语言弥补有声语言，对加深少儿的理解、引导他们思考有着重要作用。这样不仅会调动起儿童的积极性，也会让他们信心大增，节目看起来也更形象更生动。

因此，在少儿节目中，主持人的语言表达需要特别注意。主持人要始终扮演小朋友的“大哥哥”、“大姐姐”，用一种循循善诱的方式让孩子们感受到语言的熏陶，从而激发儿童内在的潜力。

325 谈谈主持人的外在形象和内在形象

主持人是媒体的形象代言人，由外在形象和内在形象两部分构成。外在形象主要是指主持人的外貌、着装、行为举止等观众可以直接感受到的外在展示；而内在形象则是指主持人的内在修养、才华和气质，是主持人由内到外个性魅力的独特展示。主持人良好的外貌和举止是提高节目关注度的一个方面，但是并非全部。曾有调查探讨观众对主持人素质的评价，亲和力、思辨能力、学识渊博、幽默感分列前位，而清新、潇洒、美貌则分列后席。从这一结果我们不难看出，外在形象固然重要，但人们对主持人内在形象的评价显然要高于外在形象。

主持人形象的打造并不是一朝一夕练就的，需要长年累月不停地努力。首先，较高的政治理论素养和道德品质修养是主持人打造内在形象的前提。只有把握了思想品德上的制高点，主持人才能较好地把握节目的精髓，主持起来才能游刃有余。其次，丰厚的人生阅历和广博的知识面是完善主持人内在形象的基础。李敖主持节目深刻而锋利，这与他渊博的知识面和丰富的人生阅历成正比。另外，从国外来看，不少知名主持人或是由知名记者转行，或是之前从事作家职业，这些丰厚的知识储备和人生经历成为日后主持人生涯必不可少的成功因素。再者，缜密的思辨能力和独特的个性魅力是主持人内在形象外化的必然。王小丫清新聪慧、窦文涛幽默机智、白岩松睿智犀利，这些由内而外个性魅力的独特展示，是内在形象和外在形象的结合。

良好的外在形象可以让观众获得美的享受，而丰富的内涵和由内而外散发出来的个性魅力则是主持人长盛不衰的秘诀。优秀的主持人能够巧妙地将外在形象和内在形象结合起来，为观众带来全方位的审美体验。

326 以播音主持工作是否必须"承受"为话题，即兴评述

播音主持工作是否必须"承受"？这个话题让我开始对播音主持工作的真实状态进行认真思考。是啊，在我的脑海里，我总是习惯于把播音员、主持人和优雅淡定、充满魅力画上等号。他们是上帝的宠儿，在镁光灯下、在话筒面前，是那样的耀眼夺目。但事实上，每一位播音员、主持人表面光鲜的背后，都有辛酸的成长史，为了能够把完美呈现在众人面前，他们必须承受来自社会、事业、家庭、个人等多方面的压力。

我曾经看到过一篇文章，说是有一次在后台看到了某著名节目主持人，欣喜之余却发现这位久经沙场的主持人在临登台的一刻神情凝重，他反复告诉自己，"台词千万不要说错了，上台千万不要说错话了"，完全没有电视上的洒脱和从容。这让我心头一惊，原来我和大多数人一样只看到了播音员、主持人台前风光的一面，其实，他们不仅要承受来自内心的不安和恐惧，还要承受来自众人显微镜下的检阅和挑剔，这种工作并不容易胜任。

随着我对这种职业的了解，我渐渐明白了，播音员、主持人一般都是"铁人"，他们的作息时间不固定，加班加点是正常现象，对家庭更是谈不上尽责，因此也承受着非一般人的精神压力。优秀的播音员、主持人都是从"必须承受"中逐渐磨砺出来的。但是并非所有人都能承受得了这样高强度高压力的工作。在竞争异常惨烈的播音主持行业里，昙花一现的人多如牛毛。这些人或许文化造诣很深，或许形象气质出众，但却因无法承受播音主持高强度的工作特点，或选择了主动退出或迫于大众的不接纳而避免不了大浪淘沙的命运。

如果想成为一名播音员或主持人，那么从这一刻起就告诉自己：学会承受吧！虽然必须承受很多，但承受并不是坏事，而是一种动力和激励。我们只有在承受中洗礼，成为充实而富有魅力的个体，才能够在播音主持的岗位上越走越远。

327 你对于某些电视主持人整容有什么看法

众多美女主播集中亮相央视，在给观众带来惊艳的同时，也遭到网友的疯狂搜索，一时间，"整容"风波甚嚣尘上。有的观众认为，主持人整容难以接受，是造假，有一种受骗上当的感觉。而有的观众则认为，爱美之心人皆有之，主持人有权利选择整容，在让自己变得更美的同时，也为观众带来了赏心悦目，是一举两得。争议不断，是非不断，"整容"风波背后，其实大家忽略了一个重要问题，那就是电视主持人的功能和职责。

主持人是媒体形象的代言人，是公众人物。拥有清新靓丽外表的主持人显然比长相平平的主持人更能唤起观众持续观看的兴趣。但是，出众外表只是最初打动人们的一个

充要条件,而非必要条件。真正长期能吸引观众注意力的是主持人的内在气质和才华,而这一点是无论再怎么整容都难以在短时间内达到的。也就是说,一个主持人,若想真正在节目中立足,并以自身影响力扩大节目的品牌效力,如果没有相当的内在功力,仅凭脸蛋是无论如何也撑不了门面的。

主持人没必要花大把时间用在整容上面,主持人不是花瓶,而是集聪颖、智慧、内涵和文化于一身的大众人物,需要下大工夫在知识储备和思想修养上提升自己的实力。人因自信而美丽,自信是外在美和内在美综合作用的结果。其中内在美是主持人让自己浑身散发魅力的主要原因,也是吸引观众的制胜法宝。同时,观众也完全没有必要纠结主持人有没有整容。普通人有权利修改自己不满意的部位,为什么主持人就不可以呢?再说,观众接受一个主持人,更多是因为他们主持水平高,内涵丰富,机智过人,如果长相再出众些,更是锦上添花的事,对观众也未尝不是一种享受和尊重。

电视主持人整容风波其实折射出来的是社会的集体浮躁。大家若是能以一种平常心态正视整容,那么有没有整容也就无关紧要了。

328 新闻主持和娱乐主持你更喜欢什么?为什么

新闻节目和娱乐节目是当今媒体两大主要节目类型。新闻节目客观、严谨,注重新闻时效性和思辨色彩。而娱乐节目轻松、活泼、富有激情、寓教于乐。两种节目形态对主持人的要求不同,主持风格也大相径庭。与娱乐主持相比较,我更喜欢新闻主持。

首先,与娱乐主持相比较,新闻主持是媒体知识功能、文化功能、传播功能和教育功能的集中体现,信息量大,时效性强,内容涉及社会各个方面。通过新闻主持既可以获得大量前沿信息,也可以加深对重大问题的分析理解,不但充实了自己的知识体系,也提高了判断分析能力。其次,新闻主持更具有思辨色彩和人文关怀。新闻主持特别是深度报道,要求主持人以平民的视角审视平民百姓最关心的热点、难点,从纷繁复杂的表象中找寻到本质,以自己具有前瞻性的眼光和敏锐的洞察力,提出真知灼见,启发观众思考。观众从新闻主持那里获得的是实实在在的理解和关怀,以及分析问题、解决问题的措施和方法。最后,相对于娱乐主持而言,新闻主持富有正义感,对不良社会风气可以起到净化作用。新闻媒体的舆论监督作用在新闻主持中表现最直接、揭露最深刻。人们通过新闻主持所秉承的职业良知,监督自省,达到内心的平衡,唾弃假、恶、丑,崇尚真、善、美。如敬一丹、白岩松的新闻主持以深邃而犀利的分析和揭露,维护正义、鞭笞邪恶,成为新闻主持的典范。

新闻主持和娱乐主持各有所长。娱乐主持活泼、轻松,固然可以暂时缓解身心的疲惫,但身处于一个泛娱乐化时代,我更喜欢严谨的新闻主持。因为新闻主持带给我的是知性和思考,是人性的光辉和长久的内心抚慰。

329 新闻类主持人和娱乐类主持人的区别

新闻类主持人和娱乐类主持人是当前两大最具特色的节目主持人类型，承担着满足受众不同需求的重任。新闻类主持人庄重理性，思辨色彩浓厚，如央视《焦点访谈》的主持人敬一丹；而娱乐类主持人活泼感性、幽默风趣，让人们在潜移默化中体验到审美乐趣，如央视《星光大道》的主持人毕福剑。新闻类主持人和娱乐类主持人因为节目内容和形式的不同而区别很大。

首先，新闻类主持人和娱乐类主持人的外观不同。新闻类主持人一般以正装示人，服装、发型、饰物简单明了，突出一种庄重大气的主持风格。而娱乐类主持人要青春亮丽许多，服装、发型和饰物因其主持的娱乐节目类型或随意或华丽，紧随时代潮流。其次，新闻和娱乐两类主持人的语言和思维方式不同。新闻类主持人遣词造句一般都很严谨，逻辑思维能力强，思辨色彩浓厚，注重以理服人。而娱乐类主持人，没有很强的逻辑和思辨，更多地运用有声语言和肢体语言，通过以情感人，以笑话、幽默，甚至颠覆一些语言规范来达到融洽气氛、调动情绪、控制进程的目的。再次，新闻类主持人和娱乐类主持人专业素养不同。新闻类主持人要具有坚定的政治素养、正派的人格魅力、深厚的文化内涵和站在时代高度的前瞻性，从理论上、宏观上驾驭节目。而娱乐类主持人则需要具备丰富的文艺知识，熟悉各种艺术样式，有较强的艺术理解力、感悟力和鉴赏力，能熟练把握节目情感节奏，正确引导观众的感性思维。最后，新闻类主持人和娱乐类主持人的节目效果不同。新闻类主持人关注的是社会上的热点难点，并以一种理性而且“一针见血”的方式向广大受众提供信息、分析问题、引导舆论。而娱乐类主持人则是以一种感性而且潜移默化的方式，通过受众喜闻乐见的形式影响受众的审美情趣和道德情操。

不管是新闻类主持人还是娱乐类主持人，都是针对不同收视群体，满足不同的精神文化需要。虽然这两类节目主持人主持风格迥然不同，但其归宿应该是一样的，都是为了提升受众的知识文化水平和道德品质修养。

330 在请嘉宾出场的时候如果出现口误，把“马季的儿子马东”说成了“马东的儿子马季”，你会如何应变

在请嘉宾出场的时候，把“马季的儿子马东”说成了“马东的儿子马季”。之后，作为主持人，我会马上补充：“一说起相声我就好像得到了马季先生的真传，开始张冠李戴，刚才我和大家幽默了一把，不知道大家听没听出来，不过真正逗乐的还在后面呢，现在有请马季的儿子马东为大家表演相声《五官新说》。”

其实主持人也是凡人，在台前主持，由于紧张，难免会有张冠李戴、丢三落四的情况，

但如果主持人能克服口误后的紧张情绪，及时弥补，反而会收到意想不到的效果。正如小品和相声里经常故意制造口误和误会，产生一大堆笑料一样，如果连端庄优雅的主持人也参与了相声的演出，那无疑是锦上添花，那种让观众峰回路转后的恍然大悟更具有喜剧意义。

语言是一门艺术，口误也可以是一种修辞。当话说出口时，由于对词语组合的不同理解，听众可以有多种推理，而说话者也可以有多种语言组合去重新释意。但如何将口误变成一种语言修辞，且又不影响正常的语言表达，就成为对主持人功力的考验。因为主持人的主持场合毕竟不同于普通家庭小范围的谈话场所。主持必须在大庭广众的注视下，在极短的时间内，克服口误导致的不安和慌乱，寻找到合适的弥补性语言，向公众自然地表达出来。这对于任何一个主持人来说，都是不小的挑战。因此，良好的心理素质是一个主持人必须具备的内在条件，而深厚的文化内涵则是主持人保持良好心理素质的基础。

331 谈谈你对读报节目的看法

从 2003 年初凤凰卫视《有报天天读》面世开始，各地电视台紧随其后，纷纷推出了电视读报节目，形成了国内早间电视争相读报的局面。这其中凤凰卫视的《有报天天读》、央视经济频道的《马斌读报》以及江苏电视台城市频道的《孟非读报》较为成功。电视读报节目是电视节目形态的一种创新，该节目充分利用互联网技术，汇集来自世界各地的报刊信息，通过“集纳式”方法，在涵盖大量信息的基础上，以“评”吸引受众，满足了快节奏社会里人们对学习、工作和生活高效率的追求。

电视读报节目是媒体之间竞争日趋激烈，不断寻求突破以求发展的结果，也是媒体充分考虑受众需求，为受众服务的一种创新。节目成本低是电视读报节目的一个核心竞争力。几十份报纸，几台电脑，一台摄像机再配上主持人的解说，一档节目基本上就制作出来了，可以算作“最节约的节目”。媒体融合，以“评”为重是读报节目的另一个优势。读报节目有效地借鉴了报纸新闻的深度和理性，充分利用主持人丰富的知识和阅历，以一种个性化语言和风格“点评”报摘，满足了受众对理论高度的需求。

尽管读报节目赢得了受众的喜爱，但其缺点也是显而易见的。作为新闻“二传手”，读报节目奉行的是“拿来主义”，缺乏原创吸引力，并且在“二次加工”过程中，存在着信息变异或失真现象，在不同程度上误导了观众。另外，电视的优势是声画并茂，电视读报节目的“报纸版面＋主持人”的形式对于习惯于视听共享的观众来说，未免有些单调。还有国内各台一窝蜂地跟进，不但缺乏创新动力，而且由于报刊资源同质化，很难给观众带来耳目一新的亮点。

综上所述，读报节目是当前电视节目形态的一个有力补充，但由于自身存在一定的局限，还需要创作者打破陈规，有所创新。

332 你认为频道专业化对主持人的要求是什么

频道专业化是当前国际传媒行业发展的一个显著趋势。在众多频道媒体竞争日益白热化的今天，一个专业化的频道若想处于不败之地，就需要在节目品质上下大工夫。而作为节目乃至频道形象代言人的主持人，其自身素质和修养则直接影响着频道专业化的品质和进程。可以说，主持人专业化、节目专业化是频道专业化的制胜法宝。

频道专业化带来的是受众群体的相对固定以及传播内容的相对狭窄，主要特色体现在“专”上面。这就要求专业频道的主持人也要相对专业化。专业化不是说主持人必须成为某个领域的专家，但必须熟悉热爱这一专业领域，要有比综合频道主持人更深刻的对专业的领悟和判断，并有激情去继续钻研这一领域。如央视戏剧戏曲频道主持人白燕升，他主持戏曲节目没有照本宣科也没有死记硬背，而是来源于对戏曲的真心热爱，需要时还能哼唱几曲，因此得到了观众的认可，节目也获得了成功。另外，多才多艺的主持人还需要塑造与专业化频道相符的个性化风格，这是频道专业化持续发展的动力。优秀的主持人是频道的品牌，但“同质化”的主持人是专业化频道发展的瓶颈。由于频道专业化定位，主持人要突破相对狭窄的领域束缚，避免主持风格“千篇一律”，尽量打造与节目风格融为一体的个性鲜明的主持特色，充分展现与众不同的个性魅力。如崔永元的机智幽默、王小丫的清新聪慧、白岩松的犀利深刻。这些主持人在打造鲜明的个性化风格的同时，促进了与节目风格的有效融合，实现了主持人与频道的共同发展。

作为频道专业化发展的旗帜性人物，主持人面临着时代赋予的机遇和挑战。主持人唯有在专业化道路中不断丰富自身内涵，打造与专业化频道相契合的个性化主持风格，才能不断让自己成长，让节目和频道走上良性发展道路。

333 你认为电视购物节目主持人的语言特点是什么

电视购物节目是一种创新的电视节目形态，该节目将购物理念引入电视媒介，在商家和买家之间搭建平台，通过声画并茂的电视屏幕交易产品和服务，不但方便而且生动。在成功的电视购物节目中，主持人的语言很有特点，决定着节目的成败。

“教买不叫卖”是电视购物节目的主持理念。首先，电视购物节目主持人应该明确自己的职责定位，是一名主持人而非一名商场导购员，语言表述要符合主持人特定的角色定位。作为媒体公信力的践行者，从语言方面将娱乐性、知识性和信息性结合到一起，寓购于乐，为受众提供全新的视听享受和多样性选择的家庭购物方式是电视购物节目主持人的主要任务。因此，主持人除了需要从理性的角度筛选合格产品之外，更需要用专业化语言为受众介绍产品的真实功效，而非片面追求利益，夸大事实、虚构造假。

其次，电视购物节目主持人的语言要注重舆论导向，引导健康购物、正确消费。坚持正确的舆论导向，树立正确的人生观和价值观是任何一个媒体从业人员的基本原则。因此，购物节目主持人在语言的严谨程度上虽然不能与新闻节目媲美，但同样要注重社会导向的影响。对于违法违规或者有可能误导观众的语言，要坚决剔除，从而倡导一种积极健康的购物方式。

最后，电视购物节目主持人的语言要“美”。与“大卖场”导购声嘶力竭不同，电视购物节目主持人的语言里要体现出深厚的文化素养和专业素质，表述要准确、规范，声音要符合大众审美，通过有声语言和副语言的综合使用驾驭节目，丰富视听，让受众在获得美的享受的同时，加强对产品的了解，增强对产品的信赖感。

附录一　即兴评述历年真题

即兴评述是近年来在艺考面试中占有很大比重的一个考试科目，对考生思维的逻辑性、理解力和口头表达能力要求很高。根据出题的大体规律，命题评述的材料，可能是专业方面的知识，也可能是其他学科或社会热点问题，范围十分广泛。考生可根据本书所选真题，在考前做有针对性的练习。

一、中国传媒大学

(一)2008 年播音主持专业真题

(1) 学生交社会上的朋友好吗
(2) 人应该怎样学会感恩
(3) 逆反与创新
(4) 谈谈敬老日
(5) 如何面对残障人士
(6) 中学生留学利大还是弊大
(7) 中文和英文谁是“主食”
(8) 高分与高能
(9) 如何看待名人不考上大学
(10) 我和我们谁更重要
(11) 如何理解出名
(12) 中学生怎样爱国
(13) 中关村
(14) 你会对乞讨者施舍钱物吗
(15) 如何理解孝顺
(16) 成大事者不拘小节
(17) 自信从何而来

(18) 中学生有手机是客观需要还是攀比
(19) 要竞争还是要人情
(20) 退一步海阔天空
(21) 我和我们
(22) 中学生学习应该是专还是博
(23) 中国学生文理分科是否有利于人才的培养
(24) 为了不影响学生学习，在学校实行断网，结果30%的在校学生都跑到附近网吧上网，就此事发表评论
(25) 北京石景山区小学上课时间推迟了20～30分钟，很多学生家长都支持这个改变，希望自己的孩子多睡会，但也有很多家长担心推广起来阻力重重，谈谈自己的观点
(26) 某公司招聘，一个男青年来应聘，他的奶奶也陪他一起来应聘，并帮孩子排队，针对这则消息评论
(27) 长春市一中学举办了一个活动，让学生和家长角色互换。通过活动，拉近了学生和家长的心理距离，使学生有了更积极的心态，针对此事做评述
(28) 微笑的作用

(二)2007年广播电视编导(文艺编导方向)专业真题

(1) 你看过哪些文学作品？举出你喜欢的一部，谈谈你个人的观点
(2) 举出五个你最喜欢的作家及作品，挑选其中的两位，分析他们的作品
(3) 你是否看过金庸的小说？你是怎么看待武侠小说的
(4) 举出三部以上你比较喜欢的国产片，谈谈你的看法
(5) 现在国内播放了不少韩国电视剧，你是否看过？举出其中一部，谈谈你的看法
(6) 谈谈你对《快乐大本营》及其他综艺类节目的看法
(7) 假如让你创办一个中学生电视栏目，你会怎样设计
(8) 假如要拍摄一部中学生题材的电视剧，你觉得应该怎么拍
(9) 谈谈你对中国新闻节目的看法
(10) 你觉得应该怎样去面对失败

(三)2010年广播电视编导(文艺编导方向)专业真题

(1) 你喜欢的主持人是谁
(2) 你的爱好和特长是什么
(3) 你觉得自己最适合主持什么节目

二、中国传媒大学(南广学院)

(一)2010 年广播电视编导专业面试真题

(1)题目:2009 年 3 月 20 日,号称杭州“最美丽的花园”的太子湾取消收费,引得全国各地的游客蜂拥而至,20 天内亿万人次的光顾,使得公园一半的绿地夷为黄泥,你怎么看待这个问题

考查方向:考查考生理解分析问题、语言组织和表达能力

(2)题目:中国妈妈严格管教孩子,而美国的妈妈不管孩子,让孩子独立,“中国妈妈”在美国成为贬义词,但中国妈妈是伟大的,怎么看待这个问题

考查方向:考查考生理解分析问题、辩证看问题的能力

(3)题目:“城市的美容师”起早打扫街道,给人们一个干净的环境,而他们中的许多人却觉得又苦又累,怎么看待这个问题

考查方向:考查考生理解分析问题、正确看问题的能力

三、中央戏剧学院

(一)2008 年公共事业管理专业面试真题

(1)题目:谈谈你对中国电影的非票房营销的理解

考查方向:考查学生对影视营销手段的了解情况

(2)题目:试论手机短信中的文学

考查方向:考查考生对社会热点文化现象的认知和分析能力

(3)题目:乱

考查方向:考查考生的辩证分析能力、语言组织能力及表达能力

(4)题目:关于长城

考查方向:考查考生的快速思维能力、语言组织能力和表达能力

(二)2009 年公共事业管理专业面试真题

(1)题目:谈谈你对湖湘文化的认识

考查方向:考查考生的知识面和对问题的分析理解能力

(2)题目:介绍“一代完人”梅兰芳

考查方向:考查考生对社会文化名人的了解和掌握程度

(3)题目:演艺明星是否应该成为道德楷模

考查方向:考查考生对文艺热点现象辩证分析的能力

(4)题目:畅销书不能读。你认同这种观点吗

考查方向:考查考生对热点文化现象辩证分析的能力

(5)题目:守株待兔

考查方向:考查考生对成语的理解分析能力

(6)题目:如何看待网络的侠客精神

考查方向:考查考生对问题的分析理解能力、辩证看问题的能力

(7)题目:如何看待经济一体化

考查方向:考查考生对问题的理性分析能力、考生的语言组织和表达能力

(8)题目:谈谈你对区域经济的理解

考查方向:考查考生对问题的分析理解能力

(9)题目:你认为是否应该取消中医

考查方向:考查考生分析理解能力、辩证看问题的能力

(10)题目:农民问题是经济问题还是社会问题

考查方向:考查考生对核心问题的理性评点能力

(11)题目:谈谈在大学校园安放避孕套售货机的利与弊

考查方向:考查考生分析问题、辩证看问题的能力

(12)题目:你觉得时尚能否促进社会进步

考查方向:考查考生的思辨能力、辩证看问题的能力

(13)题目:谈谈你对道德经济的理解

考查方向:考查考生理解分析问题的能力

(14)题目:口红为什么不会滞销

考查方向:考查考生理解分析问题的能力

四、北京电影学院

(一)2007年公共事业管理专业面试真题

(1)题目:谈谈你对《快乐大本营》及其他综艺节目的看法

考查方向:考查学生对电视栏目的了解情况和分析能力

(2)题目:谈谈你对《东方时空》的看法

考查方向:考查学生对电视栏目的了解情况和分析能力

(3)题目:你是追星族吗? 如何看待青少年崇拜的现象

考查方向:考查考生的思辨能力、辩证看问题的能力

(4)题目:如何认识“胡戈现象”

考查方向:考查考生对问题的理解分析能力、语言组织和表达能力

(5)题目:如何看待艺术创作中的雅与俗

考查方向:考查考生的文艺理论水平

(6)题目:如何认识“易中天现象”

考查方向:考查考生对问题的理解分析能力和辩证地看问题的能力

(7)题目:谈谈奥运明星的广告效应

考查方向:考查考生的分析问题能力和语言表达能力

(8)题目:谈谈你对明星制在电影产业中的认识

考查方向:考查考生对问题的认知能力和分析能力

(9)题目:我们大力发展动画事业有什么意义

考查方向:考查考生对动漫产业的了解情况

(10)题目:你对网络歌曲的看法是什么

考查方向:考查考生辩证分析问题的能力

(11)题目:你对春晚有什么看法

考查方向:考查考生的分析能力及语言表达能力

(12)题目:日本动漫产业对我国有何借鉴意义

考查方向:考查考生对动漫产业的了解和认知情况

(13)题目:新的传媒方式对电影有什么影响

考查方向:考查考生对传媒知识的了解情况

五、浙江传媒学院

(一)2007 年广播电视编导专业面试真题

(1)题目:谈谈你对现今中国电视发展的看法

考查方向:考查学生对问题的分析能力和语言表达能力

(二)2010 年媒体创意(影视制片)专业面试真题

(1)题目:谈一下你对公益广告的看法

考查方向:考查考生对社会公共文化的认识

(2)题目:对“小沈阳走红”有什么看法

考查方向:考查考生对文艺现象的关注程度和思辨能力

(3)题目:谈一下你对 90 后是“垮掉的一代”的看法

考查方向:考查考生的思辨能力、辩证看问题的能力

附录二　即兴评述思路点拨

一、即兴评述的思维模式总结

(一)针对题目,如何找到思路

在考场中我们拿到题目时,如何能迅速地找到思路呢? 不妨从这两方面说,即正说、反说。

1. 正说

正说是指从正面或肯定的角度,对所给题目的评述。以正说的方式进行即兴评述的思维是最常见的一种方式,也是大部分题目所涉及的思维方式,这是我们进行思维拓展训练中的重点,它主要可以归纳为五种:

(1)系统思维

这是一种把报道评述作为一个系统来考察,注意被评述事物发展的整体性、层次性的思考问题的方式。新闻评论系统思维方法的核心是承认事物的整体性、复杂性,把某一个新闻事实置于一个系统中来思考。要把这一事物与环境的关系,与其他事物的关系,作为一个整体进行综合考察,从整体着眼来判断其新闻价值,认清其本质内核,而不至于被表面的现象及非本质现象所迷惑。

举例说明,《新闻调查》2006 年的一期节目《一只猫的非正常死亡》,记录了这样一件事:一只猫被人用脚活活踩死,这段视频被放到网站之后,大量网友对其表示强烈谴责,通过网络将踩死猫的人找出并加以披露,以致当事人失去原有的生活。主持人在节目最后做了一段非常精彩的即兴点评:"这里是萝北的名山岛,一只猫在这里死去,引起了前所未有的关注,当事人受到强烈的谴责,他们甚至被称为恶魔,并且为此失去了原有的生活。但是在调查中我们发现,其实他们是和我们一样的普通人,在虐猫事件中,他们所透露出来的对仇恨的宣泄、利益的驱动,或者内心深处某种隐秘的欲望,也许在很多人的心里也都存在。猫死去了,但人的生活还要继续,该怎么样去化解仇恨,怎么样权衡利益,欲望满足的界限究竟在哪,这可能是每一个人都需要去面对的问题。"这段评论对这期节目的调查结果作了一个总结，但又不仅仅停留在这个话题上，之后又将问题泛化，直指每个人的内心，引起每位观众思考，并且没有仅将问题停留在当前，而是使人对当前释怀，更多地思考将来。

(2)横向思维

横向思维是指在思考事物时善于从事物的一方面转向另一方面去作联系、比较，对事物作多侧面、多角度的展示、分析。成功的有深度的报道大都运用事物这种横向联系来作比较。

举一例，在央视一期获得中国广播电视新闻社教类二等奖的节目中，报道了北京某中学“宏志班”同学们的生活，主持人评论说：“宏志班这 54 名学生是同类孩子中的幸运儿，那么全国城市当中到底有多少这样的孩子呢？为此我们专门委托了一个调查机构做了一项调查，结果通过对 32 个城市中 2411 万户抽样调查结果显示，由于父母一方收入在 200 元以下而辍学的少年有 7 万名左右，而且这还是一个比较保守的数字，所以，由宏志班所引发出来的社会问题可能现在比宏志班的存在更加重要。多年以后，当这些问题得到很好解决的时候，那个时候的人们可能会回过头来，感谢宏志班的出现。”这段评论就是通过作一个横向比较，使人们非常清楚地意识到与宏志班学生情况类似的人数竟是那么庞大的数字，深刻地揭示出一个社会问题，引起人们极大关注和思考。

(3)异向思维

异向思维始终注意的是这事物和其他事物之间的差异——同一事物在不同发展阶段的差异，同一个事物的现象与本质之间的差异。运用异向联系的评论，不是人云亦云，不是随大流、求大同的一窝蜂、一边倒的报道，而是要求记者有“长在自己肩上的脑袋”，对事物作独立的思考，去求与众不同的思路。

善于运用异向思维，能在主题提炼上新颖独到，这是电视新闻求新、求活的必由途径，它要求记者善于积累新问题，善于从司空见惯的现象中发现特点，善于以独特见解认识事物，善于开拓新的报道角度。

如在《新闻调查》2002 年的一期节目《艾滋病人小路》中，记者采访了两位为预防艾滋病做出杰出贡献的工作者，还大胆揭示了一些同性恋的生活，使观众看到同性恋和艾滋病患者不像人们想象中的那么神秘、可怕。在节目的最后，主持人评论道：“目前，全球已有 2000 多万人死于艾滋病，艾滋病是人类的共同敌人，不同国界、不同肤色、不同族群的人们都站在同一战场之上，在这里，科学、关爱、理解终将取代愚昧、歧视和偏见，而在防治艾滋病的艰苦征程当中，人类也一次一次地实现着对于自身认识的理性超越。张北川、周生建工作的意义正在于此。当然，有效地干预只是我们预防艾滋病的手段之一，作为人类社会的一分子，自重自爱、尊重生命，远离高危行为，这才是人对于自身安全和健康的最大保护。”这段评论中有数字和人性带给我们的震撼，纠正了人们对同性恋和艾滋病患者的歧视思想，唤回了我们在面对如此可怕疾病时的坚强和爱的力量，使观众从内心生发出“尊重生命”的感受，角度新颖独到。

(4)扩散思维

扩散思维是一种开放型思考问题的方法，是指从一事物出发而扩散到多个领域、多个方面去思考。传统的思维就事论事，就现象谈现象，而扩散思维可以从同一事物、同一现象中产生多种联系。

扩散思维要求记者充分发挥联想力，运用平时积累的知识、经验和采访中所搜集到的情况，突破旧的局限，通过知识、材料、观点的重新组合，从已知领域去探索未知境界，从而对事物提炼出有独到性的新见解、新认识。用扩散思维组织材料，使新闻报道丰满而有深度。

如央视《焦点访谈》有一期《天价住院费》的节目，主持人最后评论：“对于这起巨额的医药费事件，卫生部等部门接到患者家属的举报之后，已经组织调查组前往哈尔滨展开调查，在这些问题查实之后，有关的责任人会受到严肃处理。但是我们希望这次调查不仅仅是针对一起医疗纠纷责任作出处理，更多的是对医院乱收费的监管机制作出思考，促进它的完善，只有从这个角度出发，更多患者的权利才会得到保护。”这段评论运用了扩散思维，没有仅仅就事论事，而是引发了对一种社会机制的思考。

(5)集中思维

集中思维是一种求同的思考方式，是从众多的信息中引出一个正确的答案。在新闻工作中，是指面对众多的材料，从不同方向、不同角度，将思维集中指向某一中心点，这个点即是主题、立意，也就是提炼出有新意，有独创见地的主题来。优秀的有思想深度的报道与评论，无不体现扩散和集中的思维方法。

获奖电视新闻节目评论《合资引进来更要利用好》，从中华第一街长安街上鳞次栉比的广告牌几乎都被洋品牌所占领这一人们熟悉的现象切入，从北京啤酒行业合资与不合资的企业发展变化，引申到自行车、照相机等各行各业，联系到日本、韩国、新加坡等国的合资经验和国内成功利用好合资企业的经验。记者正是由啤酒到各行各业的扩散联想，对事物才能做准确的对比呼应等分析，最终利用集中思维引出深刻的具有前瞻性的立意：“面对目前追风逐潮的‘合资热’，我们不能盲目地为了合资而合资，而应该做到真正利用外资发展民族工业和国有品牌。”电视评论关于提高利用外资质量的呼吁，对经济领域中存在盲目合资的病症不仅是一副清醒剂，更以建设性的论点下了一副治病的药方。

2. 反说

反说是指从反面或否定的角度，对所给题目的评论。这里主要运用逆向思维。

逆向思维是指对事物进行思考时，把人们通常思考问题的思路反过来，从逆方面，即相反的方向观察事物，用对立的方法分析问题。

比如说，对《酒香不怕巷子深》这个题目进行评述的时候，我们可以运用逆向思维，确立观点为“酒香也怕巷子深”来进行阐述，只要能够自圆其说，都是精彩的。

逆向思考是正确认识事物必不可缺少的思维方式，有时需要以逆向思考来探求事实的真相。

（二）有了观点，如何说明白

让事情说得明白透彻，除了需要好的思维和鲜明的观点，还需要严密的谋篇布局。即兴口语表达的结构布局，通常分为三种：

1. 总分式

总分式是指先说总论点，然后再逐一用分论点补充和说明。总论点要注意提炼得具体一点。

比如《能力比学历更重要》，用三个分论点作为支撑、补充和说明，构成三个豆腐块一样的论证小单元，注意每个论证小单元都要有个论点。三个分论点要先详细后简略或先略后详，也就是要把其中一个豆腐块作为重中之重的扛鼎部分来说，说全说透，作为“压轴”的位置，而另外两个“豆腐块”的体积和容量要小，要有意识地弱化、淡化，因为平均用力的结果往往只有全面平庸，埋没重点，而这种把控全局和调整节奏的意识也是主持人必备的业务素质。

2. 散点式

散点式是指从多个角度、多个方面去展开论述。

比如《谈你对“QQ”的看法》，就可以从QQ的形象设计、文化含义和社会作用三方面去说，每一方面的论点同样要鲜明，且同样要主次分明。至于总论点相对就比较模糊一些，因为有些话题很难用一句话概括精准。那么，是不是总论点就不要了呢？当然不行。你要把它说得宏观，比如从思想倾向上给出一个笼统的意见，或肯定或否定，像这个话题总论点就可以是“我很喜欢QQ”，这种喜欢的倾向就是你的总论点。因此，这种类型的关键就是要做到“形散而神不散”。怎么做到不散呢？就是让分论点听总论点的话，论点之间不要各自为政。

3. 递进式

递进式是指提出一个观点，进而全方位地剖析、阐述，在这个过程中可能会有一些疑点，也可能有些话说不尽兴，需要另立城头把它继续补充下去，于是就有了另外一个分论点。二者之间不是割裂开来的，而是有高度的逻辑联系，环环相扣的。如果你的思想足够深刻，思辨能力足够强，不妨大胆采用这种形式，会使你的评论有哲学家的气质。有时候，论点的提出也可以借助于问号，在不断地追问与反思中发现新问题、新思路，使论证走向深入，最终达到一个议论的高潮。

二、即兴评述如何开头

抽到材料后，首先要看清看懂材料，抓住材料表达的主要意思，不要以偏概全。不能因为紧张，只是匆匆地浏览了材料，没弄清什么意思就开始构思了。比如一个材料的主题是："我国七大水系均遭到污染，四分之一连农田灌溉都不行"。结果在同一考场居然有两个考生都把题意理解成"我国有四分之一的农田连灌溉都不行"。试想一下，我国是人口大国，如果农田有四分之一不能灌溉了，那后果是多么可怕啊。

俗话说得好，良好的开端是成功的一半，所以如何设置即兴评述的开头将会关系到整体效果的呈现。应该说怎样开头其方法是各种各样的，然而万变不离其宗，下面为考生介绍几种行之有效的开头方法。

（一）讲出典故法

在某些试题的背后，常常会存在一些典故，如这句话的出处、形成原因、由来根源、内涵故事等等。在评述开头如果能将这些内容有根有据地娓娓道来，既能使开头显得有学识有见地，同时又能为接下来的评述奠定确凿的基础，博得主考老师的欣赏。

在此我们以"不入虎穴，焉得虎子"这句有名的成语为例来做一个开头的示范。这句成语"不入虎穴，焉得虎子"出自《后汉书·班超传》。东汉时，汉明帝命班超出使西域，当班超到达新疆时，东道主鄯善王便将班超奉为上宾。不料数日之后，匈奴也派使者来和鄯善王联络感情，并设计挑拨班超与鄯善王的关系，结果导致鄯善王对班超态度十分冷淡，甚至派兵监视。班超洞悉形势后，立刻召集大家商量对策。认为只有除掉匈奴使者才能消除鄯善王的疑虑，两国和好。但由于班超当时所带人马不及匈奴，突袭匈奴胜算很小。班超说："不入虎穴，焉得虎子！"深夜，班超带领部下夜袭匈奴营地，大获成功，使鄯善国最终归附了汉朝。这句"不入虎穴，焉得虎子"正是班超在此次夜袭之前用来鼓舞部下士气的话。

使用这种方法时，有两点需要特别注意：一、当你对题目里包含的典故有些模棱两可的时候，宁可选用其他的方式开头，也不能为了一鸣惊人而贸然选用这种方式开头。二、如果你讲出的典故和题目所含本来的典故相差甚远，甚至是南辕北辙，那么无论你的即兴评述多么精彩，也会给主考老师留下一个不好的印象，从而拉低整体的分数。所以，在有百分百把握的情况下，方可选用这种开头方式。

（二）开门见山法

所谓开门见山法，顾名思义，就是在开头直接解释题目的意义，包括字面上的意思和深层的内涵。这种方法的优势在于能够迅速导入正题，干净利落，不拖沓。如果考生对试题背后的历史典故模糊不清时，最好不要冒险，可以转而使用这种方法开头。

我们以"君子坦荡荡，小人长戚戚"为例。"君子坦荡荡，小人长戚戚"这句话出自《名贤集》，它的意思是：正人君子襟怀坦白，思想乐观，而小人总是心胸狭窄，忧虑重重。由此可以看出，做一个君子可比做小人要快乐多了。

使用这种方法开头时要注意，很多题目的意义并不是一重的，所以我们在分析题目时不能仅仅停留在表面上，最好能够比较充分和全面地分析题目的含义，看看主考老师出这个题目的最终目的是考察你对哪一层含义的理解程度。

（三）提出问题法

这种开头方法最大的优势在于能够通过问题引起各位主考老师的注意力，使大家对考生的评述产生浓厚的兴趣。其中，提出问题法还可以分为自问自答和现场设问两种方式。所谓自问自答，其实也是一种设问，只不过问者和答者都是考生自己。就是指考生根据所抽试题有针对性地提出问题，随即自答出答案，通过答案表明主旨立意，以便后面继续阐述自己观点。

我们以“学如逆水行舟，不进则退”为例来说明自问自答法。我想首先问大家一个问题，假设一下，如果我们乘坐一条小船逆着水流而上却没有人去用力划桨的话，会出现什么情况呢？对，船肯定会顺流而退，让我们无法到达预定的彼岸。学习就是这样的一个过程，这正印证了那句脍炙人口的老话：“学如逆水行舟，不进则退。”

需要注意的是，运用自问自答式时所提出的问题，往往都是不言自明的，考生此时提出问题并不是为了难倒主考老师或者是真的为了寻求一个答案，而只是为了将在座各位老师的思路引导到你的评述之中。现场设问这种方法虽然也是设问，但是和自问自答有所不同。

我们先来看这样一个例子，有一个考生一进考场就问了主考老师一个问题：“请问各位老师，人是从哪里开始衰老的？”主考老师活跃起来，有的说大脑，有的说心脏，有的说大腿，还有的说肚皮，答案各异，妙趣横生。这位考生微笑着摇摇头，最后主考老师安静下来，考生才说出他的答案：“我看——有的人是从屁股开始衰老的。”老师们露出笑容，急于听他怎么解释。他顿了一顿，说：“现在有些部门的领导不深入实际，整天泡在‘会海’里，坐而论道，屁股可受苦了！既要负担上身的重压，又要与板凳摩擦，够劳累的了，如此一来，岂不是屁股先老么？”原来，他抽到的试题是有关当前一些领导工作作风不踏实现象的探讨。在这个例子中，考生用提问的方式制造了一个悬念，调动了听者的积极性，使得场面气氛活跃起来，抓住了听者的注意力。在听的人百思不得其解的时候，他又给出了一个出人意料的答案，制造了第二个悬念，从而控制了听者的思想和情绪。应该说，这样的开头是比较受欢迎的，同时也需要考生具备一定的语言技巧。

（四）讲出故事法

这个方法应该比较好理解和掌握，就是根据抽取试题的主题思想，讲出一个与之相关的故事。这种方法的优势在于使考生的评述从一开始就显得贴近生活，不是那种高高在上、遥不可及的大话和空话。其中也分为典型事例法和自编故事法。所谓典型事例法，就是讲一个真实存在的、见诸于媒体报道的、广为人知的典型事例。如以下这个话题《如何看待当代中国教育所存在的一些问题》。

我们以 2011 年西安音乐学院“药家鑫们”为典型事例引出当代中国的教育问题。

在当今社会，各类学校依旧没有跳出应试教育的窠臼，教育的全部与“真谛”，仍然是过分倚重知识的传授，而对学生心理健康、人格健全、是非判断标准、价值观念的教育却是缺失的，当然也包括对敬畏生命教育的缺失等。这，或许就是“药家鑫们”给我们的教育敲响的警钟。

“我要是他（药家鑫），我也捅……怎么没想着受害人（药家鑫事件中的死者）当时不要脸来着，记车牌?”如此的话语竟然来自药家鑫的同门师妹李颖。近日，此言在网上疯传开来，网友们纷纷指责李颖。对此，教育、心理专家称，“药家鑫们”正给我们的教育敲响警钟。

很难想象，如此暴戾、冷血的话，竟然出自一位受过十几年教育的女大学生之口！受害者被撞伤，记记车牌，天经地义，理所当然，怎么就是“不要脸来着”？记下车牌就活该被捅杀？漠视生命，捅杀无辜受害者，本是十恶不赦的犯罪行径，但这位女大学生竟大放厥词，力挺药家鑫，不知羞耻地放言“我要是他，我也捅……”瞧瞧！她的是非观念、人性美丑完全颠倒错乱了。

这个例子中，是以新闻热点“药家鑫们”为典型事例阐述了大众的看法及自己的观点，从而引发对中国教育问题的深思。该法相对比较简单，重点抓住新闻主要脉络，观点主流，算是较为保险的表达方法，但要出彩，需有自己独特的能说服人的见解。

自编故事法，就是自己根据材料的主题意蕴编出一个故事。

我们以《抉择》为例说明自编故事法。

一个农民从洪水中救起了他的妻子，他的孩子却被淹死了。

事后，人们议论纷纷。有的说他做得对，因为孩子可以再生一个，妻子却不能死而复活。有的说他做错了，因为妻子可以另娶一个，孩子却不能死而复活。

我听了人们的议论，也感到疑惑难决：如果只能救活一人，究竟应该救妻子呢，还是救孩子？于是我去拜访那个农民，问他当时是怎么想的。

他答道：“我什么也没想。洪水袭来，妻子在我身边，我抓住她就往附近的山坡游。当我返回时，孩子已经被洪水冲走了。”

归途上，我琢磨着农民的话，对自己说：所谓人生的抉择便是如此。

这个小故事，可以以第一人称讲述，也可以以第三人称讲述。该方法重点在于故事所体现的哲理是否符合所要表现的主题或精神，切记不可胡乱编故事，导致故事主题缺失，甚至与表明的哲理南辕北辙。

三、即兴评述如何结尾

结尾是即兴评述的重要组成部分，干净利落、简洁明快、响亮有力的结尾才能给考官留下深刻的印象。要使结尾成为在即兴评述中加分的部分，在准备过程的几分钟时间里，非常有必要去设计一个适当且精彩的结尾。结尾的方式应该是多种多样的，但因为考试时准备时间很短，因此有必要总结几种方式供考生参考。以下就是常用而且有效的几种方法。

（一）归纳总结，首尾呼应

这种方法就是在评论结束前用极其精练的语言，简要地对自己所论述的观点作一个高度概括性的总结，以起到强化主题、画龙点睛的作用。

为了使评述的结构完整，应该注意做到首尾呼应。在开头提出主旨要义后，结尾时应该再次归纳总结，强调、升华中心思想。这里要注意，回扣总论点不能完全照搬，不是把前面的话再重复一遍，而要有所升华。

这种结尾方法很常用，是比较平稳、保险的方式，但是也要注意在使用时应避免言之无物。

（二）祝愿憧憬，寄托希望

一般说来，许多考生较倾向于用这种方法来结尾，表达信心、希望、祝福与未来的美好前景，如“只要我们……”，“相信我们一定可以……”。

（三）发出感召，鼓舞精神

在结尾时如果能以充满激情、热情奔放的语言来表达自己的思想主张，提出任务，发出号召，鼓舞振奋精神，也会有不错的现场效果。即兴评述是用有声语言去表达，只要把握好语气、语调，效果还是不错的。要注意的是切忌空喊口号，一般来说不要使用“让我们携起手来”这样的话，例如谈爱心的问题，就可以说“手握在一起，心碰在一起，让爱升腾，让角落里的灵魂不再流泪”，同样是口号，却诗情洋溢。

（四）格言警句，画龙点睛

恰到好处地引用名言、格言、名诗句等作为结束语，为评述的主题思想提供一个有力的证明，引申出内在的深刻寓意用来启迪和警示大家，这也是一种简洁有力的结束方式。需要注意的是，所引用的格言、警句一定要恰当，贴合主题，不能为引用而引用，想向考官展示良好的文学底蕴，反而弄巧成拙。

（五）提出问题，发人深省

结尾提出问题，甚至是一系列的问题，引发思考。这样的结尾方式优点在于能展示考生对问题思考的深入性，展现良好的逻辑思维。并且一般来说，提问的方式能更好地让听者参与到论述中来，感召效果更强烈。

即兴评述的结尾没有千篇一律的规则，这里只是给大家提供几种思路。总的来说，好的结尾要用一种简洁而独到的方式把你的观点重申一遍，进一步揭示主题，加强考官对评述的认识，给考官留下更深刻的印象。

附录三　即兴评述应对技巧

即兴评述是艺术类考试中较有难度的一项内容。即兴评述的目的是考查应试者快速思维和组织语言的能力、口头表达能力以及临场不慌的心理素质，同时也是对考生知识功底、文化素质的检验。只要掌握即兴评述的评述技巧六部曲，考生在应对考试时便会轻车熟路。

一、确立主题

考生首先要认真审题，确立主题，这是评述的第一步，考生抽到题目后，要认真审题，分析、总结出将要议论的主题即论点。

主题有两类：一类是既定主题。考生不用自己提炼主题，直接进入构思即可，比如"珍惜时间"、"保护环境是每个人的责任"等。考生可以直接从主题切入，进行结构构思、内容组织，然后展开评述。另一类是待定主题。考生需要尽快立意，选定主题，提炼出中心思想，即主题句得出评论的方向。

二、确定提纲

确立主题后，就要围绕主题构思评论提纲，理清议论的思路。因为准备的时间很短，所以评论提纲只能是一个大致的提纲，关键是思维要积极活跃，思路开阔地把论证的顺序、结构建立起来。

提纲结构即"论点——论据——论证"。

例如"谈谈你对高中生早恋问题的看法"提纲结构可以这样设计：

认识：是一种错误行为

危害性：影响学习；败坏社会风气；影响个人未来，同父母产生矛盾

解决办法：自身；家庭；学校；社会

结论：树立远大的人生理想和目标；发奋学习、立志成才

考生在准备好提纲后如果还有时间，则要在自己的脑海里多梳理几遍提纲，避免在评论过程中形成脑子一片空白的情况。

三、强行记忆

考生在确立论点的提纲后，要强行记忆自己的提纲，但不要硬背下来，了解大意即可，在讲述过程中要“强行记忆，边想边说”，“联系实际，巧用例证”地发表自己的见解。

即兴评述对考生强行记忆能力是一个检验。总结好了提纲，要反复加强记忆。首先要把大观点和大结构记住，然后再强行记忆分观点和小结构。说的时候，一边想一边说，不要试图去想准备时的原话，而要说准备时的观点意思。考生切忌背诵，这样很容易由于记忆不深或者紧张而卡壳。另外不要做一次流利生动的演讲，这样容易给考官一种“事先押中了题，而临场背诵”的感觉。即兴评述过程中偶有不精彩不流畅都属于正常现象，评论的关键是要言之有理、言之有物、言之有序。

四、巧用例证

即兴评述是要考生谈谈对某一问题的看法，而不是让应考者构思一篇论文或者进行一场学术演讲，所以考生不必把问题想得太复杂、太抽象、太理论化。考生要注意即兴评述是谈论自己的看法，你是怎么想就怎么谈，而不要去揣摩考官的心思，投其所好。

考生要注意在评论过程中联系实际，包括联系自己的实际、联系身边人的实际、联系自己熟悉的社会环境的实际，谈自己最为熟悉的、最有感受的人和事，因为这样容易有感而发、入情入理。考生可以在平时多准备一些例子，特别是当思维和语言不太顺畅时，或一时想不起准备的提纲，便可以信手拈来一个生动的例子，一方面可以增加论证的力度，另一方面可以边说边理清思路，但是要注意不要把评论弄成例子的堆砌，关键是要用得好，用得不留痕迹。

五、彩头才尾

准备完提纲如果还有时间，可以把开头和结尾收场的话想一想，争取设计得精彩些，所以要重视开好头，收好口。结局好像一出压轴戏，也是最出味道最见工夫的点睛之笔。评述的整体时间要把握好，不要凤头鸡尾，来不及结尾匆匆了事，这样是非常影响成绩的。结束语简练地概括一下全篇所讲的重点，此时，一定要把抽到的那个命题的原话结合到结束语中去，甚至就是那一句话，然后采用反问、正话反说、提示等多种手段来强化核心观点。

六、热点早练

即兴评述对考生的综合素质要求很高，没有平时的积累，难以一蹴而就。因此考生可以通过平时自选题目、自我评述的方式，加强练习，积累经验，其中一个非常有效的方法就是复述，培养自己一种表达的欲望，反复练习一段时间后，一定会有非常好的效果。考生练习时一定要对着一个听众说，以增强你说话的真实感、对象感和交流感，一定要敢于请自己的家人或朋友帮助自己练习，并请他们做你的听众，以便帮你分析不足。人贵在坚持，通过这样的训练，你会发现即兴评述能力大大地提高了。

图书在版编目(CIP)数据

新编主持人话题宝典/王文丽等编著.--北京:中国传媒大学出版社,2012.7(2020.12重印)

ISBN 978-7-5657-0523-6

Ⅰ.①新… Ⅱ.①王… Ⅲ.①主持人—基本知识 Ⅳ.①G222.2

中国版本图书馆CIP数据核字(2012)第160718号

新编主持人话题宝典

XINBIAN ZHUCHIREN HUATI BAODIAN

编　　著 王文丽　张　雪　王　清　杨　婧
责任编辑 刘大年　师　景
责任印制 李志鹏
封面设计 风得信书籍装帧·阿东

出版发行 中国传媒大学出版社
社　　址 北京市朝阳区定福庄东街1号　　**邮　　编** 100024
电　　话 86-10-65450528　65450532　　**传　　真** 65779405
网　　址 http://cucp.cuc.edu.cn
经　　销 全国新华书店

印　　刷 北京玺诚印务有限公司
开　　本 787mm×1092 mm　1/16
印　　张 15.75
字　　数 231千字
版　　次 2012年12月第1版
印　　次 2020年12月第6次印刷

书　　号 ISBN 978-7-5657-0523-6/G·0523　　**定　价** 42.00元

本社法律顾问:北京李伟斌律师事务所　郭建平